기적의 순간

제러미 크라우스 접근법

Original Title: Potenzialentfaltung bei Kindern mit besonderem Förderbedarf

by Jeremy Krauss

기적의 순간
제러미 크라우스 접근법

Jeremy Krauss Approach

특수 아동의 잠재력 개발을 위한
유아기 운동 발달의 능력 기반 관점

제러미 크라우스 지음 **김윤진** 옮김

범문에듀케이션

새로운 관점과 실질적 방법으로

다른 사람을 돕고자 하는 모든 분께

이 책을 바칩니다.

한국어판 저자 서문

제러미 크라우스 접근법은 초기 발달 움직임을 이해하고 이를 특수 아동을 돕는 데 적용하는 독창적인 방식입니다.

여러분 앞에 있는 이 책은 임상 및 교육 분야에서 40년 넘게 쌓아온 제 전문 경험을 바탕으로 집대성한 결과물이며, 저는 제 생각을 매우 명확하고 폭넓게 전달하려고 노력했습니다. 책에는 움직임을 관찰하고 이해할 수 있는 사진 시퀀스가 있으며, 저와 세션을 진행한 다양한 아동들의 사례를 통해 제 접근법과 개념을 설명하고 있습니다. 또한, 독자 여러분이 직접 시도할 수 있는 다양한 움직임 탐색도 포함되어 있습니다.

아이의 움직임을 명확하게 보는 법을 배우는 동시에, 장애를 능력으로 전환하는 개념은 저의 접근법과 작업을 이해하는 데 있어 가장 기본적이며 핵심적인 요소입니다.

특수 아동이 겪는 다양한 도전은 매우 복잡합니다. 제가 제시하는 '점진적 발달 능력 형성'이라는 발달 모델은 부모와 전문가들이 특정 시간 내에 목표를 달성하는 것만이 아니라, 아이의 능력이 발현되고 발달하는 과정을 새로운 시각으로 바라볼 수 있도록 도와줍니다.

아이들은 유아기에 단순히 자세를 취하고 바꾸는 것이 아니라, 자세 전환과 위치 변화의 과정에서 움직임의 다양한 내적 역동성을 보여줍니다. 또한, 신경가소성이 어린 아이, 특히 특수 아동의 움직임 조직화에서 어떤 역할을 하는지 이해하고 설명합니다. 이를 통해 아이마다 직립 자세로 발달할 수 있는 체계적인 경로를 제공하고 그 결과를 명확히 이해할 수 있도록 합니다.

모든 아이들은 정서적 욕구가 충족되어야 하며, 특히 특수 아동들은 비언어적인 경우가 많기 때문에 그 필요성이 더욱 절실합니다. 아이와 경험을 나누는 순간에 어떻게 접촉하고 연결할 수 있는지에 대한 새로운 관점을 제공하며 이에 대해 깊이 논의합니다. 저는 초기 발달에 대한 저의 작업과 관점 및 실용적 적용이 매우 중요하다고 생각합니다.

제러미 크라우스 접근법에 관심을 가져주시고 한국어로 번역해 주신 김윤진 대표에게 진심으로 감사드립니다. 김윤진 대표의 열성적인 지원 덕분에 이 접근법이 한국에서도 더 많은 사람들에게 전달될 수 있게 되었습니다. 제 책이 한국어로 출판되고 한국의 독자들을 만날 수 있게 되어서 매우 기쁘게 생각합니다. 이 책이 독자 여러분께 많은 도움이 되기를 진심으로 바랍니다.

제러미 크라우스

감사의 글

이 책을 집필하는 동안 많은 분이 저에게 관대하고 아낌없이 친절을 베풀어 주셨습니다. 그분들이 없었다면 이 책이 세상에 나오기란 정말 불가능에 가깝지 않았을까 합니다.

먼저 무엇보다도 저에게 끊임없이 영감을 주고 발달 과정의 경이로움에 관해 많은 것을 배울 수 있게 해 준 모든 특수 아동과 그 가족들에게 진심으로 감사드립니다. 또한 이 중요한 작업을 통해 다른 이들을 교육할 수 있도록 자녀들을 촬영하게 해 주신 모든 부모님께도 감사의 말씀을 전합니다.

사랑하는 아내 스테파니에게 특별히 감사의 인사를 전합니다. 책을 쓰는 동안 아내는 줄곧 인내하며 저를 격려해 주었을 뿐 아니라 제 초고에 솔직하고 명확한 피드백을 주었습니다. 아내가 없었다면 이 책은 존재할 수 없었습니다.

제 자녀들인 마얀, 아사프, 샤니 그리고 리비아에게도 감사합니다. 그 아이들은 삶의 첫날부터 저에게 영감을 주었으며, 덕분에 저는 아이들이 어떻게 성장하고 발달하는지 아주 가까이서 자세히 관찰할 수 있었습니다. 아이 모두가 제 작업과 이 책의 기반이 되는 아이디어의 원천이었습니다.

좋은 친구이자 동료이며 경청자로서 항상 제 질문에 답해 준 사빈 페퍼, 집필과 출판의 모든 단계에서 격려와 지도를 아끼지 않은 그녀의 남편 장-에티엔 코헨-시트에게도 감사를 전합니다. 또한 책의 발전 과정에서 매우 건설적이고 명쾌한 비평과 조언을 해 준 제 형 바르후 크라우스 박사에게도 감사드립니다.

초고 전체를 읽고 꼭 필요했던 피드백을 제공해 준 리비아 칼리스와 독일어 번역을 훌륭하게 해 준 실비아 오텐리에스, 영어 해석과 편집을 맡아 독일어 번역을 가능하게 해 준 샐리 알덴호벤 박사에게도 감사드립니다.

사진 자료의 그래픽을 훌륭하게 작업해 준 가브리엘라 얼라허와 초기에 피드백을 주고 독일어 번역가를 연결해 준 레나테 바이슬러에게도 감사드립니다.

이 책에 믿음을 보여 준 호그레페 출판사의 모든 분께 감사드립니다. 특히 프로젝트를 맡아 원고를 완성하는 데 필요한 방향을 제시해 준 수잔 리스테와 제 작업에 관심을 두고 훌륭하게 편집에 협조해 준 크리스티나 누라와르 사니에게 감사의 마음을 전합니다.

안타깝게도 지금은 우리 곁에 없는 앨런 위엔그라드 박사님께 감사드립니다. 앨런은 일찍부터 제 작업을 믿어 주었고, 제가 가진 아이디어를 글로 옮겨 다른 사람들과 공유하고 적용해야 한다고 강조했습니다.

마지막으로 삶의 다양한 측면과 그 신비에 관해 많은 것을 가르쳐 주신, 이제 고인이 되신 아버지께 감사드립니다. 아버지는 제게 흔히 듣지 못하는 것에 귀 기울이는 법, 사람들이 대개 주목하지 않는 것을 찾고 보는 법, 삶의 가장 작은 것들을 소중히 여기는 법, 우리 주변에 있지만 종종 간과되는 수많은 경이로움을 매일 놀라운 마음으로 바라보는 법을 가르쳐 주셨습니다.

저자 서문

"현실주의자가 되려면 기적을 믿어야 합니다."

데이비드 벤 구리온 David Ben-Gurion

사람들, 특히 비전형적으로 발달하는 특수 아동들과 함께 일한다는 것은 내게 도전이며 영감을 준다. 왜냐하면 인간 정신의 최고를 보여 주는 매우 용감한 아이들, 삶의 더 많은 것을 경험하고 싶어 하는 강한 열망과 용기를 가진 아이들을 매일 만날 수 있으니 말이다.

나는 자기 아이가 배우고, 성장하고, 발전할 수 있는 방법을 찾기 위해 나를 찾아오는 가족들을 만난다. 많은 부모는 희망적이지 않은 자기 아이의 미래에 이미 체념하고 있으며, 발전과 진정한 변화를 경험하려면 매우 오랜 시간이 걸린다고 본다. 혹은 아예 불가능하다고 생각한다.

또 다른 부모는 자기 아이의 미래에 관한 전문가의 비관적 보고를 기다리며 극심한 스트레스를 받는다. 어떤 부모는 자기 아이가 다른 아이들과 같은 방식으로 움직일 수 없는 이유를 이해하고자 찾아온다. 그리고 이렇게 말한다.

"우리 아이는 이렇게 할 수 없어요."
"우리 아이는 저렇게 할 수 없어요."

"할 수 없다", "하지 못한다", "한 번도 해 본 적이 없다", "절대 하지 않을 것이다"라는 부모들의 말은 내 진료실에 매일 울려 퍼진다. 그러나 나는 아이를 바라볼 때 '할 수 없고, 하지 않고, 절대 하지 않을' 아이로 절대 보지 않는다. 나는 항상 '할 수 있는, 하는, 할' 아이를 찾고 그렇게 본다. 잠재력을 발휘할 준비가 된 아이, 숨겨진 능력을 갖춘 아이, 가능성을 찾으며 성장하려는 아이를 본다.

나의 접근법은 인간 발달 과정에서 발생하는 여러 도전과 어려움을 낙관적으로 바라보고 해결하는 방법이다. 이를 위해 학습, 성장 그리고 발전을 가능케 하는 새로운 연결을 만들어 내는 선천적 뇌의 능력을 활용한다. 현대 과학은 우리가 '더 나은 인간'이 되는, 더 많은 잠재력과 능력을 깨달을 수 있는 놀라운 과정을 끊임없이 밝혀내고 있다.

뇌는 경이로운 생물학적 현상이다. 과학자, 전문가, 일반인들에게 더 나은 현실을 창조할 수 있는 놀랍고도 예상치 못한 길을 열어 준다. 그리고 생각보다 빠르게 그 결과가 나타나고 있다. 예상할 수 없었던 일들이 실현 가능해지며, 변화, 성장, 발달이 새로운 표준이 되었다.

발달 타임라인은 새로운 의미로 재정의된다. 희망과 낙관주의가 비관주의를 몰아낸다. 장기 목표가 달성될 수 있을지 걱정하는 대신 다음 단계로 나아가는 새로운 진전을 보며 만족을 느낀다.

에이미의 사례

아이와 세션을 시작할 때 나는 부모에게 그들의 관심사와 세션에서 기대하는 바를 묻는다.

"제가 아이를 어떻게 도왔으면 하시나요?"

에이미가 처음 방문한 그 날도 그랬다. 어머니는 에이미의 병력과 유전적 변이를 이야기한 후, 언젠가 에이미가 엎드린 상태에서 고개를 들고 방에 들어오는 사람을 바라볼 수 있기를 바란다고 했다. 정수리는 천장을 향하고 눈은 앞으로 둔 채 이 자세를 몇 초 동안 견딜 수 있기를 희망했다.

에이미의 어머니는 몇 달 동안 노력했지만, 별다른 변화나 개선이 없었으며 언젠가는 서서히 나아지기를 바란다고 침울하게 말했다. 나는 에이미를 면밀하게 살펴봤고, 세션 중에 이것이 불가능할 이유가 없다고 생각했다. 나는 우선 에이미와 친밀감을 쌓고 에이미가 내 손길에 익숙해지고 함께 있으면 안전하다고 느끼게 했다. 그런 뒤 에이미의 반응을 감지하기 위해 나는 에이미에게 몇 가지 움직임 방향을 제안했다.

에이미는 나와 함께 있는 것을 즐거워했고 내 안내에 따라 쉽게 엎드린 자세로 굴렀다. 에이미의 두 손을 특정하게 배열하자, 나는 에이미의 독특한 조직화에 필요한 것을 볼 수 있었다. 잠시 후 에이미는 망설임 없이 곧바로 머리를 수직으로 세우고 가슴을 들어 몸을 높이 지탱했다. 에이미는 눈을 크게 떴으며 얼굴에는 환한 미소를 짓고 있었다. 에이미는 분명 즐거운 듯이 고개를 높이 든 채 호기심 가득한 표정으로 주변을 둘러보고 있었다. 에이미의 어머니도 환하게 웃고 있었다.

"정말 멋지다! 어떻게 한 거니? 전에는 한 번도 해 본 적이 없었는데 너무 행복해 보이네요!"

우리 세 사람 모두가 경험하고 공유한 특별한 순간이었다.

불과 몇 초 전만 해도 상상할 수 없었던 놀라운 순간들이 있다. 우리의 현실뿐만 아니라 그토록 불투명해 보였던 인식의 지형을 변화시키는 순간이다. 나는 이 순간을 '기적의 순간'이라고 부른다. 이는 꿈을 재확인하고 삶에서 낙관과 희망을 키우는 순간들이며, 우리 안에 있는 영혼에 생명을 불어넣고 북받치는 감정을 해방시키고 우리 삶의 흐름을 다시 연결해 준다. 이것은 바로 생명력이 돌파구를 뚫고 우리 앞에 나타나는 순간이다.

아이들에게 기적의 순간은 그들의 눈을 반짝이게 하고 자신감과 자부심을 심어 준다. 아이의 자아 전체가 새로운 모습을 띠며 '그래, 나는 할 수 있어'라는 감정이 밀려오는 순간이다. 기적의 순간은 아이에게 힘을 주고 그런 특별한 순간을 더 많이 경험하고자 하는 미래 지향적 열망을 불러일으킨다. 이러한 순간들을 하나로 연결하면 삶의 능력이 무한히 발전하는 연속성과 흐름을 만들 수 있다.

매일매일 내 일은 기적의 순간들로 가득 차 있다. 그것들은 전혀 특별하지 않은 일들이다. 그러나 기적이 나타나는 순간, 나는 항상 모든 기적에 주의를 기울이고 그 순간을 경험하는 모든 사람에게 경외심을 느낀다. 결코 기적의 순간을 당연하게 여기지 않는다. 나는 일상의 장막을 걷어 내고 더 많은 사람이 이러한 순간을 보고 경험할 수 있도록 끊임없이 노력한다.

"아하!"
"와! 방금 저걸 해냈다니 믿을 수가 없어요!"
"정말 대단해요. 전에는 한 번도 해 본 적이 없었어요!"
"정말 해냈어. 어떻게 그런 일이 일어났죠?"

기쁨과 자부심의 눈물과 부모님의 가슴 벅찬 눈빛!

이것은 특별한 순간들에 함께했던 사람들의 즉각적인 기쁨의 표현 중 일부에 불과하다. 정말 소중하고 특별한 순간에 부모와 아이와 함께할 수 있어 언제나 영광이다. 이 귀중한 순간은 낙관주의와 긍정적 약속을 실현하고 삶에 더 깊은 의미를 부여한다.

지난 40년 동안 나는 수천 명의 아이들과 성인들에게 치료적 학습으로서 움직임을 가르쳐 왔다. 이는 모세 펠든크라이스 박사가 개발한 특정한 움직임 연구 방법에 기반하여 그들이 매일 직면하는 문제를 개선하고 극복할 수 있도록 돕고 있다.

나는 지난 15년 동안 진행한 작업과 교육의 초점을 초기 움직임 발달 영역으로 옮기고 특수 아동과 함께 일하는 새롭고 독특한 방식을 만들어 왔다. 이러한 작업 방향은 인간 뇌와 그 잠재력이라는 가장 흥미롭고 복잡한 과학과 이해의 영역을 탐구하는 아이디어를 사용한다. 최근 몇십 년 동안 우리 뇌와 신경계가 어떻게 발달하고 기능하는지 그리고 초기 운동 발달과의 관계와 관련한 새로운 이해가 폭발적으로 늘어났다. 그 결과, 조건과 관계없이 모든 생애 단계에서 학습과 성장의 잠재력에 관한 거대한 이해의 지평을 열어 주었다.

이 책은 움직임 발달의 새로운 관점을 제시한다. 그리고 특수 아동과 전형적인 발달 아동뿐만 아니라 일반 성인과 함께 작업할 때 효과적으로 적용하는 방법을 다루었다. 나는 이러한 새로운 접근법을 다른 사람들과 공유하기 위해 헌신해 왔으며, 발달 문제를 가진 어린이와 기능적 어려움을 지닌 성인들에게도 깊은 변화를 끌어내기 위해 이 접근법을 적용하고 있다. 이 관점은 인간의 잠재력과 능력에 관한 낙관적이고 고무적인 시각을 포함한다. 그리고 이 책에는 내가 연구한 실용적 이론과 내가 도움을 준 아이들의 이야기가 담겨 있으며, 독자들이 직접 경험해 볼 수 있는 움직임 탐색 예시도 제공한다. 나는 이러한 아이디어를 더 많은 사람에게 전파하고 도움이 필요한 어린이와 그 가족에게 더 밝은 미래에 관한 낙관주의와 희망을 전하기 위해 이 책을 썼다. 또한 내 아이디어를 다시 참고할 수 있는 형태로 만들어 달라고 여러 번 요청한 제자들과 나에게 직접 배우러 오지는 못하지만 내 사고방식을 배우고자 하는 사람들을 위해서 낸 책이기도 하다.

움직임, 학습, 재활 분야의 전문가들에게도 유용할 것이다. 이전에는 달성할 수 없다고 여긴 변화를 어떻게 실현할 수 있는지 알고 싶은 분들을 위한 책이니 말이다. 어린이와 함께 일하는 치료사 및 새로운 실용적 아이디어와 적용법을 배우고자 하는 사람들에게도 도움이 될 것이다. 성인에게도 이 책은 유용하다. 아직 만족스러운 해결책을 찾지 못한 기능적 문제를 해결할 수 있는 더 많은 가능성을 제공하기 때문이다.

이 책에서 내가 공유하는 아이디어는 단순한 테크닉에 관한 것이 아니다. 방법론이나 성공을 위한 9단계 레시피를 제시하는 책도 아니다. 이 책은 기술과 실용적인 방법이 전면에 두드러진 내 작업의 배경에 있는 아이디어와 개념을 다루고 있다. 또한 실제 적용을 통해 기적의 순간을 앞당길 수 있는 실천에 관한 사고방식을 제시한다. 많은 사람에게 모호하고 불분명하며 종종 신비롭게 보이는 것에 빛을 비춘다.

추천의 글

"아이는 고쳐야 할 결함이 있는 시스템이 아니라,
그 자체로 완전히 정상적인 존재이다."

제러미 크라우스 Jeremy Krauss

나는 펠든크라이스 기법을 접한 후 이 기법의 적용 가능성에 무한한 신뢰를 갖게 되었다. 그리고 그중 개인적으로 가장 관심 있게 개발시키고 싶은 분야가 특수 아동에 관한 작업이었다. 펠든크라이스 박사가 특수 아동과 함께 진행한 기적적인 작업을 접한 그때를 계기로, 나는 아낫 바니엘 메소드Anat Baniel Method와 하바 셸하브Chava Shelhav 박사의 차일드 스페이스 메소드Child'Space Method를 이수했으며 최근 제러미 크라우스 접근법까지 교육받았다. 아마도 나는 한국에서 이 세 가지 교육을 모두 이수한 유일한 사람일 것이다.

이런 이유로 세 가지 메소드의 차이점이 무엇인지 나에게 묻는 사람이 많다. 세 프로그램은 서로 공통점이 있는데, 그건 바로 모세 펠든크라이스 박사에게서 직접 교육받고 그 후 각자의 프로그램을 발전시켰다는 데 있다. 아낫 바니엘 메소드가 뇌신경학적인 문제뿐 아니라 자폐, ADHD 등의 발달 장애를 지닌 아동이 주 대상이라면, 차일드 스페이스 메소드는 건강한 아이들의 발달을 지원하면서 문제의 조기 발견과 예방을 강조한다. 그렇다면 제러미 크라우스 접근법은 어떤 면에서 다를까?

제러미가 특수 아동들과 진행하는 세션을 독일에서 처음 보았을 때 나는 사실 적잖이 놀랐다. 중증 장애를 지닌 아이들을 서도록 하고, 걷도록 하는 그의 접근 방식은 다른 메소드에서 쉽게 보기 어려운 장면이어서였다.

추천사를 쓰기 위해 제러미 크라우스의 책을 읽어 나가면서 나는 그에게 교육받을 때 품은 의구심을 다시 떠올렸다.

> "제러미는 왜 그렇게 지루할 정도로 아기의 움직임을 관찰하고 반복적으로 행하라고 하였을까?"

책 속에서 나는 그것이 제러미 크라우스만의 창의적 · 실천적 교육 방식이었음을 재차 실감했다. 그리고 그의 접근법은 서로 다른 사람들, 예를 들어 특수 아동 관련 일을 하는 사람들이 같은 방법과 절차를 사용해야 같은 결과를 얻을 수 있다는 생각에서 고안된, 아주 명확하고 객관적이며 과학적인 방법임을 새삼 깨달았다.

제러미는 전형적으로 발달하는 아기의 움직임 발달 원리를 비전형적 아동에게 적용하여 경험적 자기-탐색과 학습 과정을 거치도록 도왔다. 그러기 위해 전형적 아기의 움직임을 순간순간 시간 단위로 쪼개어 관찰하고 기술하는 훈련을 했으며, 이것이 그만의 독창적인 방식인 것이다. 이 작업은 특수 아동과 작업하는 사람들이 받아야 할 아주 중요한 훈련이다. 이러한 훈련을 통해 치료사는 자신의 그릇된 인식에 매이지 않은 채 아이의 움직임을 관찰할 수 있고, 제대로 평가하여 아이에게 필요한 것을 결정하고 지원할 수 있도록 해줄 수 있다.

제러미 크라우스 접근법의 특이점 혹은 창의적 방법을 접할 때 그가 보여주는 기적의 순간은 그냥 마술처럼 나타난 것이 아니라 엄연한 과학적 방법론의 결과였다. 따라서 아이들과 따뜻한 관계 속에서 제러미가 제시한 같은 과정과 절차를 따르면 우리도 기적의 순간을 경험할 수 있다는 희망을 품게 된다. 제러미는 젊은 시절 펠든크라이스 박사와 가까이 지내면서 많은 질문과 토론을 했고, 그 덕분에 인간 행동에 관한 관찰 능력과 이해력을 풍부하게 키울 수 있었다. 여기에 그는 40년 이상의 실습과 교육 경험을 토대로 특유의 접근 방식을 체계적으로 개발하여 자신이 경험하는 기적의 결과를 다른 사람도 경험할 수 있도록 한 것이다.

제러미는 장애가 아닌 능력과 잠재력에 초점을 맞출 뿐 아니라, 끊임없이 아이들과 열정적으로 친밀한 관계를 쌓는다. 이는 펠든크라이스 철학에 기초한 것이지만, 세 살 때 한쪽 다리를 잃고도 창의적인 방식으로 목발을 쓰고, 아무 불편 없이 생활한 자기 아버지를 보면서 인간 도전과 성공을 향한 믿음을 갖게 되었다고 하니 더 크게 공감이 간다.

이 책에서는 구체적 방법론을 제시할 때 제러미가 직접 만난 아이들의 사례를 제시하고 있다. 그 덕분에 제러미의 이론을 공부하는 사람들이 쉽게 이해할 수 있다. 또한 치료사가 알아야 할 아이들의 발달 행동 요소들을 잘 기술하고 있다.

마지막으로 이 책에는 그의 운동 역학이나 움직임 발달에 관한 이론인 점진적 발달 능력 형성 모델을 개방적이면서도 명확하게 정의된 틀로 제공하고 있다. 그 때문에 기존 발달 모델과 달리 아이의 발달 과정을 정의하고, 방향성을 제시하며, 접근할 수 있는 목표를 제공하여 아이의 능력이 계속 향상될 가능성을 열어 준다.

나는 이 책의 한국어판 출간을 매우 환영하며, 움직임 학습과 발달을 돕는 다양한 분야 관련자와 재활 및 특수 아동 관련 종사자들에게 추천하고 싶다. 더불어 특수 아동 부모들도 이 책을 통해 자녀를 보는 그들의 관점을 변화시키고, 희망을 품을 수 있으리라고 본다.

김득란 • 강릉원주대학교 유아교육과 명예교수

소아 정신과 의사로서 나는 발달지연, 자폐 스펙트럼과 같은 발달 장애, ADHD 증상을 보이는 아이들을 치료하고 발달학교(미취학 아이들을 위한 낮병동)에서 아이들을 늘 접한다. 함께하며 깨달은 진정한 의미의 근본적 치유는 아이들의 뇌 가소성을 올려주어 스스로 주변의 감각자극을 다양한 방식으로 통합하여 삶에 주체가 되어 잘 생활할 수 있도록 뇌 회로 생성을 돕는 것이다.

그러려면 아이들 스스로 마음을 열고, 배움 안에서 즐거움을 느낄 수 있어야 한다. 단기 목표 달성(때로는 부모님이 더 조급하다)을 위해 준비되지 않은 상태에서 아이에게 과도하게 자극을 주거나, 두려움과 통증을 느끼게 하거나, 호기심을 느끼지 못한 채로 특정 행동을 반복하게 훈련시키는 방식이 장기적으로 볼 때 아이가 따듯하고 적절하게 사회관계를 맺고 상호작용을 하면서 사회적응을 해나가는데 도움이 될지 생각해 볼 필요가 있다.

제러미는 특수 아동 특히 운동 발달에 어려움을 겪는 아이들이 움직임을 스스로 학습할 수 있도록 돕는다. 아이의 운동 발달뿐 아니라, 정서와 사회적 발달을 고려하고, 특수 아동의 가족(부모와 형제)까지 아울러 배려하고 큰 시스템으로 보는 넓은 관점이다.

버트 헬링거의 가족 세우기, EMDR, 진 에어스의 감각 통합 치료, 모세 펠든크라이스 메소드, 알렉산더 테크닉, 바이오 다이내믹 CST 등을 사랑하고 그 원리를 즐겨 사용하는 나로서는 제레미 크라우스 방식 또한 놀라운 진보적인 방법으로서 환영한다.

제러미는 목도 제대로 가누지 못하고, 상호 작용이 어려워 보이는 중증 뇌병변 아이들의 눈과 표정에 반짝이는 호기심과 반가운 빛이 나오게 하면서, 아이들이 자기 몸을 스스로 세우고, 적절히 앉고, 걸을 수 있게 한다.

독일 뮌헨 근처에 있는 그의 학습장에서 세계 각처에서 온 의사와 특수 아동을 많이 만날 수 있었다. 적절한 따듯함과 즐거움으로 안정적 상호 작용을 해 나가면서, 아이들에게 필요한 몸의 길과 결을 정확히 인식한 채 아이에게 부드럽고 편안한 자극을 주고, 아이 안에 있는 잠재력을 깨워 기적의 순간을 경험하게 하는 일은 서로에게 큰 기쁨이다. 기적의 순간을 일깨우기 위해서 함께하는 사람들은 스스로 깨어 있고 열려 있어, 상황을 알아차리고, 변화의 시간이 오도록 기다리고, 계속 성장해야 한다.

기적의 순간을 아이와 함께하고 싶은 모든 이에게 이 책을 추천한다.

손성은 • 소아청소년 정신건강의학과 전문의, 의학박사(신경의학),
생각과느낌 몸마음 클리닉

제러미 선생님이 2023년에 출간한 독일어 책 『Developing potential in children with special need』의 한국어판 출간을 축하합니다. 이번 한국어판은 이미 JKA를 배우신 여러 선생님의 수고로 영어판보다 먼저 출간된다고 하는데 개인적으로 매우 기쁩니다.

제러미 선생님은 과학자이자 펠든크라이스 메소드의 창안자인 펠든크라이스 박사님에게 사사했습니다. 그러나 그는 스승의 메소드를 단순히 전승하는 데 그치지 않았습니다. 그는 스승의 체계 위에서 자기의 연구 성과를 쌓아 올려 괄목한 성장을 이루었습니다. 그것이 바로 제러미 크라우스 접근법JKA입니다.

저는 정형외과 의사로서 외과적 치료를 수없이 하였고, 수술로 치료할 수 없는 환자도 많이 보았습니다. 그러나 그런 사례에 관한 비수술적 치료 지식은 거의 없었습니다. 그래서 소매틱somatic 통증 치료를 위해 한서대학교 대학원 카이로프랙틱 학과에서 공부했는데, 그 덕분에 정형 의학에 따른 비수술적 방법들을 접하게 되었습니다. 지금은 의료계에 도수 치료가 도입되어 비수술적 치료 영역이 넓어지고 다양한 치료 방식이 시도되고 있습니다.

우리 의료 관계자는 펠든크라이스 메소드, 알렉산더 테크닉 등에 큰 관심을 가지고 있습니다. 체코의 DNSDynamic Neuromuscular Stabilization도 이런 방식들을 도입해 소아 신경계 질환 및 성인의 근골격계 치료에 성과를 거두고 있습니다.

제러미 선생님이 영유아들의 발육 과정을 세밀히 관찰하고 치료에 적용하여 만든 JKA 접근법은 영유아 뇌신경 장애아의 잠재성을 이끌어 놀라운 치유 효과를 거두었다고 보고되었습니다. 또한 성인의 각종 소매틱 통증에 적용되고 있기도 합니다. 이 방법은 통증으로 고통받는 사람들의 인식, 사고, 감정에 깊은 변화를 일으키면서 놀라운 효과를 입증하고 있습니다.

우리나라에서도 이미 여러 선생님이 JKA를 공부하였고 임상 적용을 하는 중입니다. 이런 시기에 제러미 선생님의 업적과 철학이 담긴 책이 한국어판으로 나와 반갑습니다. 그리고 기쁘게도 이 책은 원서보다 훨씬 이해하기 쉽습니다.

도수 치료에 관심이 있는 의료인들과 소매틱 분야와 특수 아동 교육 치료에 관심이 있는 여러분뿐 아니라 앞으로 이 분야에 관심이 있는 분께도 이 책을 꼭 권하고 싶습니다.

장훈재 • 정형외과 전문의, 의학박사, 전 심사평가원 중앙심사위원

저는 20년 이상 아동 발달 치료를 해 온 물리 치료사입니다. 그래서 여러 가지 치료 접근법을 배웠고 아동에게 이를 적용하면서 많은 것에 의문을 품었습니다. 현재 한국의 아동 치료실에서는 비정상적인 톤이나 반사를 억제하는 접근법(보바스 접근법)이나 운동 유발점이라는 부위를 눌러서 뒤집기나 기기를 유발하는 접근법(보이타 접근법)이 시행되고 있습니다.

전형적인 아이들의 발달은 움직임이라는 운동 감각을 통해 이루어집니다. 그러나 비전형적인 아동을 치료할 때는 비정상적인 톤이나 반사를 억제하는 접근법은 비정상적으로 톤과 반사를 유발한다는 이유로 움직임을 제한합니다. 심지어 12개월이 지난 아동임에도 서 있는 자세를 하면 톤이 올라간다며

집중 치료 기간에도 앉아만 있었다는 이야기도 있더군요. 그럼, 오랜 기간 앉아서만 치료받은 그 아동은 어떻게 되었을까요? 우리 자신도 몇 분만 한 자세로 앉아 있다면 몸이 어떻게 느끼고 반응할까요? 엉덩관절의 구축과 변형이 오고, 어떻게 움직여야 하는지 경험하지 못한 탓에 움직임을 향한 두려움이 피어날 겁니다. 그리고 이런 요인으로 아동은 움직이려 하지 않고 퇴행합니다.

이렇듯, 운동 유발점 접근법으로 치료받은 아이들은 움직임을 배우기 전에 통증과 공포를 경험합니다. 그래서 이 접근법을 경험한 아동이 치료실에 왔을 때는 매우 예민해집니다. 치료사의 핸들링을 거부하며 울기도 합니다.

저는 이러한 접근법을 늘 비판해 왔고 무책임하고 잘못된 접근법이라고 생각해 왔습니다. 즐겁고 행복한 움직임 경험이 없는 아이들에게는 뇌의 신체도식(스키마), 신경 가소성이 일어나지 않는다는 사실을 아는 치료사들이라면 그 접근법들을 당장 중단해야 한다고요. 그러나 누구도 이런 접근법을 비판하지 않았습니다.

이에 반해 『기적의 순간: 제러미 크라우스 접근법』을 접했을 때는 잠재력 개발을 위한 유아기 운동 발달의 능력 관점이 너무나 흥미로웠습니다. 특수아동의 발달에 관해 이토록 따듯하고 긍정적이며 응원의 메시지를 담은 책을 이전에는 본 적이 없습니다.

제러미 크라우스 접근법은 장애와 결함에 초점을 맞추지 않습니다. 아이들의 움직임을 자세히 관찰하며, 보상 패턴이나 비정상적인 움직임도 아이의 잠재적 능력으로 봅니다. 또한 움직임을 유도하는 데 초점을 맞춥니다.

제러미 크라우스 접근법은 아이에게 움직임을 강요하거나, 무작정 지시를 내리거나, 아이를 통증으로 고통스럽게 하거나, 어떤 틀에 아이들을 맞추려고 하지 않습니다. 치료가 아니라 아이를 존중하며 자기 주도적으로 잠재력을 끌어내려 합니다.

이전에 걷기 전 단계의 한 아동을 관찰한 적 있습니다. 그 아동은 가구를 잡고 일어선 뒤 무수히 많이 좌우로 왔다 갔다 하는 체중 이동(왕복 운동)을 했습니다. 그 모습을 본 저는 아이가 걷기 전까지 참 많은 연습을 한다고 생각했습니다.

아동의 뒤집기, 기어가기, 일어나 앉기, 서기, 걷기 등의 행동 영역은 갑자기 이루어진 사건이 아니라, 각 행동 영역의 원형 모델을 수백, 수천 번 연습해 온 것임을 설명한 이 책의 내용은 매우 흥미롭고 동감이 갑니다.

아동이 한 가지 동작을 배우기 위해 얼마나 많은 시행착오와 연습을 해야 하는지 생각했을 때 제러미 크라우스 접근법은 아동의 잠재적 능력을 끌어내면서 학습과 성장 발전이라는 새로운 연결 고리를 만들어 내는 뇌의 능력 활용을 제시합니다.

제러미 크라우스 접근법을 접하면서 저 또한 많은 변화가 있었습니다.

아동을 평가할 때 장애를 찾기보다 아동이 어떻게 움직이는지 관찰하게 되었습니다. 그리고 아이가 잘하는 것에 관심을 가지게 되었습니다.

아동 발달과 성인의 여러 기능적 문제를 치료하는 치료사에게 『기적의 순간: 제러미 크라우스 접근법』이 많은 영감을 주리라는 확신이 듭니다. 또한 특수 아동과 부모님에게도 많은 희망과 위로의 메시지를 전해 줄 것입니다.

제러미 크라우스 선생님께 감사와 경의를 표합니다.

강민수 • 안산 최재활의학과의원 소아 치료 팀장

이 책은 특별한 도움이 필요한 아이들의 잠재력을 섬세하게 발견하고, 그들의 가능성을 따뜻하게 키워 가는 과정을 그려 냅니다. 신경 가소성과 움직임을 기반으로 한 이 접근법은 아이들이 자기 몸을 통해 스스로 성장하는 힘을 기르도록 돕습니다. 특히, 장애가 아니라 아이들이 가진 능력에 주목하는 점이 와닿습니다. 그 덕분에 이 접근법은 아이들이 자기의 고유한 방식으로 세상과 더 원활히 소통하게 하고, 더 독립적이고 만족스러운 활동에 참여할 가능성을

세상에 제시합니다. 이 책에서 설명하는 구체적인 움직임과 접근법을 통해 치료사는 아동이 일상생활에서 더욱 의미 있는 활동에 참여할 수 있도록 돕는 치료 전략을 수립하는 데 큰 도움을 받을 수 있을 것입니다. 그리고 이 책이 아이들과 함께하는 모든 이에게 따뜻한 영감과 실질적 도움을 줄 소중한 가이드가 되리라 믿어 의심치 않습니다.

안혜원 • 대한감각통합학회 대외협력이사, 오은영 아카데미 작업 치료사

친애하는 제러미에게.

저는 점점 더 자주 아이들을 지원하는 데 아주 뛰어난 부모, 교육자, 치료사들을 만나고 있습니다. 그들은 아이들이 잠재력을 잘 발휘하도록, 외부인이 봤을 때 감탄할 정도로 개별적 가능성을 성공적으로 발전시키도록 돕고 있습니다.

이들은 소위 '정상적인 아이들'을 지원하기보다는 특별한 점을 가진 채 이 세상에 태어난 아이들에게 초점을 맞추는 경향이 있습니다. 이 아이들은 대개 특정한 기능적 특이성으로 크고 작은 장애를 지니고 있으며, 집중적인 훈련이나 연습을 아무리 해도 '정상'으로 바뀌지 않습니다.

앞서 언급한 재능 있는 동반자들은 이 점을 잘 인식하고 있습니다. 그래서 그들은 아이에게 공감하며, 아이에게 어떤 유형의 지원이 필요한지 찾아내려고 노력합니다.

따라서 그들은 흔히 그러하듯이 아이를 자신들만의 기대와 생각에 꿰맞추려 하지도, 무작정 지시를 내리지도, 섣부른 접근 방식에 기대지도, 치료 대상으로 삼지도 않습니다. 그리고 그들은 절대로 아이를 판단하지 않습니다.

그들은 아이의 초기 시도가 원활하게 진행되지 않아도, 아이에게 공감하고 능숙하게 도와줍니다. 그리고 아이가 스스로 해결 방법을 찾아낼 수 있도록 아이에게 맡깁니다. 다시 말해 학습 과정의 주체가 되어 자신의 의도와 목표

를 설계하는 설계자인 자신을 경험하는 기회를 아이에게 제공합니다.

이러한 도움이 아이의 진정한 변화를 만들며 제러미 크라우스가 이 책에서 묘사한 '기적의 순간들'을 가능케 합니다. 아이 자신은 물론 그 누구도 가능하지 않다고 생각했던 바를 성취하는 일은 말로 표현할 수 없을 정도로 자기 주도적인 경험입니다. 이러한 순간은 아이의 삶에서 마법 같은 순간입니다. 영영 닫혀 있었을지도 모르는 다음 단계의 문을 더 큰 용기와 결단력을 가지고 열어 주는 것입니다.

이는 모세 펠든크라이스가 이미 반세기 전에 인식했던 것으로 공감 능력이 뛰어난 부모, 교사, 치료사들 역시 이해하는 현상입니다. 그동안 신경 생물학에서도 이러한 종류의 발달 도약이 일어나는 상황을 이론적으로 설명할 수 있는 방법을 찾아냈는데, 이는 매우 다행스러운 일입니다. 그리고 인간 뇌의 기능과 구조에 관한 이해가 지속해서 발전하고 있음을 보여 줍니다.

하지만 이론이 활용되지 않는다면 무슨 소용이 있을까요?

제러미 크라우스는 이 책에서 이러한 일이 실제로 어떻게 작동하며, 어떤 기본적 태도가 필요한지 인상적으로 보여 줍니다.

따뜻한 인사와 최고의 축복을 담아 이 책의 출간을 축하합니다.

게랄트 휘터 Gerald Hüther

자연과학 박사, 의학 박사, 신경생물학자, 잠재력 개발 아카데미 소장

제러미 크라우스는 『기적의 순간: 제러미 크라우스 접근법』에서 특수 아동과 함께 일하는 데 필요한, 자비롭고 포괄적인 접근 방식을 흥미롭고 명쾌하게 설명합니다. 그는 움직임, 접촉, 목소리, 마음 챙김 그리고 관계를 동원하여 이를 조명합니다.

제러미는 아이를 존중하고 수용하며 신뢰하는 데서 모든 것을 시작하며,

아이가 자기 본모습을 더 자유롭게 드러낼 수 있도록 하고, 신체적 · 정서적 · 행동적으로 타고난 잠재력을 발굴합니다.

그는 40년 넘게 각 아이의 특별한 도전과 재능에서 배운 경험을 바탕으로 독특하고 혁신적인 실천 방식을 개발하였습니다. 그리고 아이를 지도하고 그들을 깊이 돌보는 성인들을 가르쳐 왔습니다.

만약 여러분에게 특별한 도움이 필요한 자녀가 있다면 '기적의 순간'은 자녀뿐만 아니라 자녀와의 관계에서도 깊은 치유의 길을 발견하는 기쁨을 선사할 것입니다. 그리고 여러분에게 영감을 줄 것입니다.

보니 베인브리지 코헨 Bonnie Bainbridge Cohen

『기본 신경 세포 패턴: 발달 움직임 탐구』 저자, 바디 마인드 센터링 창립자

부모 추천의 글

누군가에게 당연한 것이 누군가에게는 기적과 같은 순간입니다.

특수 아동을 키우다 보면 아이의 말 한마디, 손짓 하나에 감격하여 가슴이 벅차오르는 경험을 하게 됩니다. 사실 그 감격은 다른 이들과 나누기에는 민망할 정도로 아무것도 아닌 일일지도 모릅니다. JKA 세션을 받은 후 만 세 살이 넘은 아이가 그제야 엄마라고 부르고 처음으로 탁자를 붙잡고 섰고 그때 저는 감격의 눈물을 흘렸습니다. 누군가에게는 당연한 일이 우리 가족에게는 기적과 같은 순간이었습니다.

저의 둘째 딸은 윌리엄스 증후군을 가지고 태어났습니다. 아주 어릴 때 심장 수술을 비롯해 큰 수술을 몇 차례 받았으며, 석 달 넘는 동안 입원하여 거의 움직이지 못했습니다. 그래서 같은 증후군을 가진 아이들에 비해서도 운동 발달이 많이 지연되었습니다.

아빠이자 운동 재활 전문가인 저는 일반 병원의 재활보다는 아이에게 좀 더 이로운 방면으로 아이의 운동 발달 개선에 접근하고 싶었기에 최신 움직임과 신경 과학을 공부하고 연구했습니다. 딸에게도 그와 같은 원리로 재활을 시켜 주고 싶었지만, 그게 마음처럼 쉽지 않았습니다. 마땅한 치료법도 찾기 어려웠고 어른이 아닌 장애가 있는 아이에게 찾아낸 치료법을 실질적으로 적용하는 데 어려움도 있었던 탓입니다.

이후 해외에서 의학적 치료의 범위를 넘어선 뇌 가소성의 원리를 이용한 접근법들을 알아보게 되었고 딸의 치료를 시도해 보았습니다. 그러나 여러 면에서 지속하기 어려웠습니다. 그렇게 좀 더 명확한 방식을 찾고 있을 때 JKA를 알게 되었습니다. 다행히 JKA는 원리와 철학적인 부분에서 내가 가진 생각과 일치했습니다. 하늘이 주신 기회처럼 마침 그 시기에 한국에서 함께 공부하기로 한 선생님 다수가 있었고 덕분에 좀 더 수월하게 배울 수 있었습니다.

처음에는 기존의 치료법이나 재활 방식과는 너무나 달랐기에 좀 혼란스러웠습니다. 하지만 시간이 지날수록 제러미의 방법은 너무나 과학적이고 명확했습니다. 아이에게 임상을 하면서 몸소 체험할 수 있었습니다.

발달 장애 아동의 부모들은 아이에게 좀 더 효과적인 치료법을 찾아다니며 고군분투합니다. 그런 부모들에게 이 책은 아이가 지닌 잠재력과 가능성을 보는 능력을 확장해 줄 것입니다.

JKA 발달 핸즈온은 장애를 정상으로 만들려는 시도가 아닙니다.

아이를 온전히 수용하면서 움직임 학습을 통해 아이가 스스로 성장하고 한계를 넘어서도록 도와주는 기적 같은 치료적 학습입니다.

박인영 • JKA 운동 발달 전문가

제 아이는 장애로 시각 자극이 제한되어 감각이 매우 예민합니다. 그 때문에 외부 자극을 접하는 순간순간이 아이에게는 무척 불편하고 힘든 경험입니다. 그럼에도 아이는 왕성한 호기심으로 외부 환경과 소통하기 위해 부단히 노력했습니다. 그런 아이 덕분에, 저는 아이가 조금이라도 편안하고 즐거운 경험을 할 수 있도록 도울 방법이 무엇일지 매 순간 고민하게 되었습니다.

그 과정에서 김윤진 선생님과 JKA 발달 핸즈온 세션을 접했습니다. 그리고 세션을 통해 아이가 즐겁게 움직이는 방법, 조금 더 편안하게 외부 환경에 적응하는 방법을 배울 수 있었습니다.

세션을 거듭할수록 늘 긴장도가 높던 아이의 근육과 관절 움직임이 무척 유연해졌고, 세션 이전에는 하지 못했던 동작들을 자연스럽게 하게 되었습니다. 특히 제러미 크라우스 접근법은 아이를 바라보는 방식이 달랐습니다. 이제껏 부모도 몰랐던 아이의 움직임 패턴을 발견하고 아이가 가능한 방식을 찾아서 도전하게 만드는 섬세한 과정이었습니다. 나는 다른 치료에서는 이런 것들을 경험할 수 없었습니다. 아이의 자연스러운 움직임을 충분히 허용하면서도 아이가 새로운 자극을 받아들여 이전에는 하지 못했던 동작이나 자세를 할 수 있게 되어, 저는 무척 놀라웠습니다.

아이는 집으로 돌아와서도 세션에서 한 움직임을 스스로 시도했습니다. 그 모습을 보면서 학습의 방식에 관한 새로운 생각을 하게 되었습니다. 또한, 진정한 학습은 아이 스스로가 자연스러운 뇌의 신호를 받아들일 때 자연히 이뤄진다는 사실을 깨달았습니다.

JKA 발달 핸즈온을 통해 아이가 조금 더 편안하게 세상과 소통할 수 있게 되어 무척 기쁩니다.

조윤지 • 변호사

제러미 크라우스 접근법은 제 아들 비엘과 우리 가족에게 진정한 축복입니다. 이 여정을 시작한 이후로, 저는 비엘이 자기 몸과 주변 환경과 연결되는 방식에서 깊은 변화를 목격했습니다.

이전에는 비엘이 배우지 못할 것이고, 걷기도 불가능하다는 말을 의사와 치료사들에게 자주 들어야 했습니다. 그만큼 비엘의 도전들은 불가능해 보일 때가 많았습니다.

그러나 제러미 크라우스 접근법을 통해 처음으로 설명할 수는 없지만 뭔가 다른 것을 느꼈습니다. 우리는 새로운 길을 찾았다는 느낌을 갖게 되었습니다. 아주 짧은 시간 안에, 비엘이 배웠고, 몸을 다르게 움직였으며, 더 차분하고 행복해졌습니다.

제러미 크라우스 접근법에서 제가 가장 소중하게 여기는 점은 각 아이의 개별적 과정을 존중하고 세심하게 관찰하는 그의 태도입니다. 이것은 단순한 기술이나 치료가 아닙니다. 아이의 고유한 발달을 중립적 시각에서 이해하고 지원하는 방식입니다. 제러미는 아이가 '할 수 없는' 것에 집중하지 않습니다. 그는 장애를 보지 않고, 아이의 가능성과 학습 잠재력을 봅니다. 그리고 그 시각이 모든 것을 바꿉니다!

주변 사람들이 아이가 배울 수 없다고 확신할 때 부모는 더 이상 나아갈 수 없는 막다른 길에 섭니다. 하지만 제러미와 함께하면서 모든 것이 달라졌습니다. 비엘은 매 세션을 즐기게 되었고, 이전에 본 적 없던 방식으로 제러미와 연결되었습니다. 시간이 지날수록 제러미의 핸즈온에 더욱 집중하고, 소통하며, 행복해했습니다. 제러미와 함께한 모든 집중 세션에서 비엘은 계속 발전했으며 그가 점점 더 자신의 힘을 찾아가는 모습을 우리는 목격했습니다.

부모로서 우리는 아이를 다른 시각으로 바라보는 법을 배웠습니다. 또한 아이가 스스로 발전할 수 있도록 공간과 시간을 주는 방법도 배웠습니다. 그 덕분에 우리 가족의 연결은 더욱 강화되었고 우리는 인내, 감사, 이해의 새로운 세계를 발견했습니다.

우리는 장애물 너머를 바라보고, 현재에 충실하며, 비엘이 한 발 한 발 내딛는 순간을 기쁨과 자부심으로 즐기는 법을 배웠습니다. 아이를 더 사랑하고 효과적으로 지원할 수 있는 도구를 가지게 되었습니다.

만약 당신이 자녀를 어떻게 도와야 할지 몰라 불확실함과 무게를 느끼고 있다면, 또는 아이에게 아무것도 효과가 없다고 느낀다면, 저는 진심으로 제러미 크라우스 접근법을 추천합니다.

제러미 크라우스 접근법은 우리가 상상하지 못했던 방식으로 우리 삶을 변화시켰습니다.

여기에, 확실히 가능성으로 가득 찬 아름다운 길이 있습니다.

후디트 푸이그도메네크 **Judith Puigdomenech**

바르셀로나, JKA 전문가

역자 서문

장애가 아니라 능력을 보는 법

독일에서 제러미의 발달 핸즈온 시연을 처음 본 순간을 나는 지금도 잊을 수 없다. 유모차에 누워 있던 8살 남짓한 아이는 엄마에게 안긴 채로 테이블 위에 눕혀졌다. 처음에 나는 '저 아이와 도대체 무엇을 할 수 있을까?' 하는 의심이 들었다. 그리고 휘어진 척추와 경직된 팔다리를 지닌 저 아이는 앉을 수 없으니 누워서 세션을 진행할 수밖에 없으리라 여겼다. 이미 나는 그 아이의 상황을 자의대로 판단한 것이다.

제러미는 아이와 눈을 맞추고 간단히 인사를 나눈 뒤 누운 상태에서 다리 움직임을 가볍게 시작했다. 그런 뒤 자기 앞에 아이를 앉히며 아이의 골반과 허리에 몇 가지 움직임을 부드럽게 시도하는 듯 보였다.

그렇게 30여 분이 지났을까? 문득 아이가 스스로 균형을 잡고 앉았다. 짧은 순간이었지만 나는 분명히 보았다. 아이는 혼자 앉아 있었고, 아이의 눈동자에는 전에 없던 힘이 느껴졌다. 그리고 아이의 얼굴 위로는 자기가 처음 앉았다는 사실에 놀랐음이 분명한 표정이 떠올라 있었다.

불가능하다고 생각했던 일이 내 눈앞에서 현실로 구현되자, 나는 충격에 빠져 버렸다. 내가 무엇을 보고 있는지, 아니 내가 무엇을 보지 못했는지 알고 싶어졌다. 어떻게 제러미는 처음 만난 아이와 진행한 첫 번째 세션에서 이런 기적 같은 순간을 쉽게 만들어 낼 수 있는지도 알고 싶어졌다.

나는 그 순간 결심했다. 반드시 제러미 크라우스 접근법을 배워서 이 접근법이 필요한 한국의 아동과 가족들에게 알려야 한다고.

제러미 크라우스 접근법에서는 아이의 장애가 아니라 능력을 본다. 그래서 끊임없이 아이의 가능성을 찾는다. 위 사례처럼 아이의 신체 외형과 장애 정도를 보고 아이의 능력을 판단한 나와 달리 제러미는 중립적 관찰을 통해 '할 수 있는' 능력을 찾는 눈과 손으로 아이와 만난다.

능력 중심 접근법은 듣기 좋은 수사가 아니다. 이를 위해서는 선입견이나 고정 관념을 내려놓고 아이와 움직임을 있는 그대로 관찰하는 훈련을 부단히 해야 한다. 제러미 크라우스 접근법에서 아이는 치료의 대상이 아니다. 아이의 장애를 문제로 보지 않고, 아이를 고쳐야 할 대상으로 보지 않는다. 이러한 관점이 차이를 만들고 잠재된 능력의 문을 여는 열쇠가 된다.

기존 발달 모델에서 충분하게 설명하지 않았던 발달 과정의 움직임 분석도 매우 흥미롭다. 움직임의 요소와 자세, 전환 움직임에 관한 역동적 특성을 분석하고, 움직임의 패턴이 어떻게 형성되는지도 구체적으로 설명한다. 또한 각 아이의 상태에 따라 너무 늦지 않은 시기에 직립할 수 있도록 직립의 중요성도 강조한다. 아이의 성장과 발달의 골든 타임을 고려한다면 직립의 가능성을 적극적으로 시도하기를 권한다.

제러미 크라우스 접근법은 의료적 접근과 다른 치료법과의 협업 또한 중요시한다. 뇌신경 과학과 의학의 발전을 수용하면서 아이의 잠재력을 끌어내기 위한 모든 가능성을 열고 접근하는 제러미의 태도는 열려 있다. 하나의 방식만이 옳다고 생각하지 않는 제러미의 철학과 방법론은 매 순간 깨어 있는 자세로 특수 아동의 고유성에 맞는 방식을 찾는 변화의 여정과도 닮았다. 제러미와 만났던 아이들의 풍부한 사례를 보면 제러미 크라우스 접근법의 이론과 실제가 얼마나 깊이 연결되어 있는지 생생하게 느낄 수 있을 것이다. 따라서 특수 아동의 치료와 학습 분야에 관련된 전문가뿐만 아니라 부모나 아이를 돌보는 누구에게나 이 책을 권한다. 실용적 아이디어와 관점을 전환할 수 있는 영감을 얻을 것이다.

나는 펠든크라이스 전문가 교육을 4년 동안 받고 졸업했는데, 그 후 여러 나라 소매틱 분야 전문가들에게 제러미 크라우스 접근법을 추천받았다. 제러미의 명성은 익히 들어 알고 있었으나 팬데믹 시기에 많은 시간과 비용을 들이며 독일까지 가서 배워야 하는 부담감이 컸기에, 사실 주저했다. 만약 그때 제러미의 시연을 보지 않았더라면, 나는 지금도 '보는 법'을 배우지 못했을 것이다.

장애가 아니라 능력을 보는 법은 특수 아동뿐만 아니라 성인에게도 고스란히 적용된다.

그 덕분에 사람과 삶을 보는 나의 관점도 달라졌다. 나는 일곱 살 때부터 춤을 배워서 안무와 공연을 만들고 예술 교육 분야에서 일했다. 결국 지금까지 움직임을 교육하는 사람으로 살아 온 셈이다. 그런데 특수 아동의 움직임을 통해 새롭게 '보는 법'을 배웠다는 사실이 참으로 아이러니하지 않은가!

현재 한국에는 17명의 발달 핸즈온 전문가가 배출되었다. 의사, 물리 치료사, 특수 학교 교사와 부모, 펠든크라이스와 알렉산더 테크닉 교사 등 다양한 분야의 전문가들이 「한국 JKA 운동발달 전문가 협회」를 만들어 수련과 작업을 이어 가고 있다. 이웃한 일본과 비교했을 때 10여 년 더 늦게 알려졌지만, 다양한 특수 아동 가족들과 지속해서 만나길 소망한다.

한국에서 처음 온 제자에게 깊은 배움을 허락하고 밤낮을 가리지 않고 질문에 성심껏 대답해 준 제러미에게 감사함을 전한다. 한국어판 출간이 가능하도록 지원해 주신 범문사 유성권 대표님과 윤희영 부장님께도 감사드린다.

끝으로 나의 모든 도전에 한결같은 응원과 지지를 보내 주는 가족들에게도 깊은 감사의 인사를 전한다. 무엇보다 길지 않은 시간 동안 내가 만난 특수 아동들의 도전과 그 옆에서 헌신적으로 돌보는 부모님들의 노력에 존경의 마음을 보낸다.

김윤진 • 펠든크라이스 무브 대표, 한국 JKA 운동발달 전문가 협회 회장

목차

1

움직이는 아이를 보는 법 배우기

"'관찰하라'라는 말만으로는 관찰자를 만들 수 없다.
관찰할 수 있는 능력과 수단을 제공해야 하며
이러한 수단은 감각 교육을 통해 가능하다."

마리아 몬테소리 Maria Montessori

제러미 크라우스 접근법JKA은 아이가 어떻게 움직이는지 '보는 법'을 배우는 데서 시작한다. 움직임 시퀀스에 관한 의식적 관찰에는 아래 요소가 포함된다.

1. 관찰(시각적)
2. 설명(구두 및 서면)
3. 실행(움직임)

관찰하는 동안 편견 없이 지켜보아야 하며, 다음 사항에 적극적으로 주의를 기울여야 한다.

- 개별 요소
- 요소의 조합
- 패턴

1.1 시작: 제러미 크라우스 접근법으로 가는 나의 여정

처음 아이들과 일을 시작했을 때 깨달은 바가 있다. 전형적으로나 비전형적으로 발달하는 아이들의 움직임에서 내가 본 것이 동료와 학생들 그리고 다른 사람들이 본 것과 매우 다르다는 사실이었다. 내가 아이와 함께 일할 때 관찰자들은 종종 내게 묻곤 했다.

"무엇을 보고 있나요?"
"저것을 어떻게 보나요?"
"왜 그 부분에 집중해야 한다고 생각했나요?"

또 이런 질문도 받았다.

"아이가 정말 그렇게 했나요?"
"언제 그런 일이 있었나요?"
"왜 그게 중요한가요?"

나에게는 너무나도 명확하게 보였기에 당시에는 이러한 질문을 받을 때마다 이상했다. 내가 아이와 함께 일하는 모습을 누군가가 보고 있을 때 그들도 나처럼 아이의 움직임을 보고 있다고 여겼으니 말이다. 하지만 나는 한 가지 중요한 점을 차차 깨달아 갔다. 다른 사람들은 내가 보는 것을 보지 못할 뿐만 아니라 내가 아이와 무엇을 하고 있는지 왜 그러는지 이해하지 못했다.

어느 날의 기억은 아직도 내게 선명하게 남아 있다. 특별한 요구가 있는 아이(이후 특수 아동이라고 표기)와 함께 시연 세션을 마친 후 아주 친한 동료가 나에게 물었다.

> "제러미, 당신이 하는 일이 정말 놀라워 보이는데 정확히 무엇을 하는 건가요?"
>
> "뭘 보고 있는 거죠? 이렇게 명확한 결과와 변화를 끌어낼 수 있다는 걸 어떻게 알았어요?"

나는 완전히 당황했다. 그때까지 내가 하는 일을 깊이 생각해 본 적이 없어서였다. 그저 누구든 볼 수 있는 당연한 일이라고 여겼다. 결국, 이 질문은 내가 보고 있는 것을 다른 사람들도 볼 수 있는 방법을 고민하는 계기가 되었다. 그래야만 내가 보고 있는 것뿐만 아니라, 아이들과 함께 일할 때 어떻게, 왜 그렇게 하는지 다른 사람들과 공유할 수 있을 듯했다. 내가 어떻게 놀라운 변화를 구체적이고 빠르게 만들어 낼 수 있었는지 다른 사람들에게 가르치고 보여 줄 방법을 찾아야 했다.

나의 학생들과 내게 도움을 구하는 부모들을 놀라게 했던 변화들은 내가 뒤에 '경험의 순간'이라고 자세히 묘사한, 기적이 일어나는 순간들이다(본문 5.5 참조). 그 방법을 찾으면서, 나는 지금까지 내 교육 방식이 충분하지 않았음을 깨달았다. 다른 사람들도 나처럼 아이의 움직임을 명확하게 볼 수 있도록 완전히 새로운 교수법과 실천 방식을 고안해야 했다. 완전히 새로운 교육적·실용적 접근 방식이 없다면 나의 작업과 이해는 나만의 것으로만 남을 수밖에 없었다.

제러미 크라우스 접근법에는 네 가지 핵심 요소가 있다. 관찰, 설명, 실행, 적용이다. 이 네 가지가 필수 요소이며 네 가지를 모두 결합하면 매우 강력한 학습 도구가 된다. 움직이는 아이를 볼 때는 실제로 무엇을 보고 있는지 '구체적으로 보는' 방법을 배우는 것이 중요하다. 예를 들어, 9~11개월 사이 전형적 발달 단계에 있는 아이가 움직이는 모습을 1분 정도 관찰한다고 생각해 보자. 당신이 지켜보는 동안 아이는 얼마나 많은 움직임을 하고 어떤 종류의 움직임을 할까? 이 작업이 쉬워 보일 수 있지만 실제로 아이가 얼마나 많이 세부적이고 숙련된 움직임을 수행하는지 파악하기란 쉽지 않다. 또한, 아이를 본 직후 1분 동안 아이가 수행한 모든 움직임, 전환, 자세 및 미세 조정을 자세하게 기록해야 한다고 상상해 보자. 시간이 과연 얼마나 걸릴까? 그것들을 모두 서술할 수 있을까? 움직임은 얼마나 빨리 지나갔나? 모든 움직임을 기억하기 위해 다시 보고 싶거나 볼 필요가 있을까? 얼마나 많은 움직임을 구체적으로 기억하고 묘사할 수 있는가?

1분 정도는 그리 길지 않다고 생각할 수도 있다. 하지만 실제로 아이가 1분 동안 하는 모든 움직임을 자세히 기록해 보면, 그 방대한 양에 깜짝 놀랄 것이다.

1.2 펠든크라이스의 자기-학습 모델

움직임을 통한 자기-발견과 경험 학습의 과정은 모세 펠든크라이스 박사가 나에게 개인적으로 제공한 기본 교육의 일부였다. 펠든크라이스 박사는 이 특별한 유형의 자기-학습에서 학습이 외부 이미지에 기반해서는 안 되며(Feldenkrais, 1972), 언어적 단서를 통해 이루어져야 한다고 생각했다. 수신자는 언어적 단서를 외부 모델과 비교 없이 감각 운동 행동으로 전환해야 한다. 이는 움직임을 매개로 하는 일종의 체험적heuristic 학습 방식이다.

펠든크라이스 박사의 생각은 다른 사람의 움직임을 모방하는 데 있지 않았다. 자기 감각, 경험, 이해를 통해 스스로 가장 효율적인 움직임 방법이 무엇인지 감각하고 느끼는 것이었다(Feldenkrais, 1972). 그는 움직임을 실행하는 동안 '올바른' 움직임을 수행하려고 노력하기보다 자기 감각과 느낌을 관찰하는 일이 더 가치 있음을 강조했다.

펠든크라이스 박사는 사회가 외적인 이미지에 너무 많은 가치를 부여하고 내면의 미학과 자아Self의 감각에는 충분한 가치를 두지 않는다고 여겼다. 그렇기에 그는 사람들이 일반적으로 어떻게 생각해야 하는지, 무엇을 '느껴야' 하는지, 어떻게 '보여야' 하는지를 외부에서 찾으려고 한다는 사실을 관찰할 수 있었다.

자기의 움직임이 '올바른지' 여부를 결정할 때 사람들은 외부 이미지를 기준으로 판단하는 경향이 있다. 그러나 언어적 지시를 들으면서 자기 감각을 통해 자신에게 '올바른' 것이 무엇인지 발견할 때는 외부 이미지는 그리 유용하지 않다.

사실, 외부 이미지는 전형적으로 발달하는 아이의 모습을 정확하게 관찰할 때 가장 중요하다(Stern, 1985; Gage, H., Koop, & Novacheck, 2009; Konner, 2010). 외부 이미지의 관찰을 통해야만 비전형적으로 발달하는 아이가 움직이는 동안 무엇을 하고 있는지 명확하게 볼 수 있기 때문이다. 이는 사람들이 자기에게 가장 좋거나 더 효율적인 것을 찾는 일과 크게 관련이 없다.

1.3 관찰, 설명, 실행, 적용

시각적 이미지는 그 자체가 내 작업의 중요한 출발점이자 기본 구성 요소이다. 움직이는 아이를 보는 방법을 배우려면 펠든크라이스의 자기-학습 모델을 더 이상 사용할 수 없었다. 관찰자에게는 다음 요소들이 필요하기 때문이다.

- 외부의 시각적 이미지를 사용하기
- 이러한 이미지를 이해하기
- 이미지 안에 있는 움직임의 모든 세부 사항을 명확하게 인식하기
- 초기 발달과 관련된 구체적 움직임으로 변환하기

전형적으로 발달하는 아이들의 동영상은 심지어 15초 길이의 영상에도 시각적 정보가 너무 많다. 반면, 정지 사진에는 움직임이 전혀 없다. 좋은 시작점은 명확하고 연속적인 움직임 순간을 담은 유아와 아기들의 사진 시리즈였다. 내게는 네 명의 자녀가 있다. 나는 아이들의 초기 발달 단계를 지켜보는 일에 매료되었고, 각 아이의 움직임을 동영상과 사진으로 수백 시간에 걸쳐 기록했다. 이 방대한 사진 자료가 훗날 내 작업에 얼마나 가치 있게 쓰일지 당시에는 상상도 하지 못했다.

관찰 첫 번째 단계는 이 사진들을 대형 포스터 보드에 인쇄하는 일이었다. 이를 통해 많은 발달 단계별 움직임 시퀀스(연속 움직임)가 생성되었다. 그런 다음 수천 장의 움직이는 아이들 사진에서 매우 명확한 움직임 시퀀스를 설계하고 제작할 수 있었다(**그림 1.1**).

그 후에는 이러한 정지 이미지를 생생하게 '움직이는 이미지'로 만들어야 했다. 그러기 위해 큰 움직임 시퀀스를 하나의 움직

그림 1.1 관찰과 설명

임 단일 요소들로 분해하는 작업을 진행했다(그림 1.2).

이 형식에서는 하나의 프레임과 하나의 정지 요소만을 볼 수 있으나, 정지 사진의 관찰은 세부 사항을 살펴볼 시간을 관찰자에게 제공한다. 시퀀스에서 다음 정지 사진을 가져와 두 개의 정지 사진을 큰 화면에서 앞뒤로 오가며 보면, 두 정지 이미지 사이에 단일한 움직임이 생긴다는 사실을 관찰할 수 있다. 즉, 두 정지 이미지 사이에 하나의 움직임 요소가 발생하는 셈이다. 정지 이미지에서 변화를 본다는 것은 움직임의 단일 요소를 본다는 사실을 의미한다.

아이들이 움직이는 동안에는 엄청나게 많은 움직임 범주가 나타난다. 범주와 관련한 관찰을 언어로 표현하는 일은 자신의 관찰 능력을 연습하고 스스로 발견할 수 있는 유용한 방법이다(Feynman, 1999; Çelil Alexander, 2017). 그리고 이를 실행하는 방법은 한 장의 사진을 보면서 질문을 하고 구체적인 관찰 범주와 관찰 방법을 제시하는 것이다. 이러한 실행을 통해 평소에 보던 방식을 억제하게 되고 특정 시점에 발견해야 하는 움직임의 세부 사항에 집중할 수 있다.

이러한 방식으로 관찰자는 체험적인 자기-발견 학습 방법을 존중하면서도 이를 매우 새롭고 다른 접근 방식으로 전환하고 적용할 수 있다.

그림 1.2 움직임 시퀀스 비교하기

설명 나는 이 새로운 접근 방식의 시도가 매우 흥미로웠다. 그리고 관찰 프로젝트를 처음 발표했을 때 매우 놀라운 결과가 나타났다. 관찰할 수 있는 변수를 제공했고 참가자들은 똑같은 장면을 관찰했음에도 그들의 설명이 모두 완전히 달랐다(Hanson, 1958; Siegel, 2007). 관찰한 내용을 말로 설명하기보다 종이에 작성하는 편이 더 나아 보였고 관찰 내용 구체화가 더 중요해 보였다.

이 작업은 많은 사람에게 지루한 일이었지만, 헛되지는 않았다. 두 가지 기본 요소, 즉 관찰과 설명이라는 핵심 토대를 마련할 수 있었기 때문이다(Feynman, 1999).

그림 1.1에 표시된 움직임 시퀀스에는 번호가 없다. 처음 사진을 볼 때 순서가 있다고 생각했는가? 그렇다면 순서가 위에서 아래로, 아래에서 위로 또는 왼쪽에서 오른쪽으로 배열되었다고 여겼는가? 자동으로 내 주의를 끄는 것에 주목해 보자.

사진의 순서는 왼쪽에서 시작하여 오른쪽 위로 이어지며, 위에서 아래로 배열되어 있다. 이 시퀀스에는 관찰할 요소가 많다.

첫 번째는 머리의 움직임이다. 머리는 수직에 가까운 위치에서 시작하여 머리의 옆면이 바닥에 닿을 때까지 연속적인 아치형 진자 운동으로 이어진다.

머리는 골반과 관련하여 움직이며 처음에는 골반 위에서 시작하여 골반을 기준으로 완전히 비틀어진 상태로 끝난다. 반면, 골반 자체는 상대적으로 변하지 않는 상태로 유지된다. 그러나 머리 움직임이 진행되는 동안 골반 방향은 머리의 측면이 바닥에 닿을 때까지 변화한다.

일곱 장의 사진에서 아이의 눈은 머리를 기준으로 다른 방향을 바라보고 있으며, 때로는 머리와 함께, 때로는 따로 움직인다. 오른팔은 연속되는 움직임 동안 곧게 유지된다. 왼팔은 처음에는 펴져 있다가 팔꿈치가 구부러지면서 천장을 가리킬 때까지 계속 움직인다. 왼손 손가락은 처음에는 곧게 펴고 있다가 오른쪽 아래 마지막 사진까지 계속해서 구부러지며, 오른손 손가락에는 변화가 없다.

양발과 아랫다리는 서서히 곧게 펴고 바닥을 향해 다른 속도로 내려감을 알 수 있다.

언뜻 보기에는 **그림 1.2**의 사진들이 같다고 여길 수 있다. 하지만 두 사진을 번갈아 보며 자세히 관찰하면 많은 차이점을 발견할 수 있다.

위쪽 사진에서 다리와 발을 보면, 두 다리가 모두 바닥에서 떨어져 있고 다른 위치와 각도로 구부러져 있다. 아래쪽 사진에서는 오른쪽 다리가 바닥에 놓여 있고, 발꿈치는 안쪽으로 돌아가 있으며, 왼쪽 다리는 무릎을 구부려 세워 발바닥이 천장을 향하고 있다. 왼쪽 엉덩관절 부위도 위쪽 사진보다 훨씬 더 펴져 있다.

또한, 두 사진에서 팔, 아래팔, 손, 손가락의 위치가 매우 다르다는 사실도 알 수 있다. 위쪽 사진을 보면 오른쪽 팔꿈치가 아래쪽 사진보다 몸통에 더 가깝고 왼쪽 팔꿈치의 구부러진 각도는 아래쪽 사진보다 더 열려 있다. 그리고 아래팔, 손, 손가락의 방향도 바닥을 기준으로 서로 다른 방향으로 향해 있다. 아래쪽 사진에서는 아래팔, 엄지와 검지가 천장을 향하고 있지만, 위쪽 사진에서는 바닥을 향하고 있다.

실행 이번 단계는 학생들이 관찰하고 설명한 움직임을 실제로 수행하는 것이다. 여기서 중요한 점은 학생들이 작성한 설명에 따라 정확하게 움직임을 수행해야 한다는 데 있다. 설명이 정확하다면 움직임도 정확해진다. 이제 세 가지 자기-발견 과정이 완성되었다.

- 관찰(시각적)
- 설명(구두 및 서면)
- 실행(움직임)

내 추론이 맞는다면 학생들은 이제 움직이는 아이를 볼 때 무엇을 보아야 할지 명확하게 이해하고 있어야 한다. 이는 자기-발견 과정과 감각 운동 경험에 내재한 학습을 통해 이루어졌다. 그러나 첫 번째 시도의 결과는 내가 예상한 바와 달랐다. 학생들이 관찰하고 설명한 움직임을 실제로 수행했을 때 그들의 움직임은 모두 달랐다. 마치 각자 다른 사진을 보고 설명한 듯했다.

마지막 요소는 관찰하고 설명하고 실행한 내용을 바탕으로 실제 치료적 적용법을 구체적으로 배우는 것이었다. 이제 실행에 옮길 수 있는 흥미로운 교육학적 수단은 준비되었다.

적용 앞서 실패한 시도들이 실제로 내 작업의 전체 요점에 집중하게 하는 데 성공했다는 사실을 나는 서서히 깨달았다. 학생들은 움직이는 아이를 볼 때 명확하게 보지 못하고 있었다. 명확하게 보려면, 자신이 생각하는 것이 아니라 실제로 보이는 것을 봐야 한다.

만약 당신이 움직이는 아이를 보고 있을 때 아이가 실제로 하는 행위와 다른 것을 본다면, 자신의 인식에 기반해서 접근하게 된다. 즉 아이가 무엇을 하고 있다고 생각하는 자신의 잘못된 인식에 근거하여 아이에게 무엇을 해야 할지 평가하고 결정하는 것이다. 그 후에는 그 생각을 '**손에 쥐고**' 아이를 만지게 된다. 따라서 당신은 아이가 하고 있는 것 또는 필요로 하는 것을 보지 않은 채 아이가 무엇을 하고 있다고 생각하는 자기 판단에 따라 행동한다. 이 잘못된 생각으로 당신은 아이의 움직임과 특정한 요구를 '**만나지**' 못하고 자신의 생각, 인식, 움직임만 직면하게 된다. 그런 탓에 감각, 움직임, 인식의 불일치가 생겨난다. 이 점을 실제적이고 경험적으로 이해하게 되면 특수 아동과 작업할 때 관찰, 설명, 실행의 기술과 명확성을 갖추는 일이 얼마나 중요한지 분명해진다.

1.4 주의 집중

움직이는 아이를 관찰하고, 설명하고, 실행하는 과정을 통해 보는 법을 배울 때 주의 집중을 어디에 어떻게 할지 아는 것이 중요하다. 그리고 편견 없는 관점을 가지려면, 먼저 알아두어야 할 게 있다. 인간이 주의력을 쓸 때는 각자 개인적인 성향을 드러낼 수밖에 없으며, 눈에 띄고 관심과 주의를 끄는 요소에 자동으로 집중한다는 사실을 우리 모두 인식해야 한다는 점이다. 이 기술 세트를 배우는 동안 이러한 인식은 매우 분명해진다.

왜 하나는 보고 또 다른 하나는 보지 않는지 그 이유를 이해하기보다 이것이 자동으로 일어남을 인식하는 것이 더 중요하다. 이를 인식해야 언제 이러한 현상이 발생하는지 인지할 수 있다 (Thelen & Smith, 1994; Bainbridge-Cohen, 1994). 집중하는 기술을 학습하는 일은 중요하다. 특정 순간에 중요하지 않은 요소를 걸러 내고 중요한 요소를 볼 수 있도록 도와주기 때문이다. 특수 아동과 작업할 때 이 기술은 매우 중요하다.

주의 집중 기술은 다양한 방식으로 점진적으로 학습되며, 기본적 측면은 다음과 같다.

- 집중하기
- 단일 요소에 집중하기
- 요소들의 조합에 집중하기
- 패턴에 집중하기

집중하기 우선 일반적으로 집중하는 능력이 필요하다. 이는 의도적이고 자발적으로 자기 집중력을 통제하고 목적에 맞게 무엇인가에 집중하는 것을 의미한다. 집중을 잘하려면 주의를 끄는 것에 끌리는 경향을 억제하는 방법부터 배워야 한다.

단일 요소에 집중하기 이 점이 명확해지면 단일 요소에 집중하는 방법을 배울 수 있다. 이를 위해 처음에는 움직이는 아기의 정지된 사진을 보여 준 뒤 동영상을 보여 주어야 한다. 아이의 움직임에서 특정 부분을 구분하는 과제는 이 기술 세트를 개발하는 데 도움이 된다.

요소들의 조합에 집중하기 여러 번 연습하면 많은 움직임 요소 중에서 단 하나의 요소를 식별할 수 있으며, 이 단일 요소에 능숙하게 집중하기 쉬워진다. 이 기술 세트를 익히면 조합에 집중하는 방법을 배울 수 있다. 이를 위해서는 두 가지 이상의 움직임 요소가 다양하게 상호 작용하고 결합하는 방식, 즉 어떤 조합은 서로 비슷하나 어떤 조합은 서로 다르다는 사실을 볼 수 있는 학습을 해야 한다. 조합에 집중하는 방법을 배우면 중력 관계뿐만 아니라 같거나 비슷한 요소들이 다양한 방식으로 결합하는 것을 관찰하는 기술을 얻게 된다.

이러한 기술은 움직이는 아이를 집중적으로 관찰하고 전체 움직임 중 특정 요소에만 집중할 수 있도록 해 준다. 이는 매우 중요한 단계로, 관찰해야 할 것을 명확하게 지적할 기회를 제공한다. 이 과정을 통해 움직임을 인식하고, 명확하게 보고, 따라가며, 집중하고 있는 특정 요소에서 일어날 수 있는 변화를 식별할 수 있게 된다.

패턴에 집중하기 집중하기 기술 세트를 배우는 다음 단계는 '패턴에 집중하기'이다. 움직임 패턴에 집중하는 일은 단일 요소와 요소의 조합이 결합하여 움직임 또는 움직임 패턴이 형성되는 방식을 명확하게 식별하는 방법을 배운다는 의미이며, 패턴이란 그 자체가 규칙적으로 반복된다는 뜻이다(Feynman, 1999; Bainbridge-Cohen, 1994; Thelen & Smith, 1993; Edelman, 2006).

많은 종류의 패턴은 다양한 영역에 존재한다. 그중 언어와 말하기 패턴은 이해하기 쉬운 좋은 예시이다. 흔히 일반적으로 이해하기 쉬운 패턴 유형은 날씨 패턴이다. 여기서는 움직임 패턴을 관찰하는 방법에 중점을 둔다. 규칙성과 반복성을 관찰하고 패턴이 어떻게 반복되는지 명확하게 인식하는 일은 움직임에 중점을 둔 치료적 학습 영역에서 필요한 기술이다. 무엇인가가 천천히 움직이고 매번 반복이 같을 때 단일 요소와 요소의 조합이 어떻게 결합하여 패턴을 형성하는지에 관한 세부 사항에 집중하기 더 쉽다. 그러나 패턴이 매번 같은 방식으로 반복되지 않고 움직임의 리듬이 다를 때 — 때로는 느리거나, 빠르게, 때로는 리듬이 혼합된 — 패턴에 집중하고 명확하게 인식하기란 쉽지 않다.

이 네 가지 집중 요소 각각은 아이와 성인의 움직임을 명확하게 관찰하고, 치료 및 학습 목적으로 움직임을 다루는 거의 모든 영역에서 필수적인 기술이다. 그리고 집중은 특수 아동과 효과적으로 작업하기 위한 중요한 기술이다. 먼저 전형적으로 발달하는 아이를 대상으로 각각의 개별 요소를 배운 뒤, 이 기술을 비전형적으로 발달하는 아이에게 전이하고 적용하는 방식으로 학습한다.

집중 기술이 좋으면 아이가 필요로 하는 바를 훨씬 더 효율적이고 명확하게 식별할 수 있다. 아이가 개선되고 진전되는 시점도 명확하게 평가할 수 있다. 이러한 기술은 다른 사람들에게 당신이 무엇을 보고 있는지, 왜 그렇게 하는지, 어떻게 아이의 움직임에서 변화를 볼 수 있는지 설명할 때도 매우 유용하다.

아이의 움직이는 방식은 각각 다르다. 특히 특수 아동은 움직일 때 어려움에 직면하곤 한다. 이러한 어려움을 고려할 때 훨씬 더 다양한 움직임 조합, 구성, 패턴을 알고 집중하는 기술이 필요하다.

나는 세션에서 매일 고도의 집중력을 발휘한다. 아이는 종종 부모 중 한 명 또는 두 명과 함께 오거나 할머니나 보모, 심지어 형제자매와 함께 작업실에 찾아온다. 아이는 흥분하거나 불안해하거나 둘 다일 수 있다. 형제자매는 놀고 싶어 하고, 부모는 나에게 질문하거나 무언가를 말하고 싶어 하며, 내가 작업할 아이는 끊임없이 무질서하게 움직이거나 일정한 리듬으로 움직이거나 소리를 내거나 말을 한다. 이런 상황에서도 주변의 자극을 허용하고 대화를 계속 이어 가면서도 함께 일할 아이에게 집중해야 한다. 아이의 움직임과 행동의 본질적 측면에 직접적이고 구체적으로 집중할 수 있어야 한다. 무엇을 해야 하는지, 어떻게 행동해야 하는지, 아이에게 어떤 목소리를 사용해야 하는지, 어디서부터 시작해야 하는지 명확하고 정밀하게 평가해야 한다. 또한 아이에게 주의를 기울이고 집중하여 세션 환경이 안전하다는 확신을 아이에게 심어 주어야 한다. 부모가 질문을 하고 형제자매가 장난감을 쥔 채 뛰어다니고 할머니가 아이에게 조용히 앉아 있으라고 말하는 상황에서도 이 모든 일이 일어날 수 있다.

2

능력 중심 접근법

"가끔은 제대로만 바라본다면
가장 이상한 곳에서도 빛을 볼 수 있다."

로버트 헌터와 제리 가르시아 Robert Hunter & Jerry Garcia

성인은 골격, 근육, 뇌가 이미 발달한 상태이므로 아기의 움직임을 완전히 이해할 수 없다는 점을 명심해야 한다. 따라서 아이를 관찰할 때는 자신의 선입견, 기대, 평가를 인식해야 한다. 능력 중심 접근법은 장애와 결함에 초점을 맞추지 않고 잠재력에 집중한다.* 잠재력을 인식하고 치료적 관계 및 학습 상황에서 공감적으로 소통하면 능력의 출현, 발달 및 안정화를 촉진할 수 있다.

* '잠재력'과 '잠재적 발전'이라는 용어는 게랄트 휘터(Hüther, 2023)의 아이디어를 기반으로 한다.

2.1 장애가 아닌 능력

우리는 움직임, 학습, 치료 및 운동에 관해 나름의 관점을 가지고 있다. 따라서 전형적으로 발달하는 아이와 비전형적으로 발달하는 아이의 초기 움직임 발달과 관련한 우리의 관점을 잠시 숙고하는 일은 매우 중요하다.

관점 및 참조 기준 생후 2년 동안 전형적으로 발달하는 아이는 등을 대고 누워 있기부터 시작해서 걷고, 말하고, 깡충깡충 뛰고, 점프하는 등 다양한 움직임 레퍼토리를 발달시킨다. 그리고 그 과정을 생각하거나 관찰할 때 우리는 건강하고 활기찬 아이가 더 많은 능력, 기술, 역량을 키우고, 자신과 주변 환경을 탐구하며, 다른 사람들과 관계를 맺는 모습을 상상한다. 다시 말해, 우리는 전형적으로 발달하는 아이의 능력에 주로 초점을 맞춘다.

비전형적으로 발달하는 아이의 움직임과 행동을 관찰할 때 사람들은 대개 강박적으로 아이의 장애에 주목하는 경향을 강하게 드러낸다. 아이가 할 수 없는 것, 한 번도 해 본 적이 없는 일, 움직이지 않는 방식, 운동 발달의 마일스톤(이정표)에 아직 도달하지 못한 이유 등을 보는 것이다. 그 탓에 아이를 관찰하고, 아이와 관계를 맺고, 아이를 감지하고 느끼는 모든 방식에서 기술 부족, 성취 수단 부족, 역량 부족이라는 편견이 실려 버린다. 다시 말해,

장애의 관점을 강조하게 된다. 그리고 그 자체로 아이가 무능하고 부족한 존재라는 시각을 만들어 낸다. 결과적으로 아이를 고치고, 교정하고, '정상'으로 만들어야 한다는 생각에 사로잡히는 셈이다. 치료사나 부모의 관점에서, 이것은 개인적이고 실제적인 영역에 많은 영향을 미친다.

자아 정체성과 관계 아이는 우리가 아이와 어떻게 관계 맺는지에 따라 자신을 감지하고sense, 느끼고feel, 이해하며understand 개인의 정체성을 형성한다. 그리고 우리가 말과 접촉, 비언어적 의사소통을 통해 아이와 관계를 맺을 때 아이는 자신을 한 인간으로 인식하게 된다. 이처럼 아이의 정체성과 자아상은 우리가 아이와 상호 작용을 하고 그들을 대하는 방식으로 형성된다(Heller & LaPierre, 2012; Schore, 1994). 이는 가족 및 사회적 영역뿐 아니라 치료적 학습 상황에서 더욱 강력한 관련성을 갖는다.

아이의 도전을 어떻게 바라보고 접근하는지뿐만 아니라 치료적 방식으로 아이를 어떻게 터치하는지도 중요하다. 치료사의 손길이 '문제를 없애기'에 초점을 맞춘다면 치료사는 문제, 어려움, 장애만을 발견하게 된다. 아이가 할 수 없는 일을 억지로 시키려 하면, 아이는 자신이 할 수 없음을 감지하고 신경계는 이에 반응한다. 결국 아이는 실제로 할 수 없게 된다. 그러나 치료사의 손이 아이의 능력을 찾으려 하면, 아이가 직면한 객관적 어려움이 아무리 커도, 그 능력을 찾아내고 신경계는 이에 맞게 반응한다. 물론, 비전형적으로 발달하는 아이가 객관적 어려움에 직면하지 않거나 독립적으로 되어 가는 과정에서 다양한 도움이 필요하지 않다는 의미는 아니다.

능력과 잠재력 장애가 아닌 능력을 이야기하는 일은 의미론적 문제에만 국한되지 않는다. 이는 특수 아동과 관계를 맺고 일하는 사람들에게는 매우 실질적인 문제이다.

비전형적으로 발달하는 아이 모두가 특별한 요구를 가지고 태어나지는 않는다. 태어날 때부터 비전형적으로 발달하는 아이도 있고, 처음에는 정상적으로 발달하다가 나중에 특정 이유와 상황으로 특별한 요구를 갖게 되는 아이도 있다.

린다의 사례

장애가 아닌 능력을 보기

린다는 8살이 될 때까지 매우 행복하고 사회적으로 활동적인 아이였으며 전형적으로 발달했다. 또한 학교와 활동, 친구들을 좋아했다. 그러나 린다가 8살이 되던 해, 부모는 린다의 협응력에 가끔 문제가 생김을 알아챘다. 린다는 때때로 물건을 손에서 놓치고 발을 헛디디고 문장을 제대로 말하지 못했다. 시간이 지날수록, 부모뿐만 아니라 다른 사람들도 린다의 상황을 인식하게 되었다.

린다에게 문제가 있음이 분명해지자 부모는 조언을 구하기로 결정했다. 안타깝게도 린다에게 뇌종양이 있다는 사실이 밝혀졌고, 다행히 수술을 통해 종양을 성공적으로 제거할 수 있었다.

수술 후 린다는 운동 장애, 특히 균형 감각 문제를 겪게 되었다. 앉거나 걸을 때 균형을 유지하기 어려워했고 일직선으로 걷기도 힘들어했다. 첫 방문 당시만 해도 린다는 한 걸음도 걷지 못하고 균형을 잃었다. 그러나 세션이 진행되자, 훨씬 더 오래 걷는 법을 배웠다.

그 결과, 걷는 능력은 향상되었지만, 다리가 완전히 안정적이지 않아서 걸을 때 종종 흔들리거나 떨리곤 했다. 그러나 린다는 다시 걷겠다는 의지가 강했다. 학교와 친구들을 사랑했던 린다의 목표는 학교로 돌아가 친구들과 함께 도움 없이 복도를 걷는 것이었다.

같은 시기에 나는 매우 유명한 무용수와 함께 일하고 있었다. 그녀의 세션은 린다의 세션이 끝난 직후에 이어졌다. 당시 내 개인 연습실에는 그룹 작업을 위해 사용하는 매우 큰 방이 있었고 연습실에 들어가면 바로 그 넓은 공간과 이어졌다.

개인 세션을 하는 방은 복도를 따라 있었는데, 어느 날 린다와 하는 세션이 조금 더 길어졌다. 당시, 린다는 세션 후에 큰 방에서 잠시 걷고 싶어 했는데, 마침 그 방에는 유명한 무용수가 자신의 세션을 기다리며 걸어 다니고 있었다. 린다가 그 공간에 들어서자, 무용수는 걸음을 멈춘 채 린다를 주의 깊게 바라보았다.

훗날, 무용수는 이렇게 말했다.

"린다가 걸을 때 자신을 우아하게 다루며 균형을 유지하고 걸음을 옮기는 모습에 저는 정말 깊은 인상을 받았어요."

그리고 이렇게 린다를 묘사했다.

"린다의 걷는 방식은 매우 놀라운 능력이에요. 저는 린다가 우아하고 세심하며 자기 자신에게 집중하는 소녀라고 생각한답니다."

또한 이런 말도 덧붙였다.

"많은 무용수가 린다처럼 세심하고 자기 자신에게 집중하며, 린다가 보여 준 내면의 미학을 지녔으면 좋겠네요."

그녀의 말에 나는 매우 놀랐다. 이 뛰어난 무용수가 오직 린다의 능력만을 바라보고 인식했기 때문이었다. 이것은 장애가 아니라 능력의 가능성을 매우 분명하게 보여 주는 사례이자 선언이었다.

인간은 어려움에 직면하면 본능적으로 평소에는 사용하지 않거나 필요하지 않은 자질을 찾기 위해 내면을 탐색하게 된다. 린다도 마찬가지였다. 린다의 떨리고 불안정한 걸음걸이는 수술과 그에 따른 특이 상황이 아니었다면, 결코 집중할 필요가 없었을 새로운 능력으로 가는 관문이 되었다.

그 후로 무용수는 매주 일찍 와서 린다가 걷는 모습을 지켜보곤 했다. 처음에 린다는 그녀가 누구인지 몰랐지만, 시간이 지나면서 린다와 무용수는 서로를 알게 되었다. 그 당시 무용수는 린다에게 이런 말을 해 주었다.

"린다, 너는 정말 비범한 사람이야. 그리고 그거 아니? 나는 네 걸음걸이에서 안무의 영감을 받았단다."

린다와 함께 세션을 진행하는 동안 자부심, 성공, 미지를 향한 두려움, 해결의 순간들이 있었고 린다는 목표를 달성했다.

린다는 학교로 돌아가 아무런 도움 없이 친구들과 함께 복도를 걸을 수 있게 되었다. 물론 내가 그 순간을 직접 볼 수는 없었다. 그러나 학교로 돌아간 첫날의 일들을 말할 때의 린다의 눈빛과 표정을 나는 절대 잊지 못할 것이다.

잠재력 인식하기 나는 능력과 잠재력의 관점을 사용한다. 무엇보다도 아이가 무엇을 할 수 있는지에 초점을 맞춘다. 이러한 관점에서 비전형적으로 발달하는 아이를 바라보면 장애의 관점에서 바라볼 때와 완전히 다른 아이를 보게 된다. 능력의 관점에서 아이를 바라보면 모든 영역에서 가능성, 변화, 학습, 발달, 성장을 도모할 수 있다는 시각을 가질 수 있다.

이러한 관점은 놀라운 결과와 성과를 달성하는 매우 강력하고 실용적인 치료적 학습 적용으로 전환된다.

잠재력 개발하기 어른이 잠재력을 개발하기 위해 도움이 필요한 능력 있는 존재로 아이를 대하면 아이는 이를 감지한다. 장애가 없을 때 자기가 어떻게 되는지가 아니라 있는 그대로의 존재로 자기를 바라보는 사람을 감지하는 것이다. 그 아이는 다른 아이들과 마찬가지로 뇌, 근육, 뼈, 감정, 감각을 가진 온전한 존재이다. 우리가 집중하는 것이 바로 우리가 발견하는 것이다.

능력 보기 치료사가 아이와 접촉할 때 아이가 어디로 움직일 수 있는지와 무엇을 할 수 있는지를 손으로 느끼며 귀를 기울이면, 아이는 이를 감지한다. 치료사가 아이를 무언가 할 수 있는 존재로 인식하고 이러한 관점을 작업하는 동안 유지하면, 결과는 완전히 달라진다.

능력 개발하기 능력에 초점을 맞추면 함께 있는 아이의 고유성과 구체적인 움직임 방식에 집중할 수 있다. 아이와 개인적으로 교감하고 움직임을 통해서 아이의 능력이 발달할 여지가 생기는 셈이다. 이런 과정을 통해 아이는 발달 과정에서 새로운 것을 배우고 성취하는 방법을 익히며, 새로운 능력 및 기술을 형성하고 발전을 바라보는 관점을 갖게 된다.

2.2 능력의 출현, 발달, 안정화

능력의 발전과 성장은 학습 과정에서 종종 일정한 경로를 따르지 않는다. 능력 개발의 세 단계 중 어느 한 단계에서 능력의 확장과 변화가 매우 빠르게 일어날 수도 있다. 때로는 갑작스럽고 예상치 못한 즉각적 변화를 목격하기도 한다. 반대로 변화가 매우 느리고 점진적으로 일어날 수도 있다. 발달이 퇴보하거나 한 가지 능력이 빠른 속도로 발달하는데, 다른 능력은 뒤처지거나 전혀 발달하지 않을 수도 있다.

능력의 출현, 발달, 안정화는 다양한 시기에 나타날 수 있으며, 다양한 능력, 움직임 패턴, 자세, 전환 방식이 서로 뒤섞이는 시기도 있다. 이러한 급성장과 혼합의 단계는 종종 하나 이상의 새로운 능력의 출현을 일으킨다.

전형적으로 발달하는 아이라면, 능력은 점진적으로 발달하고 형성된다. 여기에는 기본적으로 세 가지 단계가 있다.

1. 능력의 출현
2. 능력의 발달
3. 능력의 안정화

세 가지 영역은 유동적이며 서로 다른 능력 사이에서 중복될 수 있다.

출현 우리는 먼저 능력의 출현을 본다. 마치 봄날의 나무에 새잎이 돋아나는 것과 같다. 잎의 크기와 날씨에 따라 새싹은 느리지만, 일정 기간이 되면 확실하게 모습을 드러낸다. 움직임 발달에서 능력 출현의 좋은 예는 등을 대고 누운 자세에서 옆으로, 다시 배를 대고 엎드리는 구르기이다.

아이들이 하루 아침에 구르는 법을 배우는 경우는 드물다. 그리고 우리가 볼 수 있는 것은 아이가 등을 대고 누운 상태에서 옆으로 몸을 움직이려는 작은 움직임이다. 아이는 처음에 완전히 옆으로 구르지는 않는다. 그러나 등에서 옆 방향으로 움직이려고 한다는 사실은 분명히 관찰할 수 있다. 그게 바로 누운 자세에서 옆으로 구르는 능력의 출현이라고 할 수 있다.

발달 능력이 출현한 후에는 그 능력의 발달을 본다. 이 시기는 출현한 능력이 모든 특징을 갖추고 아이의 움직임과 행동 레퍼토리에 있는 다른 능력과 연결되고 적응하는 단계이다.

구르기를 예로 들어 보자. 구르기 능력이 발달하는 단계에서는 등을 대고 누운 자세에서 옆으로 구르거나 다시 굴러 등으로 돌아오기, 등에서 옆으로 굴러 배를 대고 엎드리기, 옆에서 시작하여 배로 굴러가기를 탐색하고 시도하며 성공하는 모습을 관찰할 수 있다. 아이는 머리를 바닥에 대거나 머리를 들고 구를 수도 있다. 발이나 다리에서 움직임을 시작하거나 손이나 팔에서 또는 눈이나 머리에서 시작할 수 있다. 능력의 발달이 진행됨에 따라 아이는 다양한 방법으로 구르는 방법을 개발한다.

안정화 마지막으로 능력의 안정화를 보게 된다. 이는 해당 능력이 충분히 발달하여 아이가 일상생활에서 점점 더 많이 사용하는 명확한 능력이 되었음을 의미한다. 구르기를 예로 들면, 아이가 등에서 배로 엎드리고 다시 등으로 돌아오는 과정 내내 계속 머리를 바닥에서 들어 올린 채로 유지하는 모습을 볼 수 있다. 그러나 초기에 능력이 안정되었다고 해서 구르기 능력이 더 이상 성장하거나 향상되지 않는 것은 아니다. 모든 능력은 지속해서 향상될 수 있다. 구르는 능력(그림 2.1)은 중력의 더 높은 위치와 다양한 자세에서 계속 발전해 나간다.

그림 2.1 등을 댄 자세에서 엎드린 자세로 구르기

능력의 출현, 발달 및 안정성의 관점에서 능력을 보는 일은 아이가 발달시키고 있는 어떤 능력이든 관찰하고 평가하는 데 유용한 도구이다(Schore, 1994; Fogel, 2013). 특수 아동을 관찰할 때 이 일이 특히 유용한데 어떤 능력이 출현 단계에 있는지, 어떤 능력이 발달 단계에 있는지, 어떤 능력이 안정화 단계에 있는지 파악할 수 있는 수단을 제공하기 때문이다.

특수 아동은 출현, 발달, 안정화 단계의 다양한 능력이 혼합되어 나타날 때가 많다. 이러한 아이들에게는 일부 능력이 한 단계에서 다음 단계로 넘어가지 못하는 상황도 자주 관찰된다. 그 때문에 다른 능력의 출현, 발달, 안정화에 영향을 미칠 수 있다.

다양한 단계의 혼합을 보는 법을 배우는 일은 아이에게 개입할 방법을 찾고 긍정적이고 효율적으로 아이의 능력 성장과 진전을 이어 가는 첫걸음이다.

그림 2.1의 움직임 시퀀스는 다음 페이지의 '스스로 시도해 보기-구르기'에 나오는 움직임 탐색을 보완한다. 사진에 표시된 시퀀스는 아이가 엎드려 구르는 여러 가지 방법의 하나이다. 이 예시는 머리와 눈이 어떻게 몸의 움직임을 유도하고 조직하는지 보여 준다. 이 시퀀스에서는 아이의 머리가 공중으로 들려 바닥을 향해 회전하면, 머리는 계속 들어 올린 채로 몸통의 측면이 구부러져 긴장을 유지하면서 엎드려 구를 수 있게 된다.

사진 a 머리가 옆으로 놓여 있고 어깨와 골반, 팔꿈치와 무릎, 발과 손이 서로 정렬되어 있다.

사진 b 머리가 회전하여 얼굴과 눈이 바닥을 향한다. 이제 머리와 눈은 전체 시퀀스 동안 이 방향을 유지하며, 다른 신체 부분은 머리를 기준으로 회전하며 엎드리도록 조직된다. 어깨와 골반은 같은 선상에 머물지만, 팔꿈치와 무릎, 발과 손은 그렇지 않다. 몸의 오른쪽 측면은 짧아지고 왼쪽 측면은 길어진다.

사진 c 머리가 바닥에서 조금 더 들리고 오른쪽 무릎과 허벅지는 바닥으로 조금 더 내려온다. 오른손과 팔꿈치는 약간 구부러져 바닥에서 들리지만, 골반과 어깨 사이의 선은 변하지 않는다. 이 움직임을 수행하려면 어깨와 엉덩관절의 움직임이 필요하다.

사진 d 오른쪽 다리는 오른쪽 골반과 함께 앞으로 뻗어 있고 동시에 오른팔과 오른쪽 어깨가 계속 뒤로 이동한다.

사진 e 오른쪽 다리는 바닥을 향해 움직인다. 이로써 등을 더 신전시키고 상체가 왼쪽 어깨 위로 굴러갈 수 있다. 이렇게 하면 오른팔이 앞으로 당겨지면서 추진력이 생긴다. 이제 왼쪽 다리가 아래쪽으로 곧게 펴지는 모습을 볼 수 있다.

사진 f 아이는 엎드린 상태에서 머리를 들어 올리고 등을 펴고 왼쪽 팔뚝과 팔꿈치를 바닥에 대고 있다.

머리를 계속 공중에 들어 올린 채 옆구리와 배로 구르는 것은 중요한 발달 능력이다.

움직임 – 복잡한 능력 우리는 성인이라 이러한 단계의 복잡성을 이해하기 어렵다. 초기 발달 단계의 움직임 패턴과 능력이 안정적이고 완전히 형성되어 있기 때문이다. 성인은 이미 '어떻게 해야 하는지'에 관한 지식을 가지고 있어 이를 되돌릴 수 없다.

움직임이 발달 중인 아이를 이해하려면, 그들이 그것을 한 번도 해 본 적 없고, 따라서 의지할 이전의 경험이 없으며, 새로운 움직임을 실행하려는 동기가 다르다는 사실부터 이해해야 한다. 그래서 구르기를 직접 시도해 보면, 구르기가 얼마나 복잡한 능력인지 깨닫게 된다.

스스로 시도해 보기 구르기

- 바닥에 편안한 공간을 찾아 등을 대고 누워 본다.
- 구르는 방법을 모른다고 상상하며 옆으로 구르기 시작 부분만 실행한 뒤 다시 등으로 돌아온다. 그런 다음 옆으로 완전히 구르고 다시 등으로 돌아온다.
- 다음 단계는 팔, 팔꿈치, 발 또는 무릎으로 밀지 않고 머리를 항상 공중에 띄운 채로 등을 대고 누운 자세에서 엎드렸다가 다시 등으로 돌아온다. 세심한 주의를 기울이면 조정해야 할 세부 사항이 많음을 알 수 있다.
- 이제 잠시 다른 방식의 구르기를 몇 가지 시도해 보자.
    - 어떤 자세에서 시작하는가?
    - 어디에서 끝내는가? 쉽게 되는가?

- 부드럽게 동작이 이어지나?
- 혹시 삐걱거리거나 어색한가?
- 구르지 못하는 사람에게 움직임을 말로 설명해야 한다면 할 수 있나?
- 얼마나 많은 방법으로 구를 수 있나? 어떤 종류의 구르기를 익혔는가?

2.3 아기 움직임과 성인 움직임

움직임을 통해 발달적 아이디어를 경험하고 이 지식을 특수 아동 및 성인과 하는 작업에 적용하려면 성인은 '아기 움직임'을 수행할 수 없다는 점을 이해해야 한다. 이 점이 가장 중요하다.

아기의 골격, 근육, 뇌는 성인과 모든 면에서 명확히 다르다. 따라서 우리는 결코 '아기 움직임'을 할 수 없다. 출생 후 아기는 고정된 구조가 없으며 초기 성장 단계에서 매우 쉽게 변화하므로 사전 설정된 기능의 발달이 없기 때문이다.

골격, 근육, 뇌의 시스템의 구조와 기능은 중력 및 사회적, 물리적 환경과의 상호 작용을 통해 계속 확장되고 진화한다. 이러한 상호 작용과 경험은 유전자 발현에도 영향을 미친다.

움직임 발달을 가르치면서, 나는 이 개념에 심각한 오해가 있음을 발견했다. 많은 워크숍 참가자, 전문가, 부모들은 초기 발달적 움직임을 경험적으로 연구할 때 그들이 수행하는 움직임이 '아기 움직임'이라고 생각한다.

많은 사람이 아기가 느끼고, 감각하고, 생각하는 바를 유추하려 하고, 움직임을 실행할 때 아기처럼 행동하려고 노력한다. 즉, 아기처럼 느끼고 움직이는 동안 아기처럼 행동하려고 애쓰는 것이다. 사람들은 이렇게 하면 아기가 수행하고, 느끼고, 감각하는 움직임을 더 명확하게 이해할 수 있다고 여기는 듯하다. 그런 과정을 통해 그들은 자신이 생각하는 초기의 정서적 및 감각 운동 상태로 '퇴행'하려고 한다. 그러나 이는 큰 혼란을 초래한다. 어른은 '아기 움직임'을 수행할 수 없기 때문이다. 또한 '아기 감각'이나 '아기 감정'을 느끼거나, '아기처럼 생각하는' 일들을 경험할 수도 없다. 그리고 이러한 사고방식을 아이의 치료적 학습 상황에 적용하면 더욱 혼란스러워진다.

성인은 어떤 영역에서도 아기가 될 수 없다. 움직임 영역에서는 더욱 그렇다. 이러한 접근 방식을 특수 아동에게 적용한다면 정말 엄청난 오해를 일으킨다. 이 점이 어떤 이들에게는 당연해 보일 수도 있지만, 많은 사람은 내 의견에 동의하지 않는다. 그러나 아기는 어떤 영역에서도 어른이 아니라는 사실은 분명하지 않은가?

아기는 성인과 다른 골격, 다른 근육 구조, 다른 두뇌를 가지고 있다. 또한 성인과는 다른 감정, 감각, 인지 능력의 틀 안에서 살아간다. 잠시 아기의 몇 가지 측면을 살펴보자.

골격, 근육, 뇌의 발달 아기의 모든 시스템은 성인의 시스템처럼 발달하지 않았으며 발달 중인 시스템이다. 아기의 골격은 형성 중인, 미발달된 골격으로 그 비율은 성인 골격과는 완전히 다르다.

또한 영아의 척추 관절은 성인 골격과 형성 방식이 다르다. 인간의 골격은 임신 초기에 자궁에서 형성되어 20~25세가 될 때까지 계속 발달하고 성장한다. 뼈는 어린 시절과 사춘기 동안 빠르게 성장한다. 인간 골격에 속한 모든 뼈의 발달과 성장은 단순히 길어지고 커지는 것 이상의 복잡한 과정이다. 성인의 척추에는 세 가지 주요 곡선이 있으며, 완전히 형성되기까지 20년 이상의 시간이 걸린다(**그림 2.2**).

이 세 가지 주요 곡선은 어린 아기에게는 존재하지 않는다. 생후 첫 몇 년 동안 아기가 배우는 다양한 자세와 움직임을 통해서만 발달한다. 아기의 근육은 성인의 근육과 매우 다르다. 골격과 마찬가지로 인간의 근육은 자궁에서 형성되고 발달하며, 태어난 후에는 중력의 영향을 받아 엄청난 변화를 겪게 된다. 어린 아기의 근육 섬유는 계속 성장하고 크기가 커진다.

생후 첫 해 동안 아기는 점점 더 많은 힘을 기르고 의도적이고 목적 있는 움직임과 활동을 수행하는 데 필요한 협응력과 기

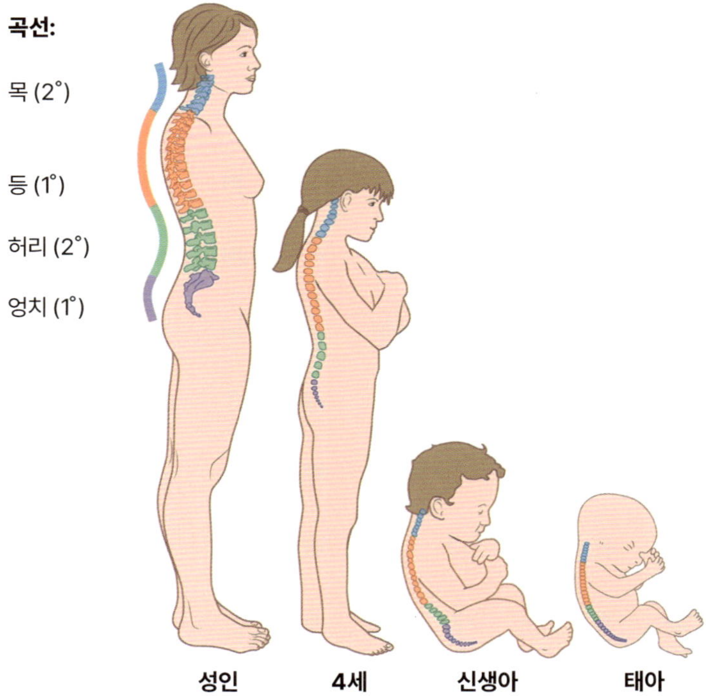

그림 2.2　척주의 곡선

술을 발달시킨다. 아기는 아직 언어로 생각하지 못하며 거의 모든 영역에서 자기를 조절할 수 없다. 아기는 중력을 받는 다양한 상황과 자세에서 근육을 제어하고 사용하는 과정을 서서히 거친다. 팔, 다리, 머리, 가슴에 힘과 통제력을 키워 가며 점차 중력의 더 높은 위치에서 더 많은 움직임과 활동을 할 수 있게 된다.

출생 시 아기의 뇌는 완전히 발달하지 않은 상태이다. 생후 첫해에 두 배로 성장하고, 이후 5년 동안 빠르게 성장하여 미래의 성인 뇌 크기의 90%에 도달한다.

아기의 뇌가 하는 매우 중요한 일은 지속적 상호 작용, 자극, 경험, 움직임을 통해 새로운 신경 연결을 계속 형성하고 신경망(신경 네트워크)을 구축하는 것이다. 아기의 상호 작용과 움직임은 능동적이면서도 반응적이며, 이러한 행동과 반응은 신경 연결과 신경망 형성에 이바지한다. 그래서 의사소통과 놀이를 장려하고 이를 지지하는 안전한 환경은 아이의 건강한 두뇌 발달 과정에 도움이 된다. 성인의 신경망은 완전히 형성되어 있으며 성인도 여전히 학습에 참여하고 신경망을 수정할 수 있지만, 아기의 뇌만큼 빠르거나 같은 방식으로는 할 수 없다.

감정과 지각도 마찬가지다. 생후 첫 몇 년은 주 양육자 및 다른 사람과의 상호 작용, 움직임, 접촉, 터치를 통해 아이의 감정과 지각이 학습되고 발달한다. 그리고 구조와 기능의 발달 경로를 따라가면서 현실에 관한 정서적, 지각적 해석이 서로 얽히면서 아동의 기능적, 사회적, 지각적, 정서적 정체성이 형성된다. 성인이 되면 이러한 정체성은 이미 형성되어 있다. 그 덕분에 성인은 자신의 현실을 구성하는 지각과 관련된 감정적 반응을 하고 느낌을 갖는다.

아기가 발달하고 성장하며 다양한 움직임을 할수록, 신경 근골격계와 뇌는 복잡한 행동 상황에 적응하는 방법을 배우고 성장한다. 그렇기에 아기는 독립적으로 걷고 말을 할 수 있어야 한다. 풍부하고 안전하며 자극적인 환경을 제공받은 아기는 모든 측면에서 독립적인 사람으로 발달할 것이다. 자신이 가진 것과 사회적, 물리적 환경에서 제공되는 것을 활용하여 모든 면에서 끊임없이 발전하기 때문이다. 아기는 성장하고 배우면서 모든 상황에 적응하고, 이러한 상황에 대처하고 적응하는 데 필요한 습관을 천천히 발달시킨다. 반면 성인은 형성된 구조와 습관적 기능, 지각, 감각, 행동의 고정된 방식을 가지고 있다.

성인의 움직임 가능성 성인의 움직임을 개선하고 더 쉽고 효율적으로 기능하는 방법을 배우기 위해서는 먼저 움직임을 더 작은 요소와 패턴으로 '분해'해야 한다. 이러한 학습은 우리의 주의를 사용하여 움직임 중에 형성된 습관과 스스로가 부과한 자기-제한을 발견하는 방법을 포함한다. 이를 통해 골격, 근육 및 신경계가 새로운 감각 운동을 경험하며, 근본적인 방식으로 변화와 학습에 자신을 개방하게 된다. 그 결과, 변화와 성장을 가능하게 하는 '성인 움직임'을 수행한다.

이 점을 설명하기 위해 척추의 세 가지 곡선을 예로 들 수 있다. 중력에 따라 다양한 자세를 취하는 아기의 움직임은 곡선을 발달시키는 데 필요한 신경 근골격계의 움직임을 제공한다. 아기의 곡선은 모든 방향으로 유연하며, 아기의 골격은 아기의 움직임에 따라 세 가지 발달 곡선을 다양한 방식으로 결합할 수 있다.

반면, 성인의 세 가지 곡선은 완전히 형성되어 있다. 성인의 관점에서 척추의 곡선이 발달하는 느낌을 이해하고 싶다면 곡선이 형성될 시기에 나타나는 아기의 다양한 움직임을 모방해 볼 수 있다. 그러나 이것은 아기가 실제로 하는 움직임의 근사치일 뿐이며 이미 형성된 성인의 곡선을 바꿀 수 없다. 척추의 구조적 곡선은 더 유연해질 수 있지만, 초기 아동 발달 시기에 실제 형성되는 아기의 곡선처럼 움직일 수는 없다.

이것이 우리가 '아기 움직임', 더 정확히 말하면 '형성기 아기 움직임'을 할 수 없는 이유이다. 성인인 우리는 성인 움직임을 '분해'할 수 있지만, 이렇게 분해된 것들은 '아기 움직임'이 아니다.

스스로 시도해 보기 아기 움직임

- 잠시 다리를 완전히 펴고 등을 대고 누워 본다. 그러면 척추의 많은 부분이 바닥에 닿지 않고 척추에는 세 개의 곡선이 있다는 것을 알게 된다.
- 척추의 곡선을 완전히 펴 보려고 시도한다. 먼저 각 곡선을 따로따로 펴 보려고 하고, 그다음에는 세 가지 곡선을 동시에 평평하게 펴 본다. 성공하기 위해 정말 열심히 시도한다면 온갖 자세로 몸이 비틀리겠지만, 제대로 성공하지는 못할 것이다. 어느 정도 성공했다고 느낄지라도, 뼈가 변형되어 펴진 것이 아니라, 단지 특정 부위를 잠시 더 세게 바닥에 누르고 있다는 사실이 분명해질 것이다.
- 척추 곡선을 실험해 볼 수 있는 또 다른 방법은 다리를 펴거나 구부린 상태로 바닥에 누워서 목의 곡선만 평평하게 하는 것이다(**그림 2.3**).
- 주의를 기울이면 이 움직임을 시도할 때 많은 사람이 대개 척추의 다른 부분을 들어 올린다는 사실을 관찰할 수 있다. 그러나 아기는 척추를 들어 올릴 필요가 없다.
- 아래 허리를 완전히 바닥에 붙이려고 하면, 대부분 복부 근육을 긴장시키거나 가슴을 들어 올리게 된다.
- 이제 세 가지 척추의 곡선을 동시에 평평하게 하려고 하면, 긴장하고, 몸을 비틀고, 숨을 참게 될 가능성이 크다. 또한 움직임이 부자연스럽게 느껴질 것이다.
- 아래 허리를 평평하게 하려는 시도를 멈추자마자, 허리는 다시 바닥에서 떨어진다. 그러나 아기에게는 척추를 평평하게 하는 행위가 일상적인 자연스러운 움직임이다.

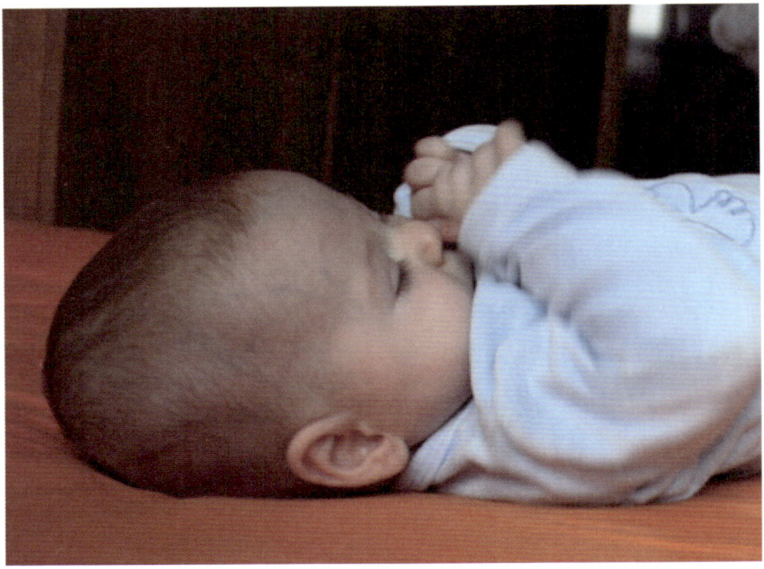

그림 2.3 척추의 곡선 수정하기

성인인 우리는 다양한 방식으로 어떤 동작을 어떻게 수행하는지에 주의를 기울이는 과정을 거쳐 움직임을 실행하면 자신도 모르게 몸에 밴 움직임 습관을 발견할 수 있다. 그 덕분에 전반적인 능력과 움직임의 방식을 쉽게 개선할 수 있다. 10장에 수록된 '움직임을 통한 능력'에서 이 내용을 더 자세히 다룰 것이다.

3

움직임의 주요 요소

"인간의 본질은 그가 어떤 사람이냐가 아니라
무엇을 할 수 있느냐에 있다."

에이브러햄 조슈아 헤셸 Abraham Joshua Heschel

계획planning, 제어control, 톤(근 긴장도)tone, 균형balance은 모든 움직임의 주요 구성 요소다. 이러한 요소들이 적절히 조화를 이룰 때 그 효과는 유연하고, 가볍고, 목적에 맞으며, 효율적이다. 네 가지 요소의 조정, 통합 및 네트워킹이 가능해지려면 신경계, 근골격계, 정신적, 정서적, 사회적 요인 간의 복잡한 상호 작용이 필요하다. 경험 학습은 움직임 또는 그 요소의 질과 감각, 움직임, 행동 간의 상호 작용에 관한 차별화된 인식을 가능하게 하는 것을 목표로 한다.

3.1 운동 감각의 명확성

아이의 변화를 촉진하려면 움직임뿐만 아니라 특정 움직임을 특정 주요 구성 요소에 어떻게 적용할지에 관한 이해가 필요하다. 감각의 명확성(운동 감각의 명확성)은 필수적인 움직임 경험이다. 이는 특수 아동과 효과적으로 작업하게 해 주는 경험 학습의 또 다른 중요한 초석이다.

아이의 변화를 출현시키고 발달을 촉진하려면 감각-움직임-행동 영역에서 아이의 경험적 세계를 이해할 필요가 있다. 그러려면 먼저 자기 내면에서 이러한 질과 미묘함을 파악하고 자기 몸과 움직임에서 매우 뚜렷한 감각적 경험을 해야 한다(Fogel, 2013; Feldenkrais, 1981; Rywerant, 1983). 이러한 질과 미묘함은 개인적 경험 안에서 감지되고 명확히 설명되어야 하며, 인지적 영역에서만 존재해서는 안 된다.

운동 감각 지각 특수 아동이 움직임 안에서 무언가 새로운 것을 경험할 때는 종종 특정 감각이 동반된다. 아이는 지속해서 경험하는 수많은 다른 감각과 이 새로운 감각을 구별하고, 느끼고, 식별할 수 있어야 한다. 물론 아이가 아주 어리거나, 비언어적이거나, 감각 운동이나 정서 또는 인지 영역에 어려움을 겪을 수도 있다. 그러나 아이에게 새로운 것이 나타나면 치료사는 훈련된 눈으로 보고 숙련된 손으로 쉽게 알 수 있다. 따라서 학습 과정에서 나타나는 새롭고 명확한 감각은 그 경험 자체가 일어나는 순간에 존중받아야 하며, 가치 있게 여겨지고, 격려되어야 한다.

이런 방식으로 아이를 돕고자 하는 성인은 이러한 감각적 만남의 구체성과 효과를 이해해야 한다. 이를 위해서는 내가 '왕복 움직임back-and-forth movements'이라고 부르는 움직임을 직접 경험하고 이 움직임이 주는 인상을 이해해야 한다.

왕복 움직임 왕복 움직임을 발견한 것은 계시와 같았다. 나는 같은 움직임을 앞뒤로 몇 번 반복하면 매우 특정한 감각이 생긴다는 사실을 발견했는데, 이러한 감각은 명확하며 운동 감각적으로 구분된다. 그리고 단일한 움직임을 앞뒤로 반복 실행할 때 나타나며 구체적 효과도 재현할 수 있다.

다른 날에도 같은 방식으로 반복하면 같은 특정 감각을 생성할 수 있다. 길이, 너비, 둥근 정도, 짧음, 직립성, 평평함, 가벼움, 무거움 등과 같은 감각은 구별할 수 있으며, 명확한 특정 감각을 경험할 수 있다. 개인적이든 직업적이든 움직임에 관한 배경과 상관없이 그 효과는 즉각적이고 유사하며 인지할 수 있다.

운동 감각적 명확성과 움직임 운동 감각적 명확성은 하나 또는 두 개의 왕복 움직임 조합에서만 달성할 수 있다. 움직임 시퀀스가 길어질수록 감각은 더 분산되어 명확하고 구체적인 감각을 예리하게 구분하기 어려워진다. 특정 임계점을 넘어서면 감각의 명확성이 흐려지고 운동 감각적 경험이 더 일반적인 움직임 과정 경험으로 바뀐다. 이것도 가치는 있지만 매우 다른 가치이다.

움직임 과정은 길고 복잡해질수록 더 많은 감각, 감정, 지각을 불러일으킨다. 만약 과정이 20분 또는 30분 이상 지속되면서 다양한 움직임과 정지를 포함하고 여러 주의 상태와 연결되면, 운동 감각의 명확성은 드러나기 어렵다. 성인이 긴 움직임 시퀀스를 경험하면 즐겁고 유익할 수 있으며, 개인의 근골격 조직에 관한 전반적인 변화를 불러일으킬 수 있다. 그러나 특정한 움직임이 발생시키는 매우 구체적인 감각에서만 식별할 수 있는 선명도와 명확성은 긴 시퀀스에서는 사라진다.

운동 감각적 이해, 학습 및 경험의 분야는 새로운 것이 아니다. 19세기 후반의 과학자, 교육자, 예술가, 건축가들은 이러한 주제로 광범위한 논의를 했으며, 건축 역사학자인 제넵 셀릭 알렉산더는 자신의 저서인 『운동 감각적 인식Kinaesthetic Knowing(Çelil Alexander, 2017)』에서 이에 관해 서술하고 있다. 왕복 움직임의 이해, 경험, 활용은 교육의 이러한 측면에 더욱 이바지한다.

3.2 계획, 제어, 톤(근 긴장도), 균형

모든 수의 운동에는voluntary movement 계획, 제어, 톤, 균형이라는 네 가지 주요 구성 요소가 있다. 이 네 가지 요소가 모두 원활하고 통합된 방식으로 작동할 때 우리는 내부적으로 잘 조율된 움직임을 경험하고 외부에서도 잘 조율된 움직임을 관찰할 수 있다.

계획, 제어, 톤, 균형

이 네 가지 주요 구성 요소와 이들이 상호 작용하고 영향을 미치는 방식을 이해하면, 아이를 평가하고 상호 작용할 수 있다. 그리고 아래와 같이 아이를 지원하는 방법도 알 수 있다.

- 계획 수립
- 제어 가능성 개선
- 긴장도를 높이거나 낮추기
- 다양한 자세를 유지하고 움직이는 동안 균형을 개선하는 다양한 방법

동시에 관찰자가 네 가지 구성 요소를 이해함으로써:

- 관찰자가 아이의 신경 근골격계를 평가하고 상호 작용할 수 있는 유용한 관점을 제공
- 신체적, 정신적, 감각적, 정서적 영역의 향상을 촉진

기능적 능력의 성장은 뇌의 다양한 부분과 근골격계와 외부의 사회적 및 물리적 환경 간의 복잡한 네트워킹 과정이다. 움직임의 네 가지 주요 구성 요소 간의 네트워킹 형성과 조정 및 통합 과정은 아이의 자발적 행동과 움직임 및 행동 기술 레퍼토리의 지속적 증가로 이어진다. 네 가지 주요 구성 요소 중 어떤 측면을 개발하거나 개선해야 하는지 그리고 이를 어떻게 촉진할 수 있는지 파악하는 것이 내 접근법의 핵심 요소이다(**그림 3.1**).

계획 어떤 유형의 움직임을 실행하려고 할 때, 우리는 그 움직임을 실행하고자 하는 일종의 내부 계획이나 모델을 가지고 있어야 한다.

- 몸의 어느 부분을 움직일 것인가?
- 어떻게 움직일 것인가?
- 서로 어떤 관계로 어디로 움직일 것인가?
- 서로 다른 신체 부위의 움직임이 어떻게 협응될 것인가?

이 계획은 뇌의 다양한 부분에서 이루어지며 개인적 경험에 크게 의존한다(Feldenkrais, 1972; Rywerant, 1983; Edelman, 2006). 예를 들어, 오렌지를 집으려고 한다면 먼저 오렌지에 관심이 있어야 한다. 그래야 오렌지를 향해 몸을 움직이고, 이전에 여러 번 손을 뻗어 오렌지를 잡으려고 시도했을 테니 말이다. 그 경험들로 움직임은 이미 형성되어 있다. 따라서 손을 뻗어 오렌지를 잡기만 하면 된다.

하지만 아기는 성인과 다르다. 특정 무게, 모양, 색깔을 가진 물건을 잡기 위해 손을 뻗는 법을 배우기까지 우리가 얼마나 많은 시행착오를 겪어야 했는가! 잠시만 생각해 봐도 이 움직임을 성공적으로 완료하기 위해 얼마나 많은 세부적 요소가 필요한지 알 수 있다.

오렌지가 얼마나 멀리 있는지 알아야 하고, 자신과 오렌지 사이의 거리를 판단하는 법을 배워야 한다. 몸의 어느 부위에서 먼저 움직여야 할지도 결정해야 한다. 손이나 손가락일지, 어깨나 등에서 시작할지 말이다. 오렌지가 한 손에 들어갈 수 있는지, 아니면 두 손이 모두 필요한지, 오렌지가 떨어지지 않도록 손을 얼마나 세게 쥐어야 하는지도 알아야 한다. 오렌지를 들어 올려서 다시 가지고 오려면 팔에 얼마나 많은 힘이 필요할지도 가늠할 수 있어야 한다. 이처럼 오렌지를 잡는 일은 많은 변수가 있는 매우 복잡한 과정이다.

아기는 이러한 변수 하나하나를 탐구한다. 그리고 놀이를 통해 성공적으로 움직임을 완성할 수 있을 때까지 연습한다. 이러한 과정의 모든 요소를 결합하는 데 성공하면 아기는 특정 무게의 물건을 계획하고, 손을 뻗어 잡고, 가져오는 유형의 도식(스키마)을 뇌에 저장한다. 자동으로 반복할 수 있는, 성공적으로 계획된 행동으로 말이다.

이 도식에 관한 정보는 '오렌지'의 크기, 색깔, 모양, 무게에 비추어 한 가지로만 저장되지 않으며, 다양한 변형과 형태로 저장된다. 그렇지 않으면 새로운 종류의 '오렌지'가 나올 때마다 전체 프로세스를 처음부터 다시 거쳐야 하기 때문이다.

여기서 우리가 기억해야 할 것이 있다. 매일 수행하는 수백, 수천 가지 행동을 할 때마다 우리는 이미 각 행동 유형의 원형 모델을 수백, 수천 번 연습해 왔다는 사실이다. 이 점을 더 명확하게 이해하려면 손에 강직이 있는 뇌성마비 아이나 뇌졸중을 겪은 성인을 관찰해 보면 된다. 그들이 손을 뻗어 오렌지를 움켜잡기 위해서는 부단히도 많은 (재)학습을 해야 한다.

제어 우리가 무엇을 하고 싶은지 명확히 이해했다면 모든 행동을 구성하는 다음 요소는 제어이다.

신체의 여러 부분을 제어할 수 있어야 계획한 일을 체계적으로 달성할 수 있다. 우리는 계획을 실행에 옮기고 그것을 완수해야 한다(Rywerant, 1983; Hüther, 2006; Feldenkrais, 1949). 움직이지 않는 부분은 안정화한 상태에서 움직이는 부위의 방향, 속도, 타이밍, 거리를 제어할 수 있어야 한다. 또한 움직임에 가하는 힘과 강도도 제어할 수 있어야 한다.

움직임 제어의 어느 한 측면이라도 다른 측면과 협응되지 않

그림 3.1 서 있는 자세에서 앉은 자세로 전환하기

으면 계획된 의도적 움직임으로 실현되거나 완료할 수 없다.

근 긴장도 휴식 중에도 우리 몸의 근육은 어느 정도의 단단함과 긴장도를 지닌다. 이 단단함을 근육의 톤 또는 긴장도라고 부른다.

어떤 움직임을 시작할 때는 일정 정도의 단단함이 필요하다. 그리고 적절한 강도와 힘으로 원하는 움직임을 시작하고 끝내기 위해서는 견고함 즉 긴장도를 사용할 수 있어야 한다.

긴장도는 우리가 움직이고 행동할 준비를 갖추게 한다(Gage, Koop & Novacheck, 2009; Feldenkrais, 1949). 이는 우리가 과도한 힘이나 너무 적은 힘을 가하지 않도록 한다.

모든 움직임의 계획과 제어에는 어느 정도의 긴장도가 필요하다. 어떤 행동에서든 적절한 양의 힘을 모으고 정확하게 사용해야 하기 때문이다. '오렌지'를 예시로 생각해 보자. 너무 많지도 너무 적지도 않은 적절한 힘의 양은 오렌지를 으깨거나 떨어뜨리지 않고도 오렌지를 잡을 수 있게 해 주지 않는가.

긴장도는 중력이 존재하는 하나의 상황에서 다른 상황으로 부드럽게 움직이도록 해 준다. 구르기에서 앉기, 앉기에서 서기, 서기에서 걷기로 전환하는 것과 같은 직립 자세와 이동 상황도 유지해 준다.

균형 균형은 넘어지거나 평형이 깨지지 않고 움직임을 유지하고 제어할 수 있는 능력으로 정의할 수 있다. 균형은 자세를 유지하는 동안에도 필요하지만 움직이는 중에도 필요하다. 균형은 흔히 직립 상태와 관련해서만 생각하는데, 균형 반응과 대응은 발달 초기 단계부터 분명히 나타난다. 앉기와 네 발로 서기는 자세를 유지하면서 균형을 잡는 예시이고 기어가기, 걷기, 한 발 뛰기, 두 발 뛰기는 움직이면서 균형을 잡는 예시이다.

아이는 아주 일찍부터 균형을 제어할 수 있어야 옆으로 누워서 등으로 구르거나 엎드려 있다가 등으로 부드럽게 구르는 움직임을 할 수 있다. 이는 자세와 자세 사이로 이동할 때 작동하는 균형 시스템이 넘어지는 반응과 관련되어 있기 때문이다. 초기 움직임 발달 단계에서 우리는 모든 자세와 전환에서 몸으로 균형을 잡을 필요가 있음을 관찰할 수 있다(Gage, Koop & Novacheck, 2009; Bainbridge-Cohen, 1994; Feldenkrais, 1981, 1949; Hadders-Algra & Carlberg, 2008).

그림 3.1을 살펴보자. 이를 통해 우리는 아이가 서 있는 자세에서 앉는 자세로 전환하면서 제어, 긴장도, 균형의 측면을 보여 주고 있음을 알 수 있다.

사진 a 아이가 서 있는 상태에서 균형을 잡으며 움직이는 것을 볼 수 있다. 팔은 어깨높이보다 위로 올라가 있고 머리는 뒤로 젖혀져 있으며 엉덩관절은 뒤로 구부러져 있다.

사진 b 아이는 분명히 뒤로 넘어지려고 한다. 팔은 앞쪽이면서 더 많이 옆으로 뻗고 머리는 앞으로 나오고 엉덩관절은 더 많이 구부러져 뒤로 이동한다. 무릎이 구부러지고 양발의 앞부분이 바닥에서 들리려 한다.

사진 c 아이의 골반은 더 뒤로 내려가고 몸통과 함께 머리가 더 앞으로 움직인다. 골반은 뒤로, 머리는 앞으로 이동하면서 엉덩관절부터 몸통 전체가 명확하게 움직인다. 아이의 골반이 바닥으로 내려오면서 손가락을 벌린 채로 팔과 손은 바닥을 향해서 연속적으로 움직인다.

사진 d 아이는 등, 머리, 팔 등을 지지받지 않고서 앉은 자세를 취한다. 이는 뒤로 넘어지는 움직임이 완료되었음을 나타내며, 머리를 똑바로 세운 채 앉은 자세로 휴식을 취하고 있다.

사진 c와 **d**를 보면 아래 허리가 뒤로 굽어 있고 중간 및 상부 등은 앞으로 굽어 있는 모습이 눈에 띄는데, 이는 발달 단계에서 볼 수 있는 척추의 조직화를 반영한다.

균형을 잃고 뒤로 넘어지면서 서 있는 자세에서 앉는 자세로 가는 전체 움직임 동안 아이는 팔을 뻣뻣하게 하거나 손가락을 오므리지 않으며 눈을 감거나 입을 닫지 않는다. 바닥에 앉는 자세로 넘어지는 중에 불안이나 두려움을 느끼지 않는다는 사실을 아이의 표정에서 알 수 있다. 아이는 넘어질 때 굴근이 반응하지 않았다. 아이는 조직적이고 자발적으로 제어된 움직임을 행했으며, 균형 적응이 원활하고 유연한 긴장도를 보인다.

조너선의 사례

잠시 멈추고 기다리기

특수 아동 중에는 언어 능력과 인지적 이해 능력이 뛰어난 아이들이 있다. 조너선도 그런 아이였다. 조너선은 세션 때마다 말하기를 좋아하고, 이야기를 들려주고, 모든 종류의 화제에 관해 설명하기를 즐겼다. 조너선은 세 가지 언어에 능통하여 세션 동안 끊임없이 언어를 바꿔 가며 이야기했다. 나는 유럽 원어민이 아니라서 조너선이 종종 특정 단어의 발음을 교정해 주곤 했다. 조너선의 발성 능력은 놀라웠고 자신이 무엇을 하고 싶은지 잘 알고 있었다. 어떤 아이디어가 제시되든 따라 할 수 있었고 제안된 아이디어를 '계획'할 수 있었다. 하지만 조너선은 제어라는 주요 요소를 어려워했다. 움직임은 매우 불규칙했고, 빠르고 경련이 있었으며, 강한 힘으로 행했다. 평소에는 인내심이 강했지만, 때때로 자기가 생각하고 원하는 바를 이루지 못하면 좌절했다.

세션이 진행되는 동안 조너선은 매우 빠르게 주제를 바꾸며 이야기하곤 했다. 어느 순간에는 장난감을 갖고 싶다고 했다가 바로 다음에는 갖고 싶지 않다고 하고, 어떤 일을 하고 싶어 하다가 다음 순간에 더 이상 하고 싶지 않다고 했다. 한순간에는 "예"라고 했다가 다음 순간에는 "아니오"라고 대답하는 식이었다.

나는 조너선이 "예"와 "아니오" 사이를 오가는 것과 아이디어의 빠른 전환이 매우 빠르고 통제할 수 없는 불규칙한 움직임과 분명히 관련되어 있음을 깨달아 갔다. 더욱이, 내가 명확한 "예" 또는 "아니오"로 조너선의 대답을 고정하려고 하면, 조너선의 움직임은 더욱 불규칙해지고 빨라졌다. 그 결과, 조너선의 좌절감이 증가했다.

나는 이러한 단순한 일대일 상관관계에 회의적인 편이지만, 조너선의 사례는 시도해 볼 만한 가치가 있다고 생각했다. 조너선의 발달 단계에서 어느 정도 스스로 움직일 수 있는 가장 안전한 자세는 등을 대고 눕거나 측면 또는 배를 대고 엎드린 자세였다. 조너선은 이러한 자세에 익숙했고, 움직이는 방법도 찾을 수 있었지만, 가만히 있지 못하고 같은 움직임과 방향을 변화 없이 반복했다.

나는 조너선이 자신의 불규칙한 움직임을 제어할 수 있는 상황을 찾아 불규칙한 움직임이 '조너선을 지배하지' 않도록 해야 한다고 느꼈다. 그래서 조너선의 강한 대근육군 중 하나를 사용할 수 없는 상황을 만들면 스스로 움직일 힘이 없어져 전체 움직임 수준이 감소하여 멈추게 되리라 가정했다.

나는 조너선이 어떤 방향으로도 움직일 수 없도록 그가 자기 굴근(아주 강력하고 강한 근육)을 쓸 수 없는 상황을 만들었다. 항상 그렇듯이 그 자세가 조너선에게 불편함을 주지 않도록 하는 것이 중요했다. 이는 그동안 쌓아 온 신뢰를 무너뜨리고 아이가 세션에 오기를 거부하거나 비협조적으로 변할 수 있는 위험을 수반하기 때문이었다. 학습은 쉽고 편안하고 안전하며 신뢰할 수 있는 환경에서 가장 잘 이루어지므로 제시된 조건을 충족하는 동시에 편안한 자세를 만들었다. 조너선을 그 자세에 놓이게 한 뒤 얼마 지나지 않아 개선이 이루어졌다. 통제할 수 없는 조너선의 불규칙한 움직임이 느려지더니 완전히 멈춘 것이다.

그 순간 조너선은 나와 대화를 시작했고, 그 대화는 명확하고 신중하게 조너선이 주도하는 방향으로 진행되었다. 나는 잠시 비일상적인 자세로 조너선을 머물게 한 후 조너선이 다리를 꼬고 앉도록 했다. 그러자 조너선은 완전히 고요해졌다. 조너선의 눈빛은 경이로움 그 자체였다. 눈에는 미묘하지만 분명한 반짝임이 있었고 조너선의 평온함이 방 전체를 변화시켰다.

이 모든 일은 많은 사람 앞에서 시연하는 동안 일어났다. 고요함이 방 전체에 퍼져 나갔고, 방에 있던 모든 사람은 이 고요함의 순간이 이 어린 소년에게 얼마나 소중한지 분명하게 알 수 있었다. 이 고요함의 상태에서 조너선은 자신이 의도하지 않은 갑작스러운 이상한 움직임이 어디서 시작되는지 감지하고 느낄 수 있었다.

이 경험을 계기로 조너선은 학습의 새로운 출발점과 방향을 잡게 되었다. 그때부터 조너선은 자기 움직임을 계획하고 제어할 수 있는 방법을 찾았음을 스스로 느끼고 이해할 수 있었다.

이제 특수 아동에게로 초점을 돌려 보자. 그들은 네 가지 주요 구성 요소 중 하나에 문제가 있거나, 두세 가지 조합 또는 네 가지 모두에서 다양한 도전에 직면할 수 있다. 어떤 아이는 근육을 잘 제어하고 충분한 긴장도와 균형을 가지고 있지만, 행동을 계획하는 일을 어려워할 수 있다. 또 다른 아이는 계획 능력과 균형 감각은 좋지만, 근 긴장도가 너무 높거나 낮아서 움직임을 제어하는 데 장애를 겪을 수 있다. 세 번째 아이는 계획을 세우고 제어와 균형을 잡을 잠재력은 있지만, 근 긴장도가 너무 높거나 너무 낮을 수 있다. 또 다른 아이는 계획과 제어는 가능하지만 움직이려 할 때 균형을 충분히 잡지 못할 수 있다. 이 역시 근 긴장도가 너무 높거나 낮아서일 수도 있다.

3.3 어색함 감각의 중요성

일상생활과 주간 활동에서 사용하는 움직임의 수와 종류는 대체로 정해져 있다. 예를 들어, 침대에서 일어나 앉았다가 몸을 일으키는 방법, 옷 입는 방법, 앉아서 먹거나 일하는 방법, 차에 타는 방법, 우리가 즐기는 스포츠나 취미 활동 등이 그렇다. 이처럼 각 활동에는 일상화된 특정 움직임이 있다. 우리는 큰 노력이나 추가적 주의 없이 원하는 일을 할 수 있으며, 실제로 그것을 생각조

차 할 필요가 없다. 이는 예행연습이 필요 없고 평범한 느낌이다.

특별한 감각 운동의 요구 이해하기 일상 활동에서 어색하고 서투른 느낌이 들거나 우리가 하고자 하는 일을 성취하고 이해할 수 있는 수단이 없다는 것이 어떤 느낌인지 상상하거나 이해하기란 몹시 어렵다. 그러나 이러한 감각을 이해하는 일이야말로 일상 활동과 치료적 학습 상황에서 특수 아동이 매일 직면하는 감각과 학습 세계에 들어가기 위한 첫걸음이다(Hanson, 1958; Feldenkrais, 1981; Edelman, 2006). 특수 아동은 자신이 하고 싶은 일이나 필요한 일을 할 수 없다고 느낀다. 어색함, 서투름, 우아하지 못함, 품위 없음 등의 느낌을 받는다. 특정 활동을 수행하기 위해 무엇을 해야 하는지에 관한 이미지가 없을 수도 있다.

이러한 행동이 외부인에게는 매우 간단해 보일 수 있다. 그래서 외부인은 아이가 왜 그 행동을 할 수 없는지 또는 시도하는 동안 무엇을 경험하는지 이해하고 공감하기 어려울 수 있다. 그런 이유로 나는 특수 아동의 경험과 유사한 경험을 전달하기 위해 어른들이 어색함 감각을 느낄 수 있는 움직임 상황을 만들곤 한다.

이러한 움직임 상황은 명확하게 이해할 수 있지만, 쉽게 수행할 수 없는 특정한 움직임 유형이나 단일 움직임으로 구성된다. 그러면 아무리 성인이라도 신체가 자신이 원하는 대로 움직이지 않는 경험을 하며 매우 서툴고 협응되지 않은 방식으로 움직이게 된다. 이때 참가자들의 반응은 제각각이다. 웃음을 터뜨리거나 좌절감을 드러내는 이가 있는가 하면 금방 포기하는 이도 있다. 어떤 이는 더 열심히 노력하며 자기를 밀어붙인다. 나는 이것이 성인들에게 매우 중요한 경험이라고 말한다. 특수 아동의 감각 운동 세계를 이해하는 데 필요한 구성 요소 중 하나이기 때문이다. 특수 아동이 일상적으로 겪는 경험을 더 폭넓게 이해하고자 한다면 자신이 하고 싶은 것을 할 수 없다는 경험이 몹시 중요하다.

개인적인 자기-학습 '무엇을 해야 하는지 알지만, 몸이 따라 주지 않아요!', '왜 내 몸이 내가 원하는 대로 움직이지 않는지 모르겠어요', '내가 원하는 대로 움직이려고 노력하는데 아무리 애써도 다른 행동을 해요', '어색하고, 협응이 안 되고, 서투른 느낌이 들어요'라는 감각을 느껴 보는 경험은 매우 중요하다.

이것은 많은 사람에게 전환점이 된다. 이를 통해 사람들은 개인적 자기-학습 영역에 참여하고, 그 중심 특징과 구성 요소, 특성을 이해하며, 큰 가치를 인식할 수 있게 된다. 이것이 성취되면 전형적 발달 아동의 초기 발달 움직임에 관한 아이디어를 비전형 발달 아동에게 전이하고 적용할 수 있는 또 다른 기본 요소가 마련된다.

스스로 시도해 보기 어색함을 느끼기

- 편안한 장소를 찾아 등을 대고 누워 무릎을 구부리고 양쪽 발을 바닥에 놓는다. 무릎과 발은 어깨너비만큼 벌린다. 이제 오른발의 엄지발가락을 바닥에서 들어 본다. 동시에 다른 네 발가락은 바닥을 향해 구부리고 발아래로 말아 준다. 그다음에는 네 발가락을 들어 올리고 엄지발가락을 아래로 구부린다. 이 움직임을 최소 10회 반복한다.
- 이 움직임을 하는 동안 입이나 한 손 또는 양손으로 무엇을 하는지 관찰해 보자. 움직임이 단순하게 이루어지는가? 발가락을 들어 올리고 구부리기와 관련 없는 불필요한 움직임을 하고 있음을 알았는가? 이제 왼발로 똑같이 진행해 본다. 오른발과 똑같은가? 아니면 더 어려운가?
- 두 발로 동시에 시도해 보자. 이때 두 발이 다른 움직임을 하는지 주의해서 살펴야 한다. 두 발로 동시에 시도 후 두 다리를 곧게 펴고 잠시 휴식한다. 그 다음은 다리를 곧게 편 상태에서 오른쪽 다리를 돌려 다섯 발가락이 천장을 향하게 한다.
- 자세를 유지한 채 엄지발가락을 드는 동시에 네 발가락을 아래로 말아 넣는다. 그다음에는 네 발가락을 들 때 엄지발가락을 아래로 구부린다. 이제 무릎을 접어 발을 바닥에 둔 채 할 때보다 이 움직임이 더 어려운지 주의를 기울여 보자. 오른발로 10회 한 후에 왼발로 10회 하고 다시 양쪽 발로 동시에 10회 진행한다.
- 자신이 어떻게 하는지 보려고 발을 내려다보거나 눈으로 보면서 하고 싶은 충동을 느끼지 않았는지 확인한다.

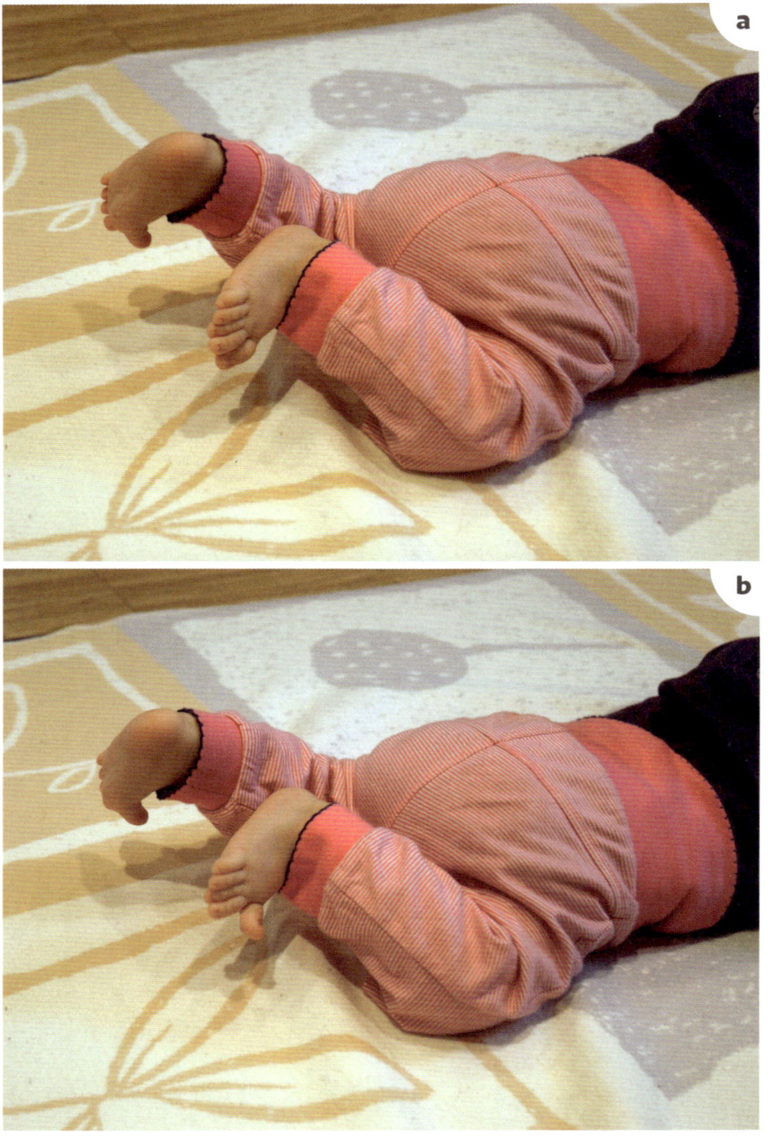

그림 3.2 어색함을 느껴 보기

- 어색함 감각, 즉 무엇을 해야 하는지 명확히 이해하지만, 몸이 원하는 대로 움직이지 않는 감각에 주목한다.
- 무릎을 구부려 발바닥이 천장을 향하게 하고, 발을 바라보지 말고 머리는 바닥에 편안하게 둔다.
- 한쪽 엄지발가락을 바닥을 향해 구부리고 네 발가락은 천장으로 말아 올린 뒤 반대로 해 보자. 네 발가락과 엄지의 방향을 반대로 분리해서도 움직여 본다. 각각의 발로 개별적으로 한 뒤 두 발로 동시에 해 보고 이 과정을 다시 교대로 진행한다. 움직임이 어색해지는 경험을 인식해 보는 것이다.
- 이 과정을 완료한 후, 다리를 편 채로 등을 대고 누워서 발과 다리의 감각에 주의를 기울여 보자. 평소와 다르게 느껴지는가? 이제 일어나서 서 있거나 걷는 감각의 차이를 기록해 본다.

그림 3.2 사진에서는 무릎과 발을 구부린 채 엎드린 아이가 엄지발가락을 다른 네 발가락과 분리해 쓰고 있다. 이것은 스스로 시도해 보기에서 탐색한 움직임을 엎드려 수행하는 시각적 예시이다.

사진 a 왼발 엄지발가락을 들어 올려 다른 네 발가락과 분리하고, 오른발은 다섯 발가락을 모두 모아 놓은 모습이다.
사진 b 양쪽 발의 엄지발가락을 들어 올려 다른 네 발가락과 분리된 모습이다.

사진을 보고 위의 지침을 읽은 후 다시 한 번 바닥에 배를 대고 엎드려서 움직임 탐색을 실행해 보자.

4

발달적 관점

"절대 불가능하다고 말하지 마세요.
한계는 두려움처럼 종종 환상에 불과합니다."

마이클 조던 Michael Jordan

움직임 발달은 행동 지능의 한 형태로 이해할 수 있으며, 행동 지능은 다시 움직임 발달을 통해 촉진할 수 있다. 그리고 모든 감각 경로의 활동(운동 감각이 가장 먼저 발달한다)은 전반적인 학습과 발달을 지원한다. 발달 능력이 점진적으로 형성되는 동안에는 하나의 움직임 시퀀스가 어떻게 작동하는지, 자세 전환이 어떻게 이루어지고 역동적으로 다양해질 수 있는지에 관한 운동적 이해에 중점을 둔다.

행동 네트워크는 자발적으로, 무작위적으로, 체계적으로 발전한다. 이러한 신경 움직임 네트워크는 점점 더 복잡하고 조직화한 움직임 시퀀스를 생성하고, 상호 보완하여 더 많은 움직임을 생성한다. 혼돈에서 질서로 가는 성공적인 전환은 건강하고, 활기차며, 강한 신경 근육계의 특징이다. 이런 방식으로 전개되는 움직임 시퀀스에는 다음이 포함된다.

a) 자세 유지하기: 머리를 든 채로 엎드려 있기, 여러 앉는 자세, 네 발로 서기, 똑바로 서기
b) 한 자세에서 다른 자세로 바꾸는 의도적 전환

이러한 움직임 패턴은 변화에 관한 역동적 반응과 적응을 가능하게 하며 다양하게 변화할 수 있다.

4.1 행동 지능action intelligence— 세상을 이해하기

다양한 형태의 지능 움직임을 통한 이해는 자신감을 준다. 움직임을 통해 새로운 것을 이해하고 알아내면 '내가 해냈다!', '내가 그것을 알아냈어!', '바로 나야!'라는 느낌을 받는다. 유레카의 순간은 다양한 형태로 나타나며, 어떠한 형태이든 이해와 지식은 정당한 지능의 형태이다.

지능은 한 가지 방법이나 하나의 평가 관점으로만 평가할 수 없다. 지능을 평가하는 가장 보편적인 방법은 인지적 가치 척도이다. 이러한 지능의 측면을 평가하기 위해 많은 방법이 개발되었으며, 그 가치를 평가하고 어떤 가치가 있는지 판단한다. 우리는 아이가 독립하고 사회에 적응하기 위해 삶의 구체적 측면을 관리하고 적응하는 발전 속도에 따라 다양한 형태의 지능을 평가하고 그 가치를 부여한다.

이것은 분명히 지능의 한 형태이며 특정 종류의 지능을 측정하는 한 가지 방법이다. 하지만 특수 아동 같은 독특한 두뇌를 관찰하고 고려할 때 그들의 특정 지능을 평가하는 방법은 과연 무엇일까? 그리고 그들의 특정 지능을 개발하기 위해 우리가 도울 수 있는 방향을 어떻게 결정할 수 있을까?

새로운 것을 하는 법 발견하기 만약 우리가 움직임 영역을 통해 아이 스스로 문제를 해결하도록 접근하는 방법을 찾을 수 있다면, 우리는 아이가 새로운 지식과 지능을 개발하도록 효과적으로 도울 수 있다(Feynman, 1999). 이는 아이가 새로운 무엇인가를 성취하거나, 알아내거나, 호기심을 가지고 적극적으로 탐구할 때마다 일어난다.

아이는 새로운 것을 발견하는 능동적인 과정을 통해 모든 인간의 뇌가 기능하는 방식으로 자기 뇌를 사용하게 된다. 이러한 과정은 뇌의 신경적 연결을 형성하고 결합할 가능성을 촉진한다. 새로운 신경적 결합이 이루어질 때마다 새로운 행동이 일어나며, 이를 새로운 지식이라고 볼 수 있다. 이를 **행동 지능**이라고 하며, 이전에는 존재하지 않았던 새로운 연결이다. 그야말로 기적이 일어나는 방식, 기적의 영역이다! 행동 지능이 나타나는 그 순간은 바로 기적의 순간이다(5.5장 참조).

해결책을 찾고자 하는 욕구 파악하기 어려웠던 무엇인가를 알아내거나 불가능하다고 생각한 일을 해결하는 것은 우리가 소중하게 여기는 자질이다. 그렇다면 문제 해결 과정을 이끄는 원동력은 무엇일까? 무엇이 아이가 문제를 해결하게 동기부여를 해서 밀어붙일까? 문제를 해결하려는 추진력과 동기는 인간의 일반적 자질일까?

만약 그렇다면, 우리는 이러한 자질을 자극할 수 있는 상황을 찾아 특수 아동들에게 도전 기회를 제공해야 한다. 도전은 아이의 뇌를 깨우고 문제를 해결하려는 인간의 본능을 자극하여 알고 싶다는 욕구를 아이에게 불러일으킨다.

행동 지능은 문제를 해결하는 과정에서 무언가를 어떻게 하는지, 행동을 어떻게 성취하는지에 관한 것이다. 여기에는 움직임이 있고, 움직임을 행동으로 전환하는 과정이 있다. 어떻게 할 것인가에 관한 참여는 아이가 알든 모르든 자신의 학습과 발달에 적극적으로 참여하는 상황을 의미한다(**그림 4.1**).

행동 이해 무언가를 알아내기 위해 애쓰는 행위가 표준적 의미에서 인지적 이해를 반드시 포함하지는 않는다. 하지만 이것이 새로운 형태의 행동과 실행으로 이어진다면 행동 이해라 할 수 있다.

무언가를 알아낸다는 것은 발달하는 아이에게 무언가를 새로운 방식으로 할 수 있는 길을 열어 준다. 즉, 전형적 또는 비전형적으로 발달하는 모든 아이의 새로운 움직임은 새로운 가능성과 연결을 만들어 낸다.

이를 실천하는 방법은 단 하나가 아님을 항상 기억해야 한다. 아이가 이러한 발달의 흐름을 돌파하기 위해서는 한 가지 방법만으로는 안 된다. 아이의 성취는 아이와 함께 선택한 길이 옳았다는 증거가 된다. 때로는 이러한 방향을 지속하기 위해 외부 개입

그림 4.1 행동 지능의 경험

이 필요할 수도 있으며, 이러한 외부 개입은 학습만으로는 피할 수 없는 장애물을 제거한다.

그림 4.1에서는 호기심, 동기, 의도를 가진 아이의 움직임을 관찰할 수 있다. 이 과정은 아이의 행동 지능을 보여 주고 움직임을 수행하는 방법을 설명한다.

사진 a 아이는 눈을 크게 뜨고 의자의 검은색 손잡이를 응시하고 있다. 오른손은 엄지와 검지에서 볼 수 있듯이 의자의 하단 바를 잡으려는 중이다. 왼손은 손가락을 벌려 미리 손을 뻗으려는 자세를 취하고 있고 턱을 목에서 멀리하며 머리를 들고 있으며 등이 펴져 있다.
사진 b 오른손의 손가락이 의자의 바를 더 확실히 감싸게 되었고 왼팔과 손은 눈이 집중하는 손잡이 방향으로 앞쪽 위로 뻗어 간다. 머리가 약간 더 뒤로 물러나면서 입이 더 크게 벌어진다. 골반과 윗다리는 앞쪽 위로 움직이며 처음 위치에서 들어 올린다.
사진 c 왼팔은 더 높이 올라가고 손과 손가락이 의자의 검은색 손잡이 뒤쪽 부분을 향해서 분명하게 움직이면서 머리와 몸통의 무게가 오른쪽으로 이동한다. 엄지손가락의 위치에서 볼 수 있듯이 오른손 손가락은 더 오므리며 하단 바를 감싼다.
사진 d 머리는 더 멀리 뒤로 움직이고, 등은 펴지고 골반이 앞으로 밀리면서 팔은 위로 뻗는다. 아이는 목표한 검은색 손잡이에 도달하며 머리와 몸통의 무게는 계속 오른쪽으로 이동한다.

계획, 제어, 균형, 타이밍 등, 의도한 행동을 실행하는 모든 요소가 움직임에서 협응된다. 호기심의 대상에 도달하는 방법을 알아내려는 아이의 관심으로 지시된 기능적 움직임이다. 이 발달 단계에서 필요한 근육 강도는 골반을 앞으로 밀고 무릎 위로 올리는 데 도움을 주어 아이가 의도를 실현할 수 있도록 해 준다.

바바라의 사례

안전지대 밖으로 나가기

바바라는 순식간에 상대를 녹이는 미소를 지녔으며, 언어 능력이 뛰어난 아이이다. 배우고 발전하려는 의지와 열망이 강하며, 뇌성마비가 자기가 하고 싶은 일을 방해하는 것도, 자기가 누구이며 어떤 사람이 되고 싶은지 등등, 자기의 정체성을 정의하는 일도 용납하지 않았다. 바바라는 서 있을 때 균형을 유지하기 위해 보행기를 사용했고 세션에도 보행기를 가져왔다.

어떤 아이에게는 보행기 사용이 최종 목표가 될 수 있지만, 다른 아이에게는 독립 보행으로 전환하는 과정일 수 있다. 그러나 바바라에게는 둘 다 아니었다. 바바라에게 보행기는 귀찮고 성가신 장애물이었다.

아이가 보행기를 단순히 걷기 위한 도구로만 사용하지 않는 전제하에 아이가 보행기 사용을 익힌다면, 이를 중요한 학습 도구로 활용할 수 있다. 보행기는 하루 중 많은 시간 동안, 아이의 일부이므로 보행기에 익숙해지고 다양한 방식으로 사용할 수 있으면 좋다. 보행기를 재미있고 활동적이며 창의적인 방식으로 사용할 수 있을 만큼 익숙해진다면 보행기는 더 이상 장애물이 아니라 일상생활의 유용한 동료가 된다. 이것이 바바라와 할 작업 목표 중 하나였다.

나는 이러한 사고방식을 내 아버지의 사례에서 얻었다. 아버지는 세 살 때 전차에 치이는 사고로 한쪽 다리를 잃었다. 그러나 아버지는 운동을 잘했고, 고등학교 시절 체조팀 주장이 되었다. 그리고 평행봉과 링 종목에서 주 챔피언이 되었다.

아버지가 링이나 철봉에 올라 공중을 날아다닐 때면 바닥은 더 이상 그에게 장애물이 아니었고, 바닥의 제약에서 벗어날 수 있었다. 생의 마지막까지 아버지의 균형 감각은 흠잡을 데가 없었다. 아버지는 다리의 절단 부위가 부어오르면 1~2주 동안 의족을 착용할 수 없었다. 그때마다 아버지는 상처가 아물 때까지 목발을 사용해야 했다. 그러면 아버지는 물구나무서기, 빙글빙글 돌기, 깡충깡충 뛰기, 한 목발에서 다른 목발로 이동하기 등 목발을 활용한 온갖 묘기를 선보이시곤 했다.

아버지는 목발의 달인이었고, 아버지에게 목발은 설계된 대로가 아니라 자신이 원하는 대로 사용할 수 있는 도구였다. 당시 목발을 사용하는 아버지의 창의성은 나에게 잊을 수 없는 기억으로 남았다. 아버지에게 목발은 원래 용도와 무관하게 흥미로운 무언가로 변형시킬 수 있는 대상이었다.

아버지의 사례는 보행기나 휠체어를 탄 아이들과 함께 작업할 때 내게 큰 영감을 주었을 뿐 아니라 창의적 사고의 기초를 형성해 주었다.

바버라와 함께 한 첫 번째 과제는 바버라가 자신의 균형과 보행에서 개선이 필요한 부분을 더 쉽게 인식할 수 있도록, 세션에서 함께 하는 움직임을 감지하고 느끼도록 돕는 것이었다.

바버라의 큰 문제는 혼자서 균형을 잡아야 하는 상황에서 편안함을 느끼는 것이었다. 바버라는 앉기, 의자에서 일어나기, 서기, 걷기 등 자신이 알고 인식하고 있는 레퍼토리가 있었기에 다른 방법을 배울 필요가 없다고 생각했다.

뇌성마비가 있는 많은 아이는 균형 감각을 향상하기 위해 도전과 방해를 받아야만 중요한 진전을 이룰 수 있다. 그 때문에 아이들은 익숙하고, 잘 알고, 편안하게 느끼는 '안전지대'에서 벗어나야 한다. 그리고 그러한 도전은 여전히 자기를 관리할 수 있고 압도당하지 않는 비교적 안전한 상황에서 이루어져야 한다.

균형을 회복할 수단이 없는 상태에서 균형을 잃는 것은 누구에게나 매우 두려운 일이 될 수 있다. 특히 뇌성마비가 있는 아이들은 아직 균형 감각이 발달하지 않아 끊임없이 도전 상황에 직면하기에 더욱 그렇다. 그러니 새로운 방해가 조금씩 제공되면 아이의 균형 감각은 점점 더 도전받고 개선된다.

아무리 쉬운 단계로 방해와 도전을 시작해도, 처음에는 아이가 놀라고 예상하지 못한 방식으로 제공되어야 한다. 이를 위해서는 다양한 리듬과 속도를 사용하고 아이의 기대를 뒤엎어야 한다. 그 이유는 준비된 상태에서 잃어버린 균형을 되찾는 일은 그리 어렵지 않지만, 진정한 개선은 반응과 대응이 매우 빠르고 자동적이며 즉각적인 상황에서 이루어지기 때문이다. 아이는 통제 불능의 감각을 견디고 자기 몸과 그 반응을 신뢰하는 법을 배워야 한다.

바버라는 의자에서 시작해서 다양한 방식으로 의자에서 일어나고 서는 방법을 배워야 했다. 그러나 전혀 예상치 못한 다양한 속도를 제시하자 바버라는 협조를 거부했다. 바버라는 더 이상 모두가 알던, 사랑스러운 미소를 짓는 어린 소녀가 아니었다. 고집스럽고 반항적인 아이가 되었다. 바버라는 팔짱을 끼고 고개를 숙인 채 매우 심각한 표정을 짓더니 모국어로 "하기 싫어요!"라고 몇 번이나 크게 소리쳤다. 그런 다음 자기 어머니에게 고개를 돌리며 "안 할 거야! 안 할 거야! 안 할 거야!"라고 분명하게 말했다.

하지만 새로운 도전을 하는 아이의 초기 반응과 행동에 당황해서는 안 된다. 아이가 당신을 신뢰하고 당신이 자신을 도와주고 있음을 감지한다면 결국 당신과 함께하게 되어 있다. 단, 강요하기보다는 '동행'하고, 아이와 완전히 함께하는 것이 중요하다.

바버라는 균형에 관한 새로운 요구와 도전이 주어질 때마다 "하기 싫어!"라는 말을 내뱉었다. 도전에 맞설 수 있고 성공할 수 있음을 바버라는 알고 있었지만, 도전을 시도할 때마다 바버라에게는 매번 큰 내면의 힘과 용기가 필요했다. 그래서 새로운 무언가가 다가오고 있음을 감지하면 즉시 팔짱을 낀 채 항의했다.

당시 나는 "못 하겠어!" 대신 "하기 싫어!"라는 바버라의 말이 인상적이었다. 이는 '나는 이것을 해야 한다는 사실을 알고 있고, 이것이 나에게 좋고, 내가 이것을 해낼 때 나 자신에게 만족하겠지만, 나는 지금의 나로서 행복해! 그냥 이대로 있으면 안 돼?'라는 의미이기 때문이었다. 어른으로서 우리는 이러한 요구와 도전에 대처하고 관리하는 법을 배우지만, 겨우 네 살밖에 안 된 아이가 자신의 욕구를 인식하고, 자기 상태를 표현할 수 있다는 사실은 정서적 · 지적 측면에서 매우 성숙한 모습이었다.

몇 번의 성공을 경험하면서 새로운 움직임과 감각에 도전하고 어려움에 관한 두려움과 경계심을 극복하자 바버라는 괜찮아졌다. 마침내 성공할 때마다 괜찮았을 뿐만 아니라, 바버라의 내적 경험이 쌓이고 주변 사람들과 이 감각을 공유하는 과정을 통해 기적적이고 마법 같은 순간들이 생겨났다.

바버라는 점점 더 용감해졌다. 팔짱을 낀 채 “하기 싫어!”라고 말하는 대신 “도와주지 마, 나 혼자 할 수 있어!”, “다음에는 뭘 해 볼까요?”, “계속 해 볼래!”로 변화해 갔다. “네가 처음에는 어떻게 행동했는지 기억나?” 하며 아이에게 장난을 걸 수 있을 정도로 내적 성장이 이루어졌으니 말이다.

특수 아동들이 매일매일 마주하는 객관적 도전들을 고려할 때 바버라의 행동과 태도는 인간 정신의 본질과 그들의 용기를 보여 준다. 이러한 순간을 목격하고 아이들이 그 상황을 극복하는 과정을 지켜보는 일은 언제나 감동적이다. 바버라는 엄청나게 성장했고 다양한 상황에서 균형을 잡는 법을 배웠다. 바버라가 보행기를 사용하는 모습은 마치 나의 아버지가 목발을 사용하던 모습을 떠올리게 했다.

4.2 점진적 발달 능력 형성

운동 발달 모델 지난 수백 년 동안 다양한 움직임 발달 모델이 등장했다. 일부 모델의 이론은 전적으로 관찰에만 근거했지만, 다른 모델들은 당시의 과학적 이해를 기반으로 그 관점에서 질문을 제기하고 이를 유아의 운동 발달에 연관을 지었다(Piek, 2006).

어떤 모델들은 오로지 움직임에만 초점을 맞추지만 다른 모델들은 정서적, 사회적, 환경적 관계를 포함한 아이의 전반적 행동에 더 중점을 두고 있다. 모든 이론은 전형적 및 비전형 발달 아동과 작업할 때 모델을 실제로 적용하는 데 영향을 미친다.

지난 백 년 동안 가장 널리 사용된 것은 마일스톤 모델이다. 이 모델은 영유아가 특정 자세에서 어떤 움직임을 언제 해야 하는지에 집중한다. 마일스톤 모델과 다른 많은 모델에서는 아이가 어떤 방식으로 움직임을 수행하는지, 특정 움직임을 어떻게 수행하는지, 또는 어떤 자세에 도달하고 어떻게 다른 자세로 이동하는지에 관한 심층적 논의가 없었다. 또한 마일스톤 모델은 움직임과 자세를 학습하는 데 필요한 기본 요소와 토대 및 구성에 관련된 세부 사항과 다양성 논의도 거의 없었다.

점진적 발달 능력 형성 움직임 발달 모델은 다양한 움직임 자세와 전환에서 일어나는 변화와 이러한 움직임의 결과로 발달하는 능력과 기술을 설명할 수 있어야 한다. 또한 모델은 움직임, 자세, 기술의 변화를 돕는 과정과 기제(메커니즘)가 포함되어야 한다.

적절한 모델은 단순히 어떤 자세뿐만 아니라 그 자세에 도달하는 방법, 하나의 자세에서 벗어날 수 있는 다양한 방법, 자세를 유지하는 것을 배울 때의 내적 및 상호 역학을 고려해야 한다. 이는 구르기, 엎드린 자세에서 앉기, 기어가기 등의 전환 움직임에도 적용된다.

나는 이 아이디어를 구체화하는 과정에서 다양한 관점을 포함할 수 있는 명확한 틀로 정의된 개방적 모델을 만들고자 했다. 그 결과가 바로 점진적 발달 능력 형성 모델이다. 이 모델은 개방적이면서도 명확하게 정의된 틀을 제공하여 아이디어의 명확한 적용과 방향 설정을 가능하게 한다. 또한 아이들의 사회적, 물리적 환경도 고려하며, 진행 중인 과정을 정의하고, 방향성을 제시하며, 접근할 수 있는 목표를 제공한다.

점진적 발달 능력 형성
(Progressive developmental abilities formation)

점진적 발전, 진보, 개선을 추구한다. 이는 한 곳에 갇혀 있거나 과정에 머무르지 않고 앞으로 헤쳐 나가야 할 필요성을 정의한다. 목표를 향해 전진하고, 더 나아지고 개선하며, 긍정적 변화를 꾸준히 실현하는 것이 목적이다.

발달 아이의 움직임, 감각, 감정, 인지 발달의 주요 단계와 시기를 의미한다. 아이가 자신과 타인 및 외부 세계와 맺는 관계도 이에 포함한다. 서기, 걷기, 한 발 뛰기, 건너뛰기, 두 발 뛰기에 이르는 움직임의 모든 측면을 포함한다.

능력 능력은 성장하는 어린아이를 볼 때 우리가 찾는 역동적 요소이다. 본질적으로 우리는 아이가 무엇을 할 수 있는지, 무엇을 해야 하는지, 무엇을 할지에 촛점을 맞추는 것이 아니라, 아이가 현재 하고 있는 행동을 하기 위해서 필요하거나 이미 그들이 가지고 있는 능력을 중점적으로 본다. 우리는 능력을 큰 형태의 행동으로 보고, 아이가 자신과 물리적 및 사회적 환경을 경험하는 반응으로 본다. 능력은 아이의 전체를 포괄한다. 움직임은 성취된 능력의 발전과 발달을 볼 수 있는 주요 매체이다.

형성 형성은 발달 능력 또는 능력들이 견고한 구조나 활동적 패턴으로 구체화되고 구현되는 것을 의미한다. 이는 예측과 반복이 가능하고 신뢰할 수 있다. 초기 발달 단계에서 나이와 성장에 관련된 움직임과 발달 능력의 요소는 견고하고 명확하게 나타나며 특정 형태로 구체화한다. 이러한 능력과 움직임은 명확한 구성과 안정적이면서도 역동적인 조직화를 형성한다. 아이의 능력 형성은 계속 향상될 가능성을 포함한다. 예를 들어, 아이가 걷는 법을 배울 때 처음 몇 걸음만을 뗄 수 있는 1~2주가 지나면 수개월 또는 심지어 수년 동안 걷는 방식의 변화를 관찰할 수 있다. 형성된 능력은 건너 뛰기, 한 발 뛰기, 두 발 뛰기, 달리기 등으로 계속 발달한다.

점진적 발달 능력 형성 모델은 아이에게 필요한 학습 과정을 존중한다. 동시에 목표를 염두에 두고 실제로 적용할 수 있는 명확한 방향과 폭넓은 가능성을 제공한다. 우리는 초기에 발달적으로 진화하는 아이의 능력이 계속 발전하도록 돕고 이러한 능력이 명확한 행동의 형태로 자리 잡도록 노력한다.

4.3 움직임 패턴의 발달 — 무작위적randomly, 조직적organized, 체계적systematic

신경 움직임 네트워크는 형성되고 결합하여 더 복잡하고 조직화된 움직임 패턴을 만들어 낸다. 혼란스럽고, 조직화되지 않은 신경 근육계에서 질서를 만들어 내는 것은 건강하고 활기차며 강력한 시스템의 특성이다.

4.3.1 무작위 탐색

전형적으로 발달하는 아이의 예를 살펴보자. 아이의 움직임을 조직하는 다양한 생리학적 시스템에는 신경 근골격계의 엄청나게 다양한 가능성과 변형이 존재한다. 생후 첫 몇 달 동안 아기는 대개 탐색적 움직임에 몰두한다(Thelen & Smith, 1994). 아이는 다양한 구성과 조합을 사용하여 부드럽고 매끄럽게 움직임을 수행하며, 이는 오랜 기간 이루어진다(그림 4.2). 첫해의 후반기에는 점차 과제-지향적 움직임과 활동을 보이며 행동을 탐색하고 참여한다.

무작위 탐색 움직임을 보이는 초기에는 탐색할 수 있는 움직임이 다양할수록 좋다. 초기 레퍼토리에 더 많은 움직임 구성과 조합, 방향이 있을수록 나중에 효율적이고 효과적인 행동 패턴을 선택할 수 있는 선택지가 많아지기 때문이다.

이러한 다양성은 아이가 새로운 상황에 직면했을 때 가장 적절하고 효과적인 적응 방법을 찾는 데 도움이 된다. 새로운 조합을 탐색하는 과정을 통해 아이는 물리적 환경 속에서 이동하고 주변의 사회적 세계 상황과 상호 작용하는 혁신적 방법을 습득한다. 초기 탐색 단계가 끝나면 아이는 이러한 변형과 조합을 의도적이고 자발적인 행동과 상호 작용에 사용하는 방법을 개발하게 된다.

특수 아동의 신경 근육계는 다양한 탐색적 움직임에 참여할 기회를 종종 얻지 못한다. 따라서 시작부터 가능한 움직임 종류뿐 아니라 이러한 움직임 가능성을 탐색하고 결합할 수단도 줄어들 수 있다.

치료적 학습의 관점에서 이러한 성장과 발달의 특성을 살펴보면, 특수 아동의 신경 근육계가 움직임 변형을 탐색하는 과정을 경험하도록 구체적 방법을 찾는 편이 좋다. 특수 아동에게 다양

그림 4.2 움직임 요소의 결합

한 변형 움직임과 이를 결합할 수 있는 다양한 방법을 제시하면 아이가 행동과 감정에서 새로운 움직임 패턴을 형성할 가능성이 커지기 때문이다. 아이가 스스로 또는 안내에 따라 새로운 움직임 패턴을 시도하는 과정은 아이의 신경 근골격계 성장과 발달에 매우 중요하다.

추가적인 움직임 변형과 이를 결합하는 새로운 방법은 발달 레퍼토리를 정교화하고 확장하는 데 필요하다(Hadders-Algra & Carlberg, 2008; Hüther, 2018; Stergiou & Decker, 2011). 그 결과, 아이는 전형적으로 발달하는 시스템과 유사한 방식으로 풍부한 개인적 경험을 자발적으로 얻게 된다. 이러한 변형과 조합을 아이에게 어떻게 제시해야 안정적이고 유용한 움직임 패턴 네트워크 형성 과정을 도울 수 있는지 이해하는 일은 매우 중요하다.

새로운 탐색적 움직임 변형 경험은 성인에게도 중요한 의미가 있다. 성인으로서 우리는 일상적인 행동 습관을 형성하고 특정한 방식으로 움직이기를 선호한다. 이러한 패턴은 종종 아주 어릴 때 학습되었으며 당시에는 효과적인 적응이었을 것이다. 하지만 나이가 들면서 초기 적응과 선호도가 더 이상 예전만큼 효율적이지 않을 수 있다.

이러한 선호도를 발견하는 방법은 일상적 움직임 레퍼토리에 속하지 않는 새로운 움직임의 변형을 시도하는 것이다. 새로운 움직임 방법을 탐색하고 발견함으로써 우리는 자기 행동 방식을

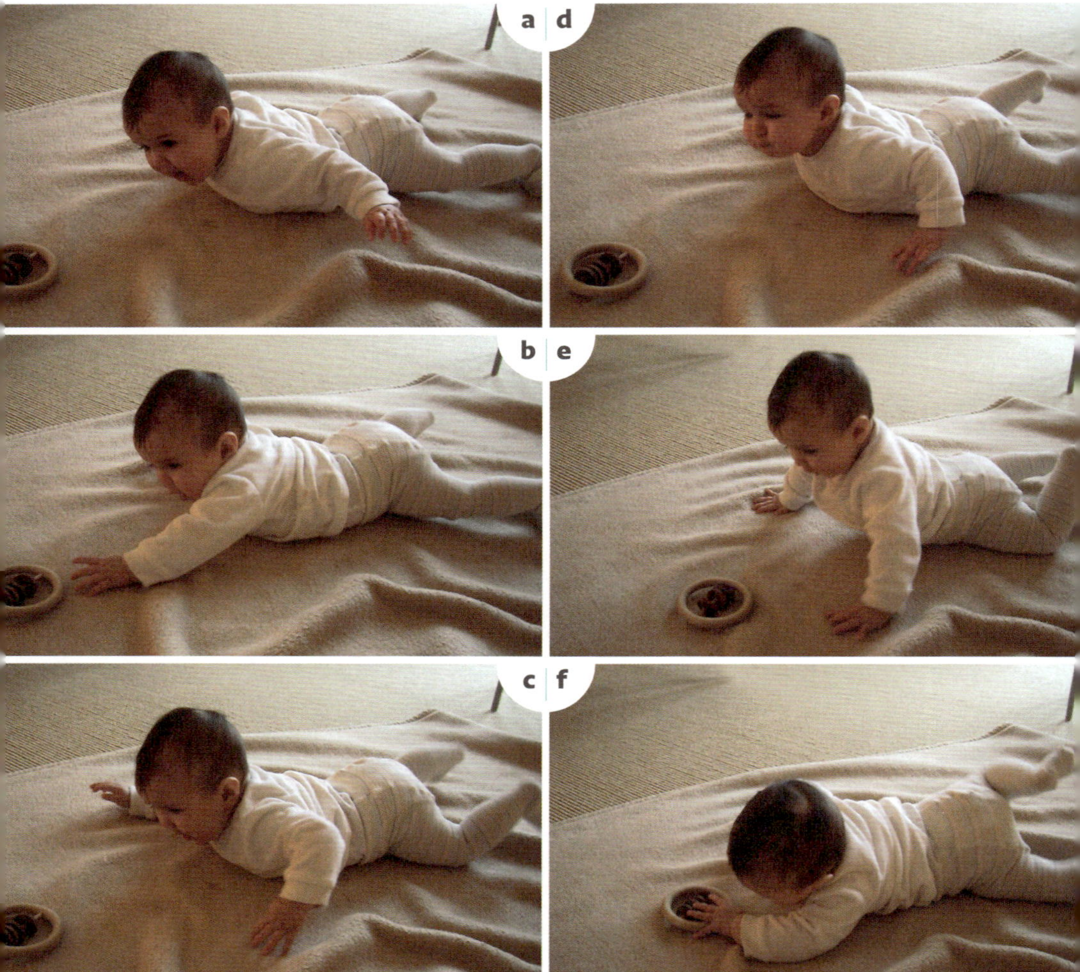

그림 4.3 움직임 요소의 결합

인식하게 되고, 습관에 얽매이지 않은 채 특정 삶의 단계에서 자기에게 가장 적합한 것을 자유롭게 선택할 수 있다.

앨런의 사례

자신의 움직임 레퍼토리에 자부심을 느끼기

앨런은 한 살 반도 되지 않았지만, 온몸의 근육과 관절이 전반적으로 뻣뻣했다. 그 때문에 앨런은 등을 대고 누웠을 때 다리를 완전히 곧게 펴고 머리를 바닥에서 들어 계속 발아래를 내려다보고 있었다. 앨런은 어떠한 전환 움직임도 하지 않았고, 발달 자세는 물론, 그 자세를 유지하기조차 거의 불가능했다. 다리를 벌리거나 구부리고 팔을 움직여 머리 위로 올리기도 어려웠다. 앉거나 손과 무릎을 바닥에 대는 동작은 상상할 수도 없었다.

앨런의 세션 초반, 나는 앨런이 모든 주요 관절과 근육군을 움직일 수 있도록 하는 데 중점을 두었다. 등을 대고, 옆으로 눕고, 배를 대고 눕는 모든 기본 방향에서 움직이는 경험과 감각을 갖는 것이 필수적이었다. 앨런의 관절과 근육은 이러한 기본 움직임의 종류와 형태를 경험해 보지 않았기에 관절 감각은 물론 움직임 감각의 기초가 전혀 없었다. 감각적 측면의 중요성과 더불어 관절과 근육이 수의적으로 움직일 수 있도록 하거나 누군가가 손으로 앨런을 움직일 수 있도록 하는 일이 필요해 보였다. 나는 앨런의 관절과 근육군이 유연해져서 감각 영역이 열리면 앨런의 능력이 발현될 수 있으리라 생각했다.

앨런의 모든 관절이 가장 쉽게 움직일 수 있는 방향을 찾기 위해서는 극도의 주의가 필요했다. 그래서 처음에는 진행 속도가 느렸다. 앨런에게 제시된 움직임과 방향은 정확하고 체계적이며 질서 있게 이루어져야 했다. 또한 모든 움직임에는 많은 반복이 필요했다. 하지만 앨런의 모든 관절과 근육군의 기본 방향이 유연해지면서 앨런에게 중요한 변화가 나타났다.

첫 단계는 앨런을 다양한 방법으로 앉도록 유도하고 그 자세를 유지할 수 있게 하는 것이었다. 그 결과 앨런은 안내하는 모든 방향을 따라서 앉을 수 있게 되었다. 앨런이 처음으로 몇 초 동안 혼자 앉았을 때 부모님의 눈에 떠오른 환희는 지금도 내 뇌리에 남아 있다.

이 과정을 통해 앨런은 느리지만 확실하게 변화했다. 다리를 꼬고 앉는 자세나 옆으로 앉는 자세를 하는 동안 앨런이 그 자세를 스스로 유지할 수 있도록 우리가 도울 수 있을 정도까지 올라섰다. 또한 앨런은 탁자에 앉아 다리를 늘어뜨린 채 등과 머리를 똑바로 세우고 앉을 수 있게 되었다.

다음 단계는 앨런이 손과 무릎으로 네발로 서거나 손을 바닥에 대지 않고도 무릎을 꿇는 방법을 찾는 것이었다. 앨런은 여전히 혼자서는 전환 움직임을 할 수 없었다. 항상 매우 명확한 도움과 핸즈온 안내가 필요했다. 앨런은 말하지 못했고 처음 세션을 시작했을 때는 특별히 감정 표현이 풍부하지 않았다. 그러나 시간이 지나 움직임 레퍼토리가 늘어나자, 앨런의 표현력이 발현되었다. 이를 기점으로 앨런은 각 세션에서 많은 전환 시퀀스와 다양한 자세로 움직일 수 있게 되었다. 움직임의 유연성이 향상됨에 따라 우리는 결정을 내려야 했다. 등 대고 눕기, 옆으로 눕기, 엎드리기, 앉기, 무릎 꿇기 등 기본 움직임 전환을 자발적으로 할 수 있는 방법을 찾는 데 시간을 할애할지, 아니면 서기와 걷기를 우선 순위로 두고 움직임 발달을 진행할지!

이제 앨런은 매우 유연해졌고 핸즈온으로 제안하는 모든 움직임 방향을 인식할 수 있었으며 스스로 일어설 수 있을 만큼 근력이 생겼다. 또한 이제 걷기를 시작할 나이라 더는 기다릴 이유가 없었다.

처음으로 일어선 그 순간, 앨런의 얼굴 위로 형언할 수 없는 표정이 떠올랐다. 앨런은 자부심과 기쁨으로 가득 차 있었다. 그 기쁨의 순간을 함께하고 앨런이 부모와 기쁨을 나누는 모습을 보는 일은 큰 선물이었다. 앨런의 환희가 방 안을 가득 채웠고, 그는 매우 큰 소리와 온몸으로 환호를 표현했다. 앨런은 안정적으로 발을 움직일 수 있었고, 걸음마를 시도할 준비가 되어 있었다. 앨런의 반응은 즉각적이었고, 부모님을 향해서 한 걸음 한 걸음 나아갔다.

걷기는 발달의 주요 목표 중 하나다. 어떤 아이라도 일어서서 움직일 수 있게 되면 건강에 많은 이점이 있다. 아이에게 힘이 생겼다면 바로 서기와 걷기로 넘어가야 한다. 서기는 아이의 고유한 능력이 발현되고 발달하는 기회를 제공한다. 앨런이 좋은 예다. 똑바로 서서 걷는 것은 모든 초기 발달 단계의 움직임 자세와 전환에 도움을 준다.

4.3.2 체계적 행동 네트워크

행동 네트워크는 자발적이고 무작위적이며 체계적으로 발달한다. 행동의 자발성은 특정 움직임이나 행동이 계획되지 않았을 때 발생한다. 무작위성은 움직임이 임의로 발생하는 경우를 의미한다. 체계성은 사건이 집중적이고 일관되며 체계적으로 수행되는 상황을 말한다.

자발성과 무작위성 전형적으로 발달하는 아주 어린 아이들의 움직임과 행동 네트워크 발달 및 형성에서 볼 수 있는 핵심 요소는 자발성과 무작위성이다. 그리고 움직임과 행동 네트워크 발달은 매우 명확한 순서를 따른다. 이 순서는 아기가 자발적이고 무작위로 수행하는 움직임과 사회적·물리적 환경과의 상호 작용으로 생성된다. 동시에 자발성, 무작위성, 질서는 명확하고 잘 다듬어진 형태를 띠고 있다. 이 형태는 특정 움직임 요소들을 무작위 순서로 조합했으며, 이러한 무작위 조합은 아이가 수행할 때 자발적으로 이루어진다.

시스템과 반복 자발적이고 무작위로 배열된 움직임을 체계적으로 수행하면, 자발적이고 무작위로 조직된 움직임 조합을 생성한다. 이를 여러 번 반복하면, 반복마다 같은 움직임 요소들을 사용하지만 약간씩 다른 방식이나 순서로 결합한 채로 수행되며(그림

4.3), 이러한 방식으로 네트워크가 형성된다. 따라서 몸의 여러 부위를 다양하게 구성하여 움직임을 반복하면 더 많은 네트워크를 형성하는 데 도움이 된다.

그림 4.2와 **4.3**은 연결된 주제이다. 모두 자발적이고, 무작위적이며, 체계적으로 수행되는 움직임의 예시들이다. 아이는 두 시퀀스 모두에서 같은 움직임 요소를 쓰지만, 눈앞에 있는 링에 집중하고 도달하기 위해 움직임 요소를 다르게 결합하고 있다. 이 단계에서 아이는 엎드린 채 앞으로 이동할 수 있는 능력이 없다. 의도는 같지만, 의도를 실현하려는 시도는 같은 요소를 다르게 조합하여 사용한다.

첫 번째 시퀀스, **그림 4.2**, **사진 a** 아이는 머리를 든 채 링을 바라보며 다리를 길게 뻗었다. 무릎은 바닥에 대고 있다.

사진 b 골반이 오른쪽으로 회전하면서 왼쪽 골반과 왼쪽 무릎이 바닥에서 들리고 왼손과 팔이 링에서 더 멀어진다.

사진 c 머리가 아래로 내려가고 나머지는 같게 유지된다.

사진 d 왼쪽 팔꿈치가 구부러지고 바닥에서 떨어지면서 왼손이 바닥을 밀 수 있는 위치로 이동한다. 왼쪽 무릎과 왼쪽 골반은 바닥으로 돌아간다.

사진 e 양팔을 곧게 펴고 머리와 가슴은 바닥에서 멀어진다. 양쪽 무릎을 구부리고 발은 바닥에서 떨어진다.

사진 f 왼팔을 링을 향해 뻗고 골반이 기울어지며 허리가 아치형으로 굽는다. 오른쪽 무릎은 바닥에서 떨어진다.

> 두 번째 시퀀스, **그림 4.3**에서는 같은 움직임 요소를 같은 자세에서 같은 의도로 쓰지만, 다른 방식과 순서로 결합한다. 첫 번째 시퀀스 설명을 읽은 후 두 번째 시퀀스에서 같은 움직임 요소가 어떻게 다르게 결합하는지 관찰해 보자.

4.3.3 조직화된 자기-학습 과정

조직화 이는 특수 아동에게 실질적 영향을 미친다. 특수 아동에게 체계적이고 반복적으로 움직임을 안내하면, 아이의 시스템은 전형적으로 발달하는 아이의 신경 근육계 활동과 유사한 방식으로 기능할 가능성이 커진다. 경험적 학습과 발달 과정이 형성되고 아이가 그 과정을 더 쉽게 활용할 수 있게 된다. 이러한 무작위적이면서 체계적으로 조직된 학습은 자발적인 특성이 있으며 아이의 경험 영역에 필수적 요소를 가져온다. 전형적으로 발달하는 시스템은 풍부한 경험을 필요로 하며, 시스템은 실제로 이러한 경험에 의존한다.

이 과정에서 아이가 지향해야 할 매우 구체적 발달 움직임이 있는데, 그건 바로 서기와 걷기이다. 그래서 초기 발달의 모든 단계에서 결합할 수 있는 구체적 움직임, 유형 및 다양성, 움직임 변형을 연구하는 일이 중요하다. 이를 통해 활발하게 성장하는 아이와 상호 작용하고 필요한 시점에 필요한 정보를 제공할 수 있다. 그 덕분에 행동 패턴이 더 빠르고 쉽게 나타나고 형성된다.

신경 움직임 네트워크가 형성되고 결합하면 더 복잡하고 조직화된 움직임 패턴을 만든다. 혼란스럽고 무질서한 신경 근육계에서 질서를 만들어 내는 일은 건강하고 활기차며 강한 시스템의 특성이다(Thelen & Smith, 1993; Feldenkrais, 1981; Edelman, 2006; Siegel, 1999).

자기-조직화와 움직임 가능성에 관한 탐색 및 자발적 행동은 비전형 발달 아동이 경험하고 길러야 하는 필수적인 특성이다. 이는 비전형 발달 아동이 능동적이고 지속적인 자기-학습을 할 수 있는 현실적 가능성을 제공한다. 또한 발달을 촉진하며 아이가 자발적으로 생성할 수 없었던 다양한 경험적 자기-탐색과 학습 과정을 겪도록 돕는다. 이 과정은 아주 초기 영유아기와 다양한 성장 단계에서 내적으로 생성되는 자발적 움직임 변형 기제의 결핍을 보완한다. 이러한 아이디어를 명확하게 적용하면 아이와 함께 작업할 때 아이에게 엄청난 자유를 주고 매우 생산적인 결과를 얻을 수 있다.

4.4 자세와 전환의 역동적 특성

움직임의 기본 정의는 공간에서 한 자세가 다른 자세로 변화하는 것이다. 움직임은 최소한 두 가지 서로 다른 자세로 구성되며 하나의 자세에서 다른 자세로 이동하는 전환을 포함한다. 발달 움직임 학습 및 습득 단계에서 전환과 자세는 둘 다 몹시 중요하다.

4.4.1 자세

자세는 안정적이고, 정적이며 고정되어 있고, 움직임이 없으며, 비활동적인 상황으로 장소 및 위치를 의미한다. 자세에는 놀라움이나 불확실한 순간이 없다. 자세는 무언가가 방해하지 않는 한 우리가 알고 인식하는 익숙하고 편안한 상황으로 일정하게 유지할 수 있다.

특정 자세에 익숙해지면 그 자세에서 벗어나 다른 자세를 시도하는 일이 쉽지 않을 수 있다. 심지어 무언가가 그 자세에서 벗어나게 하려고 해도 우리는 최대한 움직이지 않고 그 자세를 유지할 수도 있다. 오히려 자세를 잘 알수록 다른 자세로 이동하는 일이 더 어려울 수 있다.

자세의 예시로는 고개를 들고 엎드린 자세, 다양한 앉은 자세, 손과 무릎으로 지탱하는 자세, 서 있는 자세 등이 있다(그림 4.4).

그림 4.4　전환 움직임 1

아이들은 자세를 잡고 유지하는 방법을 배우면서, 그 자세를 불안정하게 하는 다양한 방해를 견뎌야 한다(Thelen & Smith, 1994, 1993; Feldenkrais, 1949; Hadders-Algra & Carlberg, 2008). 그리고 아이는 자세를 잡는 방법, 그 자세를 유지하는 방법, 다른 자세로 이동하는 방법, 다시 원래 자세로 돌아오는 방법을 익히는 과정에서 방대한 학습을 탐색한다.

전형적 발달 과정에서 우리는 다양한 자세를 취하고 유지하며, 다시 다른 자세로 이동하거나 원래 자세로 돌아오는 무수히 많은 방법을 관찰할 수 있다.

그림 4.4와 4장에서 이어지는 사진 시퀀스들에서는 무게, 균형, 방향의 전환을 관찰할 수 있으며, 각기 다른 중력의 높이에서 여러 관절이 협응하고, 팔다리를 다양한 형태로 조정하여 한 곳에서 다른 곳으로 이동하는 움직임을 볼 수 있다.

사진 a 아이는 두 손과 곧게 뻗은 팔로 몸을 지탱하고 있다. 체중은 어깨 관절과 손 바로 위에 놓였고 가슴과 골반 윗부분은 바닥에서 떨어졌으며 다리는 길게 펴졌고 허벅지와 무릎은 바닥에 닿았다.

사진 b 아이는 가슴, 배, 골반이 바닥에서 떨어진 상태에서 두 손과 한쪽 무릎으로 몸을 지탱하는 위치로 이동한다. 머리는 바닥을 향해 더 기울고 체중은 여전히 어깨 관절과 손 바로 위에 있다.

사진 c 아이는 두 무릎과 두 손을 대칭으로 지탱하며 이동한다. 머리가 들리고 체중은 뒤로 이동하여 골반이 발뒤꿈치 쪽으로 더 가까워지고 엉덩관절은 더 굽혀진다.

사진 d 아이는 한쪽 팔과 양쪽 무릎으로 몸을 비대칭적으로 지지한 채 이동한다.

사진 e 오른팔이 바닥에서 들리고 팔꿈치를 구부리면서 오른쪽 무릎은 오른팔에 더 가까이 다가간다. 머리는 왼쪽으로 가고 체중이 왼팔 위로 이동한다. 한쪽 팔로 지지하는 비대칭 자세로 한쪽 무릎이 다른 무릎보다 앞에 있다. 몸의 왼쪽이 오른쪽보다 길어졌다.

사진 f 오른팔이 들리고 몸통 무게가 더 왼쪽으로 이동한다. 몸이 더 길어지고 머리와 함께 더 높이 들린다. 두 무릎 사이는 멀어진다.

4.4.2 전환

전환은 하나의 위치에서 다른 위치로, 하나의 자세에서 다른 자세로 이동하는 움직임이다. 전환 움직임은 다양한 형태와 각기 다른 중력의 높이에서 몸 전체를 다른 상황으로 이동할 수 있는 요소의 조합으로 구성된다. 움직임은 매우 불안정할 수 있으며 다양한 속도와 정지 지점의 요소를 가진다. 그래서 구르기나 일어나 앉기 같은 전환 움직임에는 항상 시작 자세와 끝 자세가 있다.

전환에 능숙해지려면 아이의 신경 근골격계가 특정한 자세에 도달하려는 의도를 실현하기 위해 다양한 종류의 환경 및 장애물과 상호 작용해야 한다. 전형적으로 발달하는 아이는 매일 시간을 들여 다양한 방법으로 한 자세에서 다른 자세로 이동하는 일을 실험하고 학습한다. 이러한 시도를 거듭하면서 아이는 특정 위치에 도달하고 다시 그 위치에서 벗어나기 위해 무엇을 어떻게 해야 하는지에 관한 지식과 기술을 더 많이 습득한다. 그렇게 생후 1년이 지나면 아이는 등을 대고 누워 있거나 엎드린 자세에서 점점 더 높은 중력 위치로 이동하여 결국 서기와 걷기에 도달한다. 새로운 중력 위치에 도달할 때마다 아이는 더 복잡하고 어려운 상황과 상호 작용해야 한다(그림 4.5).

전환 움직임

전환 움직임은 아이가 아래 해결책을 찾기 위한 학습 구조이다.

- 무게 전환
- 균형 유지
- 방향성 변경
- 각기 다른 중력의 높이에서 움직이기 위한 많은 관절의 협응
- 각기 다른 형태에서 속도 변화에 대응하는 팔다리의 조정
- 한 장소에서 다른 장소로 이동
- 원하는 것을 얻고 취하는 방법 찾기
- 목적 달성을 위한 수단 학습

스스로 시도해 보기 자세와 전환

- 자세와 전환의 차이를 경험적으로 이해할 수 있는 예는 앉기이다. 잠시 바닥에 앉는 자세를 다섯 가지 이상 글로 써 보자.

그림 4.5 전환 움직임 2

- 쓴 후에는 바닥에 내려가 다섯 가지 자세를 취해 본다.
- 이제 각 자세에 어떻게 도달했고 어떻게 그 자세에서 벗어났는지 기록한다. 자신이 선택한 다양한 앉은 자세를 유지할 수 있게 하는 것이 무엇이며, 각 자세에서 어떻게 벗어났는지도 생각해 보자.

움직이는 것과 한 자세에서 다른 자세로 전환하는 것은 매우 간단할 수 있다. 하지만 팔다리의 속도나 방향을 제어할 수 없거나 원하는 위치와 시간에 움직임을 멈출 수 없다면 심지어 두려울 수도 있다(그림 4.6).

겨울철에 걷거나 운전 중에 갑자기 예상하지 못한 빙판길과 마주친다고 생각해 보자. 이때 속도와 방향성을 모두 잃어 다시 제어할 수 없다면 어디에서 어떻게 끝날지 알 수 없다. 속도와 통제를 상실하고 내가 어디로 가는지 모르고 어떻게 될지 모르는 상태는 매우 두려울 수밖에 없다.

또 다른 예로는 아이스 스케이팅이나 스키를 처음 타는 순간을 들 수 있다. 이 운동을 시작하면, 제어력을 잃고 미끄러지는 일이 잦다. 그 때문에 몸이 매우 경직되어 넘어지기 쉬워진다. 이러한 상황에서 우리는 넘어질지도 모른다는 본능적 두려움이 치민다. 또한 숨 참기, 가슴·팔·손이 경직되는 생리적 자동 반응(Konner, 2010; Bainbridge-Cohen, 1994; Feldenkrais, 1981, 1949)을 경험한다. 이런 과정을 통해 우리는 이런 낯선 상황에서 몸을 쓰는 방법을 천천히 배운다. 얼음이나 눈 위에서도 움직임을 제어하는

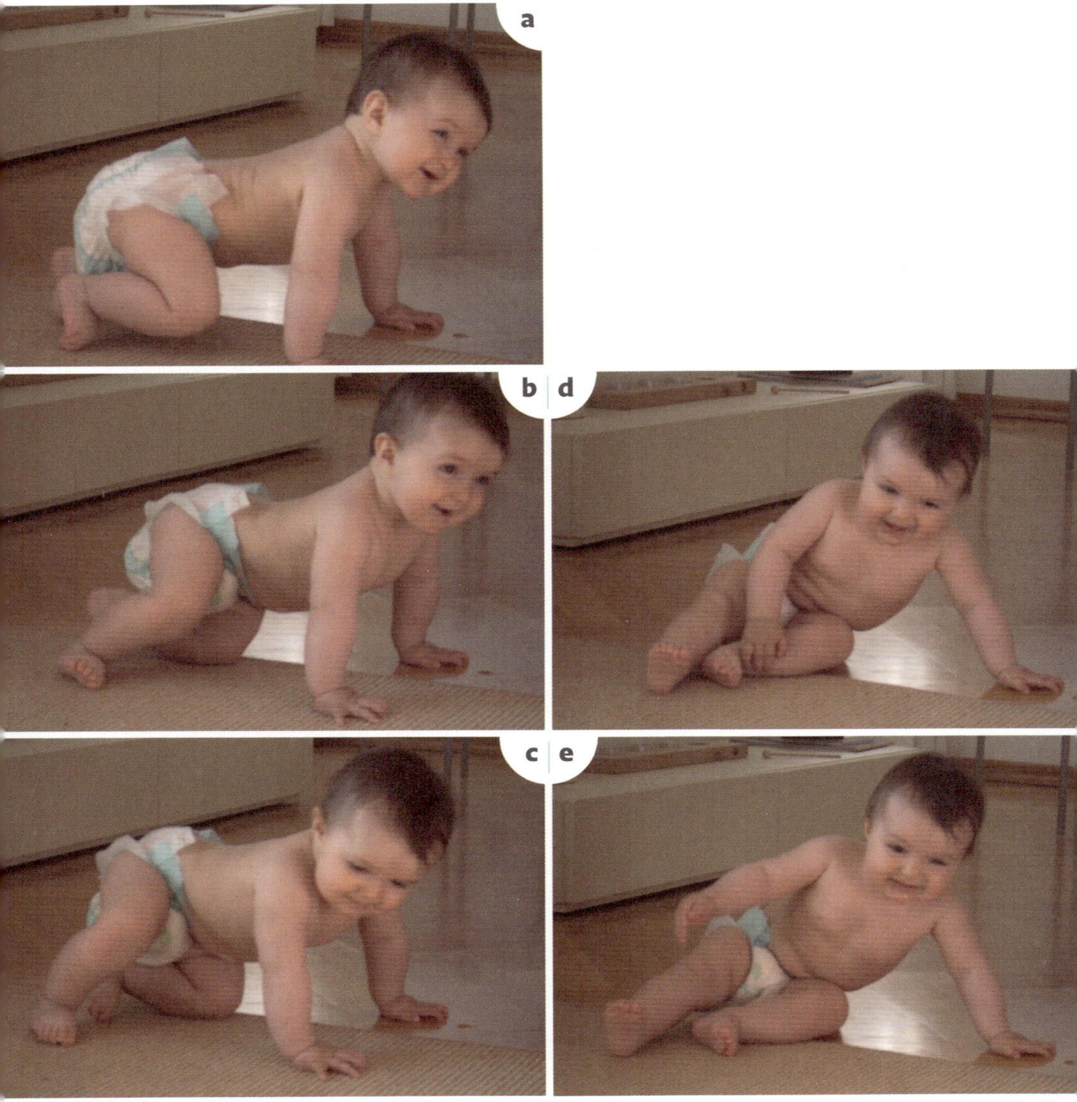

그림 4.6 전환 움직임 3

방법을 알아내고, 끊임없이 재조정해야 하는 상황에서 움직임의 방향과 속도를 조절하는 기술을 습득한다. 이렇게 변화하는 역동적 상황에서 필요한 반응과 대응을 받아들이고 학습하면, 움직임을 즐기고 그 움직임에서 기쁨을 느끼게 된다. 속도와 방향이 바뀌고 불안정한 표면 위에서 멈추고 다시 시작하는 움직임은 긴장감 넘친다. 그리고 끊임없이 변화에 도전하면, 당신의 시스템이 신선하고 기민하게 유지된다.

그림 4.5 에서는 아이가 한쪽 팔뚝과 팔꿈치로 옆으로 누운 자세에서 다리를 쭉 뻗고 앉는 자세로 전환하는 모습을 볼 수 있다. 아이는 앉는 자세로 전환하는 내내 들고 있는 장난감에 시선을 고정하고 있다.

사진 a 아이는 오른손으로 쥔 장난감을 바라보고 있다. 아이는 왼쪽 팔뚝과 팔꿈치에 기대어 몸을 지탱하고 있다. 가슴과 골반은 공중에 떠 있고 머리부터 골반까지 옆으로 구부러져 있으며 가슴 중앙이 바닥을 향해서 들려 있다. 왼쪽 발과 종아리는 공중에 들린 채 굽어 있다. 오른쪽 다리는 앞으로 쭉 뻗어 발가락이 바닥에 닿아 있고 뒤꿈치는 공중에 떠 있다.

사진 b 다리가 바뀌어 오른쪽 다리를 오른쪽 측면의 연장선에 맞추어 곧게 뻗고 있다. 왼쪽 무릎은 골반 앞에 구부러져 있다. 왼쪽 팔뚝과 팔꿈치가 보인다.

사진 c 오른쪽 발이 구부려져서 오른쪽 다리가 바닥에 더 가까워지고 왼쪽 무릎은 가슴에 더 가까워진다. 이제 머리부터 골반까지의 오른쪽 측면 구부러짐이 줄어든다.

사진 d 왼쪽 팔꿈치가 바닥에서 떨어지고 왼손으로만 몸을 지탱한다. 왼쪽 다리는 곧게 펴고 오른쪽 다리는 회전해서 발끝이 천장을 향한다. 이것은 오른쪽의 복부 근육과 오른쪽 다리의 앞쪽 근육을 강화한다. 머리와 눈은 여전히 손에 쥔 장난감에 계속 고정되어 있다.

사진 e 오른팔이 바닥을 향해 내려가면서 머리는 앞으로 기울어지고 바닥을 내려다본다.

사진 f 오른발이 바닥에 닿으면서 전환이 완료된다.

그림 4.6에서는 세 점(두 손과 한 무릎)으로 지탱하는 위치에서 한 점, 즉 왼손으로 지탱하는 전환 움직임을 볼 수 있다.

사진 a 아이는 두 팔과 왼쪽 무릎으로 몸을 지탱하고 있다.

사진 b 오른발의 안쪽이 바닥에 닿으면서 아이의 골반 무게가 왼쪽으로 이동한다. 왼쪽 허벅지 위쪽이 안으로 돌아가고 머리가 오른쪽으로 이동하면서 골반의 무게는 더 이상 왼쪽 무릎에 있지 않고 왼쪽 무릎 바깥으로 이동한다.

사진 c 머리는 아래를 향하고 오른쪽을 보고 있다. 시각 방향이 바뀌고 오른쪽 발바닥이 바닥에 닿으며 오른쪽 무릎이 열린다.

사진 d 오른쪽 다리를 곧게 펴고 오른팔은 바닥에서 들어 올리면서 왼쪽 골반은 바닥으로 내려온다. 체중을 왼손으로 지탱하면서 몸이 기울어진다. 이렇게 몸을 기울이면 왼쪽 가슴이 들리며 길게 유지된다.

사진 e 오른쪽 다리는 발끝이 천장을 향하게 더 돌아가고, 오른팔은 움직임의 궤적을 따라 바닥에서 들려 움직임을 계속한다.

한쪽 팔, 어깨뼈, 어깨 관절로 지탱하면서 골반을 바닥으로 가져오는 이 전환 움직임에는 몸 전체가 참여한다.

4.4.3 자세 움직임과 전환 움직임의 내적 역동성

사람들은 하나의 자세를 취하고 있는 동안에는 움직임이 일어나지 않는 정적 상태라 여기고, 반대로 전환 중에는 움직임이 끊임없이 일어난다고 생각한다. 그러나 자세히 살펴보면 한 자세를 취하고 있는 동안에도 많은 움직임이 일어나고 전환 중에도 여러 정지 지점이 있음을 알 수 있다. 이러한 사실을 깊이 이해하면 성인뿐만 아니라 특수 아동의 학습에 이를 활용할 수 있다.

역동적 반응과 변화 자세와 전환 능력은 학습된 능력으로 둘 다 역동적인 상태이다. 역동성은 아이가 발달적 자세나 전환을 적극적으로 학습하는 동안 나타나는 반응과 적응 및 변화를 말한다. 이러한 역동적인 반응과 변화는 각 아이의 개별성에 관한 통찰력을 제공한다(Thelen & Smith, 1993, 1994). 예를 들어 바닥에서 구르다가 앉거나 앉았다 일어서기, 의자에서 일어서기 등 움직임 자체는 같아도 두 사람이 같은 방식으로 움직임을 수행하지는 않는다.

움직임 내부 및 움직임 간의 역동성 역동성은 자세와 전환 능력을 학습하고 발달시키는 동안 움직임 내부(intra-)와 움직임 사이(inter-)에 존재한다. 이는 특정한 자세와 전환뿐만 아니라 일반적 능력에서도 마찬가지이다. 역동성은 근육, 관절 그리고 환경 간의 협업으로 이루어지며, 전환이 발전하고 계속되며 궁극적인 목표를 달성할 수 있도록 하는 미묘하지만, 중요한 조정, 반응 그리고 대응을 포함한다.

이러한 역동적 전환 반응과 대응은 다양한 최종 목표를 향해 움직이거나 원래 목표나 경로가 도중에 방해받아 계획대로 도달할 수 없을 때 다른 목표나 경로를 안내하는 데 도움을 준다. 방해 요소는 장난감, 베개, 가구 등 환경의 변화일 수도 있고, 형제자매가 다가와 방해하는 것일 수도 있다. 이러한 내부-역동성은 움직임을 더 작은 구성 요소로 세분화할 때만 볼 수 있다.

변형 움직임의 자세와 전환의 내부 및 상호 역동성을 고려할 때는 가능한 한 많은 변형을 염두에 두어야 한다. 다양한 자세에 도달하고, 떠나고, 유지하는 방법들이 발달하는 뇌에 미치는 신경생물학적 가치 또한 중요하다. 하나의 움직임이 완전히 전환되기까지는 많은 지점을 거쳐야 한다.

요소들이 증가하고 모여서 완전한 전환 움직임을 형성하는 일은 중요하고 의미가 있다. 예를 들어, 앉은 자세에서 엎드리는 움직임(그림 4.7)과 같이 전환 움직임의 일부를 나타내는 많은 변형을 알아야 하며, 특히 이는 치료적 학습 상황에서 중요하다.

자세의 내부-역동성은 어떤 자세에서든 안정성을 찾는 방법을 배우는 데 이바지한다. 아기가 스스로 시작하여 도달한 자세를 관찰하면 불안정성과 움직임을 볼 수 있다. 아기가 안정감을 찾고 자세를 유지하는 방법을 배우기 위해서는 수많은 작은 움직임이 필요하다. 또한 아기가 외부의 사회적 또는 환경적 방해 요소에 대응하여 자기 신체를 조정하고 이로 생기는 변화에 꾸준히 적응하는 모습도 볼 수 있다.

아기가 자세를 유지하려고 노력하며 그 자세에서 더 오래 상호 작용할수록 움직임의 내부-역동성이 만들어진다. 이러한 미묘한 조정의 다양성과 방향성은 아기가 다양한 방향으로 자세에서 벗어나는 능력을 키우고 다양한 전환을 통해 자세로 돌아가는 방법을 아는 데 도움이 된다. 그리고 하나의 자세에서 무언가를 하거나, 놀거나, 사회적으로 몰입할 수 있을 만큼 아이에게 '유용'해질수록 아이는 그 자세를 유지하는 데 필요한 좌우 흔들림, 앞뒤 흔들림 및 방해의 흐름을 최소화하는 방법을 더 많이 형성한다.

전환과 자세를 위한 가능성 탐색 특수 아동에게 초점을 맞추면 움직임을 전환하고 자세를 잡을 때 아이가 직면하는 어려움을 발견할 수 있다. 특수 아동은 새롭고 다양한 방법으로 자유롭게 전

그림 4.7　전환 움직임 4

환하고 위치와 자세를 탐색할 수 있는 능력이 부족할 때가 많다. 따라서 다른 사람의 안내를 통해 아이가 전환이나 자세의 내부-역동성을 경험하는 일은 더 큰 전환과 자세의 레퍼토리를 배우고 개발하는 데 도움이 된다.

아이가 움직임을 전환하고 자세를 유지하는 법을 성공적으로 경험하고 배우려면, 아이에게 필요한 다양한 적응 유형을 만날 수 있도록 아이와 함께해야 한다. 그러려면 자세에서 다양한 방해 요소를 안전한 방법으로 만들어 내는 일이 중요하다. 이를 통해 아이는 허용하고 받아들일 수 있는 방해의 범위를 넓히고 발전시킬 수 있다.

그림 4.7에서는 앉은 자세에서 엎드린 자세로 전환하는 움직임을 볼 수 있다.

아이는 무릎을 벌리고 발을 넓게 벌린 상태에서 오른발 뒤꿈치를 왼발보다 몸에 더 가까이 두고 앉은 자세에서 시작한다. 장난감 악어는 아이 앞에 있다. 아이는 악어와 노는 데 주의를 기울인다. 이때 아이의 앉은 자세에서 허리뼈와 등뼈의 곡선을 관찰하는 것이 중요하다. 아이의 허리뼈는 뒤로 둥글게 굽어 있고 등뼈의 곡선은 안쪽으로 굽어 있다.

사진 a에서 **c**로 움직임이 진행되면서 허리뼈와 등뼈의 곡선은 더욱 뚜렷해진다. 시퀀스가 진행되면서 무릎의 위치는 변하지 않고 몸통 무게가 엉덩관절 앞으로 이동한다.

머리와 눈은 장난감에 집중하고, 머리는 위치와 균형의 변화에 따라 계속해서 움직이고 조정된다. 그리고 머리의 움직임에 따라 사진마다 등뼈 곡선이 계속 증가한다. 허리뼈 곡선은 상단 사진에서는 뒤로 둥글게 굽어 있었는데, **사진 d**와 **e**에서는 안쪽으로 둥글게 펴지는 형태로 변화한다.

새로운 것을 위한 기반

내가 재니스를 처음 만났을 때 재니스는 혼자서는 어떤 움직임도 할 수 없었다. 등을 대고 잠시 누워 있을 수 있었지만, 옆으로 누워 있는 것은 견디지 못했고 엎드려 눕히면 강하게 반발했다. 다리를 앞으로 벌리고 바닥에 똑바로 앉는 것이 재니스가 가장 선호한 자세였다. 하지만 이 자세에서는 몸이 굳어 어떤 방향으로도 1센티미터 이상 움직이지 못했다. 재니스는 중심을 잃으면 움직임을 전혀 제어할 수 없었고 곧바로 아무 방향으로나 바닥으로 넘어졌다. 하지만 앉은 자세에서는 완전히 안정된 자세를 유지할 수 있었다.

앞뒤로 움직이다 중앙으로 돌아오고, 좌우로 움직이다 다시 중앙으로 돌아오는 기본 방향의 움직임을 느낄 수 있도록 재니스를 돕는 과정에서 나는 재니스의 불안감이나 두려움을 유발하지 않기 위해서 엄청난 주의를 기울였다. 그런 내 손길과 목소리 톤을 통해 재니스는 내가 어떤 일에서든 절대로 서두르지 않을 것임을 알았다. 그리고 재니스가 중심에서 너무 크게 벗어나거나 빠르면 즉시 멈춰 재니스를 원래 위치로 되돌리고, 평정을 되찾을 때까지 내가 자기를 기다린다는 사실도 인식했다.

나를 향한 재니스의 신뢰감과 우리의 움직임이 안정되자 재니스는 아주 천천히, 자기에게 익숙한 앉은 자세에서 벗어났다. 그리고 더 큰 움직임을 시도하게 되었다. 그 후로 나는 앉은 자세를 안전한 피난처로 삼아 새로운 움직임으로 이동하고 다시 돌아오는 전환에 관한 아이디어와 감각을 재니스에게 소개했다. 그 시도가 성공적으로 이어지려면 재니스가 전환의 시작을 매끄럽게 경험할 수 있는 방법을 찾아야 했다. 이러한 움직임 경험에 재니스가 신뢰를 보인 후부터는 다양한 방향과 움직임으로 레퍼토리를 확장할 수 있었다.

물론 내가 새롭고 더 도전적인 자세와 전환을 소개할 때마다 재니스는 주저하고 불안해했다. 그런 재니스를 존중하며 전환의 작은 요소 하나하나를 천천히 매끄럽게 진행하자 재니스는 새로운 전환을 받아들이고 흥미를 느끼며 즐거워했다.

이제 재니스는 거의 모든 자세 전환을 혼자서 할 수 있게 되었다. 앉은 자세에서 움직임의 방향 범위를 넓히는 방법을 배웠으며, 이에 따라 이전에는 상상할 수 없었던 근육과 관절의 유연성을 갖게 되었다. 재니스는 이제 스스로 움직이는 것뿐만 아니라 다양한 방식으로 움직이고, 도전받는 것을 즐긴다. 자신이 잘 아는 자세만 고수하며 다음에 무슨 일이 일어날지 불안해하는 대신 움직이는 동안 자기 몸을 감지하고 느끼며 존재할 수 있게 되었다.

혼자서 움직이고 어딘가로 갈 수 있다는 생각은 이제 재니스의 자아상(self-image) 일부가 되었다. 이제 재니스는 더 많이 소통하고 상호 작용하며 반응한다. 재니스가 앉기 자세의 내부-역동성을 배운 것은 자세에서 전환에 이르기까지 움직이는 몸에 관한 전반적인 이해를 넓힐 수 있는 기반이 되었다.

자세와 전환의 역동성

자세와 전환의 역동성과 관련하여 다음 사항을 알고 이해하는 것이 중요하다.

- 자세는 그 자체로 학습되고 향상될 수 있다.
- 전환은 전환 중에 향상될 수 있다.
- 자세는 전환을 돕기 위해 향상될 수 있으며 전환은 자세를 돕기 위해 사용할 수 있다.
- 발달 단계별 자세에 도달하고 전환을 형성하는 순서는 매우 유연하며 미리 정해져 있지 않다.
- 발달의 한 단계에 이어 곧바로 다른 단계가 뒤따라야 한다는 생각은 아이의 나이에 따른 치료적 발달 학습에서는 실용적이지 않다.
- 초기 단계의 패턴과 움직임이 뒤처지거나 진행되지 않거나 완전히 형성되지 않는다면, 이후 단계의 움직임 요소 또는 전체 움직임 패턴을 도입해서 사용하고 학습할 수 있다.
- 특수 아동에게 어떤 자세나 전환을 어떤 순서로 학습시킬지에 관한 전체 과정은 매우 유연하게 조정할 수 있다.

걷기는 걷기를 통해 배울 수 있다. 또한 기어가기, 한 발과 한 무릎으로 서기, 잡고 걷기 등과 같은 발달 움직임을 거치며 학습할 수도 있다. 걷기는 걸으면서 학습되고, 일어서기는 일어서기를 해 보면서 학습된다. 걷기를 배우는 데 도움이 되는 건 많지만, 기능적 능력은 걷기 그 자체를 수행하면서 학습된다.

아이가 기기나 앉기와 같은 선행 움직임을 성취하기 전에 '더 발전된' 능력이나 자세를 배우는 일이 새롭고 더 발전된 능력을 방해하거나 심지어 해치는 것은 아닌지 의문이 들 수 있다. 그러나 더 발전하기 위한 모든 요소가 새로운 움직임 능력을 형성하는 일부라고 생각해 보자. 이때 자세를 취하는 등 새로운 능력이나 기술을 수행할 수 있다면 이제 이전의 모든 요소가 통합되었음을 의미한다. 또한 더 진전된 능력이 발달하면 아이가 이전의 초기 기능적 능력으로 돌아갈 수 없다는 논리도 성립하지 않는다.

학습은 전부 아니면 전무의 과정이 아니다. 무언가를 완전히 배워야 다음 단계로 넘어갈 수 있는 것도 아니다. 새로 배운 각각의 능력은 다른 능력을 보완하고 향상할 수 있다. 기능/ 능력/ 움직임/ 자세의 발달이 특정 방식으로만 진행될 수 있거나 그래야만 한다고 여긴다면, 우리는 생물학적 및 진화적 변이 원리를 따르지 않고 실제로 구현하지 않는 것이나 마찬가지다.

4.5 가역성과 발달 순서

가역성 가역성 개념은 심리학, 컴퓨터 과학, 화학 등 여러 분야에서 쓰인다. 움직임과 학습에 가역성 개념을 적용할 때 수의적 운동과 연결시켜 해석할 수 있다.

수의적 운동은 자기가 원하거나 필요에 따라 언제든 특정 방향으로 진행할 수 있어야 하고, 움직임 경로를 따라 어느 지점에서든 정지할 수 있어야 하고, 같은 경로를 따라 시작 지점으로 되돌아가거나 다시 계속하거나 멈추거나 방향을 바꿀 수 있어야 한다(Feldenkrais, 1972; Hanson, 1958). 가역성은 움직임의 발달과 학습을 생각할 때도 적용할 수 있다.

앉기 학습의 예시 예를 들어 아이가 앉는 법을 배우는 과정을 다음 관점으로 생각해 보자. 아이가 앉는 자세에 도달하고 유지하는 방법을 배우기 위해 앉는 자세 이전 단계의 움직임을 알고 경험해야 한다면 어떤 의미에서는 앉기 자세가 그 이전에 경험한 모든 측면을 포괄한다고 말할 수 있다. 반대로 말하자면, 아이가 먼저 앉는 방법을 배운 후에는 앉는 자세에서 다시 바닥으로 가는 방법을 배우는 것도 가능하다.

아이가 도움 없이 앉을 수 없거나 앉는 방법을 '자신의 방식으로 찾지' 못할지라도 앉힌 상태에서는 앉는 자세를 유지할 수 있으리라는 견해도 있다. 가역성 개념을 사용하면 더 발달한 능력을 학습한 후에 그보다 초기의 발달 능력을 개발하거나, 유사한 요소가 포함되었을 때 더 발달한 능력 요소를 사용하여 완전히 다른 능력을 학습할 수 있다.

여기서 우리는 한 가지 질문을 던져 볼 수 있다. 스스로 앉을 수 없는 아이를 앉게 하여 그 자세의 역동성을 경험하는 과정을 통해 아이가 앉는 법을 배우는 게 아이의 뇌와 발달에 어떤 이점이 있을지 말이다. 과연 그럴 만한 가치가 있을까?

발달 시퀀스 다양한 유사 상황에서 아이는 자세나 움직임에서 무엇이 필요한지 배울 수 있다. 많은 발달 상황 속에는 아이가 배워야 하는 여러 움직임의 측면이 포함되어 있다(그림 4.8 및 그림 4.9). 물론, 움직임 순서가 반드시 다음 발달 움직임으로 넘어가기 위한 근골격 패턴이 출현하도록 돕는 것은 아니다. 그러나 이전에 완전히 성취하지 못했거나 전혀 이루어지지 않은 발달적 측면의 틈새를 채우기 위해 되돌아오는 일은 언제든지 가능하다. 그리고 이것은 모세 펠든크라이스 박사가 성인들과 성공적으로 실행하고 작업한 기반이다.

펠든크라이스 박사가 성인 학습에 접근하는 주요 방법은 사람들이 바닥에 등을 대고 눕도록 하는 것이었다. 이 학습에 참여한 성인들은 누워서 움직임을 탐색하는 시간을 가진다. 그리고 어릴 때 제대로 배우지 못했던 것을 성인이 된 지금에야 움직임을 통해 배우는 방법을 익힌다.

본질적으로 이 작업은 자신에게 최적의 방식으로 학습되지 않았던 이전 또는 초기 움직임의 측면을 다시 살핀 뒤 직립 상태로 돌아와 직립 기능과 움직임 및 경험에서 나타나는 변화와 개선을 인식하고 느끼고 경험하는 일이다.

이는 가역성, 변형의 변수, 가소성, 학습의 개념과 일치한다.

그림 4.8과 **4.9**의 사진 시퀀스는 운동 발달 가역성의 기본 개념을 설명한다. **그림 4.8**에서는 아이가 지탱하는 부위 없이 앉은 자세에서 시작하여 두 손으로 지지하며 몸을 90도 돌려 옆으로 앉은 자세를 취하고 있다.

사진 a 아이는 다리를 몸 앞으로 넓게 뻗고 머리를 수직으로 세운 채 앉아 있다.

사진 b 아이는 왼쪽으로 회전한다. 발 사이의 거리는 같게 유지된다. 왼쪽 무릎이 구부러지고 왼손을 왼쪽 허벅지와 무릎과 일직선으로 왼쪽 엉덩관절 앞 바닥에 둔다. 오른쪽 무릎을 구부려 바닥에서 떨어지면서 머리는 왼쪽 무릎 방향으로 몸통 위로 앞으로 기울어진다.

사진 c 왼쪽 엉덩관절 움직임을 통해 몸통 전체가 왼쪽 허벅지 위로 기울어지면서 머리 무게가 더 앞으로 이동한다. 오른쪽 무릎은 안쪽으로 향하고 오른발 안쪽이 바닥에 닿는다.

사진 d 머리가 왼쪽 다리 앞에 있기에 두 손을 바닥에 대고 몸의 무게를 지탱한다. 오른쪽 무릎이 안쪽으로 돌아서 바닥에 닿아 있다.

사진 e 아이는 이제 머리와 가슴을 들어 올린 채 옆으로 앉은 자세로 전환하고 머리와 눈으로 앞을 바라보고 있다.

그림 4.9에서는 과정이 역전되어 아이가 옆으로 앉은 자세에서 시작하여 손의 도움 없이 앉은 자세로 끝난다. **그림 4.8**의 시퀀스에서는 아이가 손의 도움 없이 앉은 자세로 시작하여 양손으로 지지하며 옆으로 앉은 자세로 끝나는 것을 반전시켰다.

그림 4.8　전환 움직임 5

그림 4.9 전환 움직임 6

5

독특한 아이들, 독특한 해결책

"아이가 우리가 가르치는 방식으로 배울 수 없다면,
우리는 그들이 배우는 방식으로 가르쳐야 할 것이다."

이그나시오 에스트라다 Ignacio Estrada

아이의 개별성은 마땅히 존중받아야 한다. 따라서 아이의 특정 요구 사항을 해결하는 방법을 선택하고 시도할 때 창의성이 필요하다. 모든 아이는 사고와 의사소통과 학습 행동의 측면에서 그들 나름의 고유한 기술과 특징을 갖기에 특정 접근법이 유익한지는 그 결과를 통해 가장 확실하게 알 수 있다. 그러나 결과가 명백한 변화로 나타날 수도 있지만, 움직임의 질적 변화와 같은 더 미묘한 형태로 나타날 수도 있다. 미러링mirroring이나 강화와 같은 반응은 중요한 진전이라고 볼 수 있다. 아이의 개별 속도를 존중해야 하지만 변화와 발전은 지속해서 이루어져야 하며, 그렇지 않다면 선택한 접근법을 재고하여 다른 접근법을 선택해야 한다. 안전하고 개방적인 환경은 즐거운 활동을 고무시켜 운동 기술과 상황별 문제 해결 능력 및 주의 조절 기술 발달을 증진한다. 따라서 변화와 발전을 준비하는 동시에 침착하고 기민한 태도로 이에 대응해야 한다. 이는 매우 중요한 사안이다.

5.1 아이들에게 접근하는 전략

창의력 발휘하기 각각의 특수 아동은 신경 근골격 조직과 성장뿐만 아니라 능력이 발달하는 고유한 리듬과 타임라인에서도 독특하다. 일반적 패턴, 모델, 기준, 지도 원리 및 매개 변수를 관찰할 수 있으며, 아이의 일반적 조건이나 진단에 적용되는 특정 관행을 따를 수도 있다. 특수 아동은 감각과 운동 감각, 정서적 및 인지적 정보에 동화하는 방식이 독특하며, 학습을 위한 정보 처리 방식, 스스로 움직이고 행동하는 방법을 배우고 개발하는 방식도 독특하다(Krauss, 1988).

표준 관행 적용이 때때로 필요하고 성공적일 수 있다. 그러나 특수 아동과 하는 작업에서 표준 절차와 방식이 성과와 향상으로 이어지지 않을 때 우리는 어려움과 마주하게 된다.

독특한 아이들은 독특한 해결책을 요구한다. 그래서 아이가 필요로 하는 아이디어와 정보를 제시하는 방법을 찾기 위한 창의적 사고가 필요하다. 발달을 위해 중요한 기능적 능력은 모든 아이에게 같지만, 아이가 학습하는 고유한 방식과 이것에 접근하는 우리의 접근 방식은 다르다. 그러니 우리가 가르치고자 하는 방식이 아니라 아이가 배우는 방식에 따라 아이의 능력이 발현되고 성장하고 발달할 수 있도록 돕는 최선을 찾아야 한다.

우리는 가끔 개선이 되지 않는데도 같은 전략과 공식을 반복해서 쓸 때가 있다. 이럴 때는 아이가 배우지 못한다고 가정하기보다는 우리가 가르치는 방식이나 아이가 무엇을 어떻게 배워야 한다고 생각하는 우리 방식이 잘못되었을 가능성을 살펴 반성해야 한다.

의사소통 및 언어 능력 특수 아동은 저마다 독특하며, 이들의 의사소통 및 언어 능력 스펙트럼은 매우 다양하다. 어떤 아이들은 움직임을 말로 안내해야만 따라 한다. 팔꿈치를 어디에 둬야 하는지, 압력은 어떤 느낌인지, 움직이는 리듬은 어떤지, 바닥에서 얼마나 떨어져 있는지, 발을 언제 들어 올리는지 등 움직임의 모든 세부 사항과 순간순간 일어나는 일을 언어로 설명해야 할 수도 있다(Knapp, Hall & Horgan, 2007). 이는 움직임의 단일 요소나 전체 시퀀스의 표현일 수 있다.

움직임의 세부 사항을 말로 설명하는 동안 목소리의 톤을 부드럽거나 크게, 강하거나 섬세하게 변화시켜야 할 때도 있다. 이는 아이에게 필요한 감각적 피드백과 상호 작용적 접촉을 연결하는 데 필요한 단서를 제공한다. 그리고 아이가 언제 주의를 기울여야 하는지, 어디에 집중해야 할지 판단하는 데도 도움이 될 수 있다. 같은 언어를 쓰지 않아도 상관없다. 말하는 톤, 타이밍, 리듬이 중요하다.

반복과 변형 어떤 아이들은 잠시 멈추고 쉬는 시간을 더 많이 가져야 아이의 진전에 도움이 된다. 반면, 어떤 아이들은 휴식 시간 없이 지속적인 상호 작용과 정보 제공을 하는 편이 더 낫다.

다양한 어조와 속도로 아이와 대화하기, 노래 부르기, 흥얼거리기, 휘파람 불기, 세션 중에 조용히 있기 등도 고려해야 할 중요한 변형이다. 어떤 아이에게는 각 움직임의 순서나 세션 중에 수행하는 활동 순서를 변경하면 도움이 될 수 있다. 또 다른 아이들에게는 세션 중 언제 어떤 움직임이 제시되는지 또는 그들이 어떻게 움직여야 하는지에 관해 정해 놓은 순서가 필요하다.

앉는 방법을 배우는 상황을 예로 들어 보자. 어떤 아이들은 한 가지 방법으로만 앉는 법을 배우고 그 방법이 익숙해진 후에야 다양한 방식의 앉기를 받아들인다. 이는 아이가 한 가지 상황을 이해하도록 돕고 그 후에 같은 상황의 새로운 변형을 이해하도록 확장하는 접근 방식이다. 그러나 어떤 아이에게는 앉는 방법을 이해시키기 위해 다양한 앉는 방법과 자세를 지속해서 제시해야 할 수도 있다. 특정 방식으로 아이디어를 학습하거나 아이디어를 변형하는 과정을 통해 하는 학습이 무엇을 의미하는지 강조한 예시는 다음과 같다.

- 움직임 아이디어는 움직임 요소 또는 전체 움직임으로 제시될 수 있다. 어떤 아이들은 움직임 일부가 한 번에 제시될 때 새로운 움직임을

인식하고 이해한다. 이런 식으로 특정한 작은 요소에 관련된 자신을 감지한다. 이런 아이들은 전체 패턴의 한 요소에 익숙해지면 다음으로 넘어갈 수 있다.

- 순차적 또는 무작위 순서로 요소 하나하나를 제시하면 아이는 점차 전체 시퀀스를 맞추고 이를 수행할 수 있는 능력을 인식하고 개발할 수 있다. 반면에 어떤 아이는 전체 움직임 시퀀스를 완전히 연결된 상태로 제공해야만 능력을 개발할 수 있다. 그리고 전체 움직임 패턴이 나타나고 형성된 후에야 시퀀스의 개별 요소를 인식할 수 있다.

  한 가지 움직임 시퀀스 요소는 종종 다른 시퀀스에서도 사용할 수 있는 구성 요소일 때가 많기에 두 가지 방법 모두 중요하다. 이는 전체 움직임 패턴에서도 마찬가지다. 다양한 움직임 시퀀스를 조합하여 더 긴 시퀀스를 만들거나 변형으로 사용할 수 있다.

- 상호 작용적 치료 학습 상황에서 배운 내용을 다른 상황에 전이하는 능력은 매우 중요하다. 아이가 치료적 학습 상황에서 새로운 움직임 능력을 개발하면 집이나 다른 상황에서도 이 새로운 기술이나 능력을 자동으로 계속 사용하리라 생각한다. 그러나 이런 일이 일어나지 않으면 세션에서 새로운 능력이 우연히 '나타났거나', '오직' 치료사와 함께 있을 때만 발생한다고 느껴질 수 있다.

  실제로 그럴 수도 있지만, 학습을 다른 상황으로 전이하려면 집이나 다른 환경에는 없는, 상호 작용적 학습 환경에 있는 특정한 세부 사항을 파악해야 한다. 예를 들어 같은 색상의 장난감이나 같은 매트, 같은 조명 또는 같은 음악을 활용하기처럼 간단할 수 있다.

  이러한 세부 사항을 고려하는 일이 때때로 차이를 만들어 낸다. 이는 아이가 학습을 더 빠르고 효과적으로 받아들이는 데 도움이 될 수 있다.

5.2 놀이와 학습을 위한 안전한 환경 조성

반복과 변형 자기를 둘러싼 안전한 환경은 아이나 어른에 상관없이 우리 모두에게 필요한 조건이다. 우리는 안전하다고 느낄 때만 개방적일 수 있고 우리 자신의 모든 측면에서 성장할 수 있다(Siegel, 2007; Van der Kolk, 2012; Bowlby, 1969; Cozolino, 2006; De Waal, 2009).

아이에게 안정감과 개방감을 주는 환경이란 아이가 충분히 안심하고 자신감을 가지고 놀 수 있는 환경을 의미한다. 전형적인 발달 아동의 놀이는 일상적 상태이며 자발적이다. 놀이를 시작할 나이가 된 아이가 새로운 환경에 들어가면 재빨리 가지고 놀 물건을 찾는다. 하지만 이는 상황과 주변 환경에 안정감과 자신감이 있을 때만 가능하다(그림 5.1). 아이는 장난감에 몰두하고, 방을 탐색하고, 다른 사람들과 어울린다.

놀이를 통한 능력 개발 동물계의 많은 종에서 볼 수 있듯이 놀이 활동은 어린아이에게 생물학적으로 필수적인 요소이며, 두뇌 발달에 매우 중요하다.

놀이는 주변 환경의 사물이나 사람을 향한 호기심과 흥미로 주도되고 동기부여가 된다. 아이들은 혼자서 또는 부모나 형제자매와 함께 놀다가 시간이 지나면 다른 아이들과 함께 노는 법을

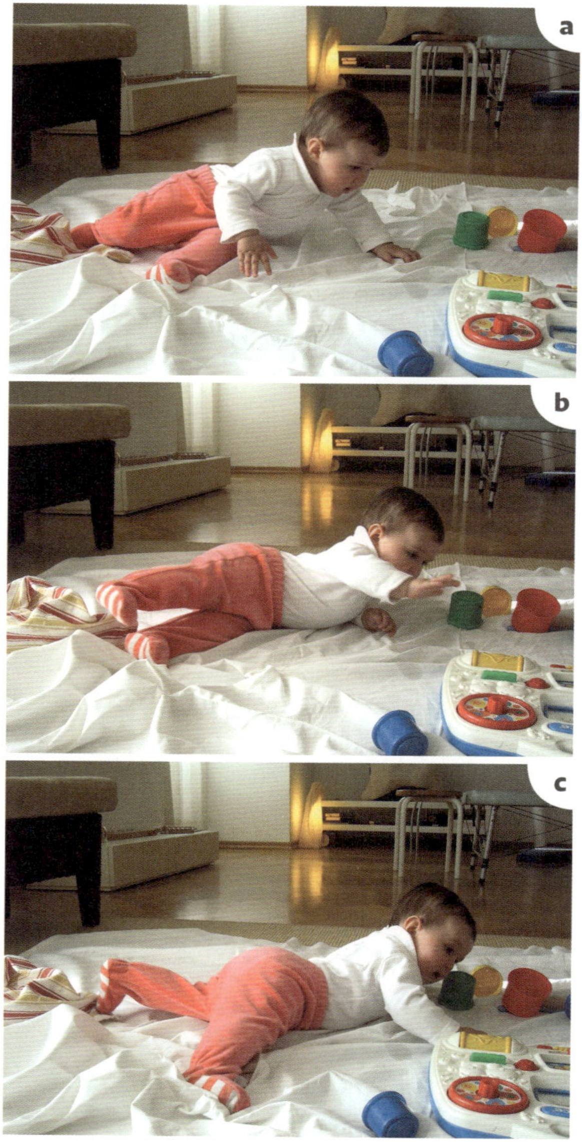

그림 5.1 놀이의 탐색과 발견

배운다. 놀이 활동에는 창의력, 상상력, 탐험, 모험, 새로운 경험, 도전, 사회적 참여가 포함된다. 아이들은 다양한 놀이를 통해 자신감을 키울 수 있다.

아이들은 복잡하고 허구적인 상황을 만들고, 이를 통해 상상력을 키운다. 이 모든 것은 점점 더 복잡한 기능적 움직임 상황에 관한 해결책을 찾을 때 사용된다.

놀이를 통한 학습은 아이의 두뇌 발달에 매우 중요하다. 상호작용 놀이와 자기 주도적 놀이를 장려하는 환경에서는 아이가 자신감을 습득하고 안정과 안전함을 느낄 수 있다. 또한, 긍정적 인간관계는 건강한 발달의 기초가 된다. 놀이는 운동 능력, 상황별 문제 해결 능력, 주의 집중력을 개발하는 데도 사용할 수 있다.

그림 5.1에서는 무언가 탐색하고 놀 수 있는 안전한 바닥 위에서 장난감에 둘러싸여 완전히 몰입하고 재미에 빠진 아이의 모습을 볼 수 있다.

사진 a 아이는 왼손으로 몸을 지탱하고 있다. 가슴과 등 위쪽은 왼쪽 어깨 관절을 중심으로 회전해 있고 왼팔은 머리와 가슴 앞에 있다. 왼쪽 다리는 앞쪽 바닥에 구부러져 있고 오른쪽 다리는 뒤로 구부러져 있다. 가슴은 바닥에 닿아 있지 않다.

사진 b 아이는 자신의 주의와 집중을 끄는 바닥에 있는 무언가를 향해 손을 뻗는다. 아이는 왼쪽 팔뚝과 팔꿈치 위로 몸을 낮춘다. 두 발을 구부린 상태에서 두 다리는 곧게 뻗는다. 오른쪽 다리는 공중에 있다. 아이의 등은 펴져 있고 가슴은 바닥을 향해 앞으로 내밀고 오른쪽 측면이 구부러져 있다.

사진 c 아이는 오른손을 바닥에 댄 자세에 도착한다. 등의 확장과 측면 굽힘이 유지되고 머리는 여전히 공중에 있다. 오른쪽 다리는 앞으로 나와 바닥에 닿아 있고 왼쪽 다리는 약간 구부러져 있으며 머리와 눈은 관심을 끄는 물체에 계속 집중한다. 배는 바닥에 닿아 있다.

접촉 형성 특수 아동과 함께 작업할 때 수립하는 초기 목표는 아이와 잘 접촉할 수 있는 방법을 찾는 것이다. 이를 위해서는 아이와 동기화되고 그 관계를 발전시켜야 한다.

동기화 관계란, 언어적 또는 비언어적으로 접촉이 있든 없든 움직임을 통해 서로 일치하고 상호 작용한다고 느끼는 관계를 말한다. 이러한 유형의 관계와 상호 작용을 통해 아이는 대인관계에서 자신이 받아들여지고 있다고 느끼며 전체 상황을 신뢰한다. 그 결과 놀이가 가능해진다.

이러한 상태를 달성하기란 쉽지 않지만, 이러한 상태에 도달하기 위해 들이는 시간과 노력은 그만한 가치가 있다. 그러나 한 가지 방법만으로 이렇게 할 수 없다. 특수 아동은 모두 각각의 초기 경험과 감각적 정서 처리 능력이 다르기 때문이다. 이것은 매우 명확하고 실용적인 과정을 통해 가르치고 배울 수 있다. 그러니 아이에게서 오는 구체적 신호와 그에 따른 반응에 집중하고 주의를 기울이는 자신만의 방법을 배우는 일이 우선이다.

5.3 변화를 측정하는 방법

수행한 작업의 적절성은 달성한 결과와 향상에 따라 결정된다. 그러나 어떤 전략과 방법론을 선택해야 할지 알기는 어렵다. 적용한 접근 방식이 효과가 없음을 인지했을 때 너무 오래 기다리지 말고 다른 방법을 시도하기 위해 세심하고 주의 깊게 관찰해야 한다. 가장 큰 실수는 자기 방법은 효과적인데 아이가 자기 방법을 이해하지 못한다고 착각하는 것이다.

반응과 결과의 평가 아이의 반응을 관찰하고 그 반응에서 무엇을 찾아야 하는지 꼭 알아야 한다. 아이에게 시도하고 있는 방식이 의도한 대로 달성되고 있는지는 금방 알 수 있다. 일단 그 방식이 달성되고 있음이 명확해지면 목표가 달성될 때까지 계속하거나, 전략을 변경하고, 생각을 검토하여, 새로운 것을 시도할 수 있다.

많은 아이가 원하는 해결책을 찾지 못하면 다양한 치료법과 방법을 시도한다. 해결 불가능해 보이는 독특한 문제에 대응하는 독특한 해결책을 찾기란 끊임없는 도전이다.

세션에 오는 아이들을 도울 수 있는 새로운 방법을 찾으려면 결단력과 의지가 필요하다. 그리고 인간 정신을 향한 확고한 믿음과 아이들이 매일매일 직면하는 도전에서 보여 주는 비교할 수 없는 용기가 필요하다.

발전의 관찰 아이의 발달 능력의 진전을 관찰하고 감지하려면 언제 변화가 일어나는지, 어디가 바뀌었는지, 무엇이 바뀌었는지 직접 눈으로 보고 손으로 느낄 수 있어야 한다. 그런데 어떤 사람은 발달 능력의 변화에 선입견을 품고 있다. 변화가 일어나려면 '매우 큰' 또는 '매우 중요한' 변화가 나타나야 하며, 특정 유형의 변화만을 '실제 변화'로 간주해야 한다는 생각이 바로 그 선입견이다(Hüther, 2006, 2018; Schore, 2012; Stern, 2004). 다른 사람들은 굴러서 앉기나 일어나서 걷기와 같은 행동이나 움직임의 최종 결과가 나타나야만 비로소 변화와 발전이 일어났다고 본다. 이러한 관점에서 그 이외의 것은 '진정한 변화나 진전이 아니다'라고 여긴다.

발달 능력에서 일어날 수 있는 의미 있는 변화의 스펙트럼은 넓다. 변화는 크거나 작거나, 주관적이거나 객관적이거나, 외적이거나 내적이거나, 양적이거나 질적일 수 있으며, 유연성과 톤의 변화가 있을 수 있다.

특정 움직임 변형의 수정이나 조정 또는 환경 및 맥락 반응은 중요한 변화로 간주한다. 이는 '능력의 변화' 영역에 속한다.

가시적 변화 외적 변화는 관찰하기 쉽고 다른 사람들에게 설명하기 더 쉽다. 그리고 외적 변화는 크거나 작을 수도 있다. 또한 운동 능력의 변화가 클수록 다른 사람에게 알려 주기 더 쉽기에 변화가 작으면 의미가 없어 보이거나 눈에 띄지 않을 수 있다.

전형적으로 발달하는 어린 영아를 키우는 부모는 날마다 일어나는 아주 작은 변화를 종종 알아차린다. 예를 들어, 기어다니지 않다가 어느 날 문득 기거나 앉을 때, 일어설 때, 첫걸음마를 뗄 때처럼 움직임의 변화가 클 때 말이다. 그러나 한 단계에서 다른 단계로 이동하는 변화처럼 중요한 것이 아니라면 관찰하고 알아차리기 힘들다. 특수 아동에게는 이 모든 변화가 중요하며 모든 변화에 관찰의 의미를 부여해야 한다. 발달적 형성 과정에서 생기는 크고 작은 모든 변화에는 큰 의미가 있다. 모든 새로운 변화에는 기능의 변화와 성장이 일어나고 있으며 계속 새로운 능력을 학습하고 성장하고 있음을 의미하기 때문이다. 모든 변화는 새로운 능력의 출현을 촉진하고 신경 운동 네트워크 발달을 촉진하는 데 도움이 된다.

변화를 알아차리고 감지하는 방법을 이해하는 일은 부모나 다른 전문가들이 특수 아동의 점진적 발달 변화를 이해할 수 있도록 돕는 데 필요한 기술이다. 어떤 영역에서든 일어나는 특정 변화를 명확하게 지적하고 설명할 수 있는 능력은 다른 사람들이 특정 아동과 아동의 진전을 더 명확하게 '보는' 데 도움을 준다. 또한 다른 사람들이 특정 변화에 집중할 수 있도록 도와준다.

비가시적 변화 내적이고 주관적인 변화는 훈련받지 않은 관찰자가 쉽게 알아차리지 못한다. 이런 변화는 예를 들어 움직임의 질이 달라졌다고 느끼게 할 수 있다. 움직임이 더 부드러워지거나, 더 쉬워지거나, 힘이 덜 들거나, 흐름이 더 잘 느껴진다고 인식될 수 있다.

또 다른 예는 움직임 자체의 감각 인식이다. 일부 아이는 움직임을 수행할 때 감각을 명확하게 느끼지 못한다. 특수 아동이 특히 더 그렇다. 따라서 이전에 해 본 적이 없는 움직임을 처음 경험할 때는 아이가 새로운 감각을 인지하기 어려울 수 있다. 혼자서 움직임을 따라 하거나 수행하도록 아이에게 요청할 때 움직임 감각이 불분명하면 수행하기 어렵고 어색할 수 있다. 여러 번 반복한 후에는 움직임 감각, 시퀀스 및 패턴이 더 뚜렷해지고, 가능해지고, 더 명확하게 지각할 수 있다.

줄리의 사례

작은 변화, 큰 발전

줄리는 매우 드문 유전적 결손을 가진 세 살의 귀여운 아이였다. 줄리의 얼굴은 대부분 무표정이었고, 눈은 오랫동안 집중하지 못했다. 간신히 초점을 맞추더라도 누구에게 초점을 맞추고 있는지 아니면 그냥 허공을 응시하는 것인지 분명하지 않았다.

줄리는 세 살이었지만, 등에서 옆으로 구르기나, 엎드리기와 같은 초기 발달 단계의 움직임을 거의 하지 못했고, 앉거나 무릎을 꿇는 방법도 찾지 못했다. 또한 앉은 자세에서 몸을 가누지 못했고, 어떤 방향으로도 머리를 지탱할 수 없었다. 앉은 자세에서 완전히 받쳐 주지 않으면 바로 쓰러져 앞으로 넘어졌다. 따라서 줄리가 앉은 자세를 취하려면 머리를 기댈 수 있는 지지대가 있어야 했고, 머리를 앞으로 내밀면 바로 고개가 떨어졌다.

줄리가 머리를 지탱할 수 있는 움직임 방향을 찾기 위해 해야 할 일이 많았다. 먼저, 줄리가 신체의 어느 부위를 느끼는지 찾아야 했다. 그리고 한 자세에서 다른 자세로 움직일 수 있도록 해야 했고, 짧은 시간 동안이라도 그 자세를 유지할 수 있는 방법을 찾아야 했다. 나는 줄리가 말을 알아들을 수 있는지, 감각적으로 신체 부위를 인식하고 움직임을 제어할 수 있는지조차 알 수 없었다. 아이들과 상호 작용할 때 나는 아이들에게 많이 말하고, 이야기하고, 노래를 부른다. 다양한 모국어를 쓰는 전 세계의 아이들이 오기에, 노래하거나 이야기하는 것은 모든 아이에게 강력하고 심오한 영향을 미치기 때문이다. 목소리는 접촉을 만들고 유지하는 도구일 뿐만 아니라 감정, 감각, 방향, 다양한 형태의 움직임과 상호 작용을 표현하고 전달하는 의사소통의 필수적인 형태이다. 학습의 모든 측면에서 아이에게 다가가기 위해서는 다양한 억양과 리듬을 사용하는 것이 중요하다.

줄리와 처음 세션을 시작했을 때, 목소리나 억양을 이해하거나 알아듣는다는 징후가 줄리에게는 나타나지 않았다. 심지어 누군가가 자신에게 말하고 있음을 줄리가 인지하는지도 나는 확신할 수 없었다. 그래도 나는 줄리에게 말을 걸어야 한다고 생각했다.

줄리와 맺은 관계가 성장함에 따라 목소리를 사용하여 줄리에게 말하는 일은 점점 더 중심적인 역할이 되었다. 핸즈온으로 안내하는 특정 움직임과 몸의 각 부위가 어디로 가야 하는지 혹은 가지 않아야 하는지 언어적으로 표현하는 일은 지속적 소통과 모니터링의 대화가 되었다.

어느 날, 나는 세션 중에 줄리를 매트에 기대어 앉히고 넘어질 위험에 대비해서 머리를 뒤로 기대도록 하였다. 이 자세에서 나는 아주 조심스럽게 줄리의 머리를 매트 뒤로 넘어지지 않게 약간 들어 올려 중앙의 앞쪽으로 데려와 보았다. 당시 나는 단호한 목소리로 요구했다.

"줄리, 고개 들고 있어!"

그러자 줄리가 고개를 들고 있다는, 매우 눈에 띄고 분명한 반응을 보였다. 그 순간은 줄리가 내 말을 알아듣고, 따라 하고, 요청에 반응할 수 있음을 보여 주는 듯했고, 그것을 지켜보는 일은 매우 특별했다.

그러나 나는 이런 의문이 들었다.

'정말 줄리가 그렇게 한 걸까?'
'그냥 우연이었을까?'

내가 그리 생각한 이유는 그 정도로 줄리가 보인 반응이 미미해서였다.

그러나 당시 줄리 어머니의 반응을 본 나는 아무래도 이게 우연이 아니라는 생각이 들었다. 그녀는 딸의 크고 작은 변화에 매우 세심한 주의를 기울였는데, 그녀도 방금 나타난 줄리의 작은 변화를 알아차렸기 때문이었다. 그 후 두세 번 반복해도 반응이 없었지만, 다섯 번째 시도에서 줄리는 분명하게 반응했다.

줄리와 같은 아이들과 함께 세션을 진행할 때는 아이의 반응이 반복적으로 매번 나타나지 않을 수 있고 때로는 같은 날에도 나타나지 않을 수도 있다. 능력이 발현되려면 시간 간격을 두고 몇 번 이상 반응하고 점점 더 자주 반응해야 한다.

시간이 흐를수록 단호한 목소리와 특정 방향을 향한 줄리의 반응은 명확하고 반복적으로 나타났다. 세션에 참석한 모든 사람이 이를 관찰할 수 있었다. 줄리는 목소리의 톤과 리듬뿐 아니라 들리는 단어 모두를 이해했다.

얼마 후 움직임의 특정 지시를 빠르고 크게 반복하거나 움직임의 다른 지점에서 다른 톤으로 반복하는 것이 반응 속도와 움직임의 방향에 매우 큰 차이를 만든다는 사실이 분명해졌다. 그래서 나는 줄리에게 다시 요청했다.

"줄리, 머리를 중앙으로 다시 가져와 볼래?"

이 연습은 중앙에서 벗어난 모든 위치에서 진행되었다. 줄리는 내 요청에 잘 따라 주었으며, 머리를 똑바로 세우고 중심을 잡고 안정된 자세를 더 오래 유지할 수 있게 되었다.

또한 줄리의 눈은 더 자주 더 오랫동안 초점을 맞추었다. 먼저 눈을 마주치고 미소를 지으며 더 다양한 감정을 표현하게 되었다.

이러한 변화는 우연이 아니라 꾸준히 계속되었다. 줄리의 이 능력은 더 이상 출현 단계가 아니라 발달 단계로 접어든 셈이었다.

자신의 움직임을 따라가고 제어하는 줄리의 능력이 점점 더 성장하고 발전하는 모습과 함께, 새로운 능력을 사용하는 레퍼토리가 확장되는 모습을 지켜보는 일은 매우 흥미로웠다. 누워 있다가 일어나 앉기, 손과 무릎을 대고 있거나 일어서기 등의 다양한 자세에서 머리를 들어 올리고 유지하기 위해 줄리는 몇 달간 꾸준한 노력을 기울였다. 줄리는 이제 눈에 집중하고, 다른 사람과 분명하고 안정적으로 눈을 맞출 수 있으며, 도움을 받아 걸을 수 있었다.

줄리의 전체 발전 과정은 아주 짧은 관찰에서 시작되었다. 그러나 자칫 쉽게 놓치거나 주의를 기울이지 않거나 의미를 부여하지 않았을 수도 있는 순간이었다.

개별 속도와 연속성 줄리와 함께 세션을 진행하는 동안 스톱워치나 달력을 들여다보는 것이 아니라 줄리의 개별적이고 일관된 향상 속도와 진행 상황에 맞춰 작업하는 일이 필수적이었다. 발달 타임라인은 줄리만의 독특한 학습 속도에 맞춰 새롭게 나타나는 모든 요소에 따라 다시 정의되었다.

변화와 진전 및 발달을 관찰해야 각 특수 아동의 발달 타임라인을 조정하고 찾을 수 있다. 전형적으로 발달하는 아이들도 새로운 능력 발달의 각 단계(궁극적으로 서기, 걷기, 말하기로 정점을 이루는 단계)에 언제 어떻게 도달하고 발전하는지가 다르고 그 리듬과 시기는 엄청나게 다양하기 때문이다. 그러니 발달 방향에서는 진전의 연속성이 핵심인 셈이다.

진전 상황이 명확하게 관찰되면 발달의 리듬과 타임라인에 관한 현실적 기대가 쉽게 이해되고 받아들여진다.

변화를 경험하기 특수 아동은 움직임을 수행하기 매우 어렵고 그 어려움으로 감각이 흐려진다. 그러나 아이가 수행하는 또는 수행되는 움직임의 용이성에 변화가 생기면 감각이 덜 흐려지고 움직임 자체의 감각과 관련한 지각이 더 쉽게 구분될 수 있다(Feldenkrais, 1972, 1981).

이러한 변화는 아이에게 중요하지만, 외부에서는 쉽게 관찰되지 않는다. 자신을 인정하고 반응해 주는 다른 사람과 함께 변화를 경험할 때 그 변화에 중요성과 의미가 생긴다.

변화와 관련된 새로운 경험의 내적 관련성은 아이의 운동 감각뿐만 아니라 정서적 세계에도 뿌리를 두고 있다. 아이는 의미가 있을 때 움직임 능력의 새로운 변화를 더 쉽게 기억하고 적용하기도 더 쉬워진다. 이로 인해 아이는 평소에는 주목하지 않았던 감각의 우선순위와 중요성을 갖게 된다. 이를 위해서는 변화의 용이성과 질 그리고 다양한 지각 변화를 감지하고 느낄 수 있는 기술 세트를 개발해야 한다. 또한 우리 스스로 그러한 변화를 만들어 내는 방법을 배워야 한다.

변화에 의미 부여하기 아이에게 일어나는 변화에 의미와 중요성을 부여하는 방법을 아는 일은 매우 중요하다. 많은 특수 아동은 언어를 사용하지 못하거나 인지적으로도 어려움을 겪을 수 있다. 그리고 감정, 감각, 새로운 움직임, 변화에 관한 반응, 상황에 따른 새로운 적응이 아이에게 반드시 의미가 있는 것은 아니다(Knapp, Hall & Horgan, 2007).

영유아가 상황의 어떤 측면에서든 의미를 부여하는 법을 배우는 한 가지 방법이 있다. 바로 이러한 것을 다른 사람과 함께 경험해 보는 것이다(Schore, 1994; Krauss, 1988; Frankl, 1959).

아이는 어떤 것이 중요한지 알지 못한다. 순간의 공유는 중요성을 강조하고 의미를 부여할 기회를 만든다. 이는 목소리 톤, 특정한 소리, 표현, 아이를 잡는 힘의 변화, 속도 변화, 반복, 강화 등을 통해 달성할 수 있다. 격려뿐만 아니라 낙담을 통해서도 가능하다. 중요한 점은 아이가 '지금 일어나고 있는 일은 뭔가 다르다'라는 사실에 주의를 기울이고, 이 사실이 중요함을 내적으로 새기는 데 있다. 그래야 성장과 발달을 촉진할 수 있으며, 이를 새로운 방식으로 강조하면 아이가 의미를 부여할 가능성이 더 커진다. 의미가 명확할수록 아이가 그 경험의 중요성을 유지하고 기억할 가능성이 커지기 때문이다. 이 기억 속에는 하나, 둘 또는 순간의 모든 구성 요소가 포함될 수 있다. 더 많은 구성 요소를 유지할수록 그 변화가 장기적으로 발전할 가능성이 커진다.

자신 안의 변화 관찰하기 이것은 성인과 부모 및 치료사가 움직임을 통한 자기-학습을 경험할 때 얻을 수 있는 가치이다. 예를 들어 제러미 크라우스 접근법의 움직임을 통한 능력Abilities Through Movement, ATM 및 감각적 능동 움직임Sensory Active Movement, SAM 수업에서 경험할 수 있다.

자기-학습은 변화하는 무언가를 창조하고 인지하며 그것에 의미를 부여하는 데 중요한 역할을 한다. 성인이 몸과 자아의 변화를 더 잘 감지하고 그 중요성을 인지할 수 있다면, 이러한 경험은 아이와 함께하며 변화가 나타나는 순간 실용적이고 중요한 기술이 된다. 자기 자신 안에서 변화의 내적 메커니즘을 배우면 아이와 작업할 때 이러한 유형의 변화를 더 쉽게 감지할 수 있다. 이것이 바로 성인의 움직임을 통한 자기-경험 학습의 가치이다.

이렇게 변화와 관련한 자기-관찰 기술을 배우면 이를 아이와 성인의 핸즈온 작업에 적용할 수 있다.

모든 변화를 부모나 다른 전문가에게 말로 표현하고 설명해야 하기에 자기-관찰 기술은 꼭 배워야 한다.

5.4 예상치 못한 상황에 대비하기—준비하기, 주의 기울이기, 현재에 집중하기

준비하기 역동적 움직임 상황을 이해하고 예상하려면 훈련이 필요하다. 특수 아동이 현재 하고 있고 다음 순간에 할 수 있는 행동이 결코 갑작스럽게 느껴져서는 안 된다. 이는 아이가 발달 중인 또는 함께 탐색하고 있는 모든 움직임 상황에서 다양한 옵션을 상상할 수 있도록 손과 생각과 자신의 움직임 조직화 안에서 준비하는 것을 의미한다. 그러니 치료사는 다음에 아이에게서 어떤 움직임이 나오든 아이와 함께 행동하거나 현재의 움직임에서 다음 움직임으로 이끌 수 있도록 항상 준비되어 있어야 한다(Siegel, 2007).

예상치 못한 상황에 반응하기 아이와 함께할 때 역동적인 사고와 움직임의 상호 작용은 그 순간에 존재할 수 있게 한다. 그러면 아이와 자신 모두에게 움직임의 감정과 감각의 끊임없는 흐름을 허용할 수 있게 된다.

아이의 감각은 자신이 배우고 있거나 움직임 상호 작용을 통해 자연스럽게 발생하는 움직임의 흐름에서 꺾임, 경계, 망설임, 단절이 없다고 느낀다. 그러려면 주의 집중, 경계심, 예상치 못한 상황에 적응할 수 있는 지속적 준비가 필요하다. 동시에 움직임 자체의 미묘함에 민감해야 하며, 잘 훈련된 내적 이해와 개인적 경험이 필요하다. 역으로 이것은 전형적으로 발달하는 아이에게 어떻게 적용되는지 먼저 연구하고 학습한 후 실용적 지식을 특수 아동에게 적용하는 과정으로 이어진다.

변형과 조합 이해하기 생후 첫 18개월 동안 모든 발달 단계에서 전형적으로 발달하는 아기에게 나타나는 뚜렷한 움직임 전환과 자세는 범주화되고 연구될 수 있다. 이러한 역동적 전환 움직임에서 가능한 변형과 조합 유형은 엄청나게 많아서 정확하게 분류하기 매우 어렵다. 각 아이가 움직임을 통해 변화하고, 적응하고, 반응하며 사회적 환경과 물리적 환경에 어떻게 대응하는지 예측하고 따라가기 쉽지 않은 탓이다. 이런 상황 자체가 역동적이며 순간마다 특정 맥락에 놓여 있다.

전에는 아이가 어떤 상황에 반응하여 한 가지 방식으로 움직였는데 다음에는 전혀 다른 방식으로 반응할 수 있다. 따라서 아이가 다음에 어느 방향으로 움직일지 예측하고 대비하는 자세가 중요하다.

움직임의 전환, 자세, 다양한 변형에 관한 이해뿐 아니라 다양한 종류의 전환, 자세, 움직임의 변형을 직접 시도해 보고 탐구하는 일도 중요하다. 이러한 시도와 탐구는 매우 독특한 방식으로 움직이고 반응하는 특수 아동과 함께 작업할 때 더욱 중요한 의미를 지닌다.

놀라지 않기 특수 아동들은 근육 조직과 골격 구조 및 근 긴장도의 차이와 다양성이 매우 크다. 다양한 근육 생리로 아이의 움직임에서 비대칭성이 나타나고, 그 결과로 팔다리의 골격 성장에 미치는 영향이 크게 달라진다. 이러한 요인 탓에 아이가 움직이는 방식이 독특해지므로 '다음에는 무엇이 올지' 예측하기란 쉬운 일이 아니다.

어떤 아이들은 갑자기 큰 속도와 힘으로 한 움직임에서 다른 움직임으로 이동한다.

또 어떤 아이들은 수술을 받았거나 발목 보조기를 세션 중에도 착용해야 한다.

다른 어떤 아이는 좋은 자세로 서 있다가 1초도 안 되어 무릎

그림 5.2 동적 움직임 상황의 이해

이 꺾이고 자세를 잃고 헝겊 인형처럼 될 수 있다.

치료사는 이러한 모든 요소를 고려하여 아이의 움직임의 방향, 속도 또는 힘 때문에 '놀라지 않는' 방법을 생각해야 한다.

아이가 특정 순간에 보여 줄 수 있는 다양한 움직임을 파악하고 즉시 유연하게 반응하려면 훈련과 경험이 필요하다. 나는 40년 넘게 아이의 다음 동작에 절대로 놀라지 않도록 나를 훈련해 왔다. 이 훈련과 경험은 아이와 함께 세션을 진행할 때 알아야 할 가장 중요한 요소이며, 습득해야 할 필수 기술이다. 이 기술 세트는 배우고, 연구하고, 연습할 수 있다.

아이가 '갑작스럽게' 또는 '눈 깜박할 사이에' 어떤 방향으로 어떻게 움직이든 간에 아이의 움직임에 맞춰 빠르고 부드럽게 움직일 수 있는 기술 세트 습득은 치료사에게 매우 중요하다.

이는 움직임뿐만 아니라 아이와 역동적인 움직임 상호 작용을 하는 동안 아이와 자신의 반응과 대응에도 해당된다.

그림 5.2 에서는 아이가 한쪽 무릎과 한 발로 여러 가지 불안정한 자세를 취하며 움직이는 모습을 볼 수 있다. 아이는 움직이는 동안 발생하는 불안정한 변화에 협응하고 적응할 수 있어야 한다.

사진 a 아이는 오른쪽 무릎을 발 바로 위에 두고 바닥에 앉아 있다. 팔은 몸의 양옆에 매달려 있다.

사진 b 아이는 오른쪽 무릎은 발 위에 그대로 유지하는 동안 왼쪽 무릎을 바로 세우면서 위로 올라오고 있다. 이 과정에서 한쪽 팔은 앞으로, 한쪽 팔은 뒤로 움직인다.

각각의 팔뚝과 어깨 관절은 약간 다른 방향으로 회전하고 아이는 머리를 수직으로 올리면서 정면을 바라본다.

사진 c 왼쪽 엉덩이가 구부러지고 골반은 뒤쪽과 오른쪽으로 이동하면서 왼팔은 바닥을 향해 내려간다. 몸통의 움직임은 양쪽 엉덩관절 위로 경첩처럼 접히면서 자유롭고 망설임 없이 움직인다. 오른쪽 다리는 무릎이 발 위에 있어서 안정적이다.

사진 d 왼손이 바닥으로 내려가는 동안 오른발과 무릎은 같은 위치를 유지하고 엉덩관절에서 몸통의 경첩 움직임이 계속된다.

사진 e 왼손을 바닥에서 들어 올리고 오른쪽 무릎과 아래 다리는 왼쪽으로 조금 더 안쪽으로 이동한다. 몸통을 들어 올리면서 오른팔은 뒤쪽 아래로 움직이고 왼쪽 골반은 더 뒤로 이동한다.

사진 f 아이의 머리는 수직으로 돌아가고 오른쪽 무릎은 발 위로 돌아가는데, 이는 **사진 e**를 제외하고 모든 사진에서 그대로 유지된다. 오른팔은 계속해서 뒤로 돌아간다.

당신이 뒤에서 아이의 골반에 손을 얹은 채 아이를 방해하지 않고 움직임을 따라가려면 당신의 움직임이 매우 유동적이어야 한다. 그리고 아이가 이런 움직임 시퀀스나 유사한 성격의 다른 움직임을 할 때 나타나는 모든 변화와 적응에 준비하고, 주의를 기울이며, 현재에 집중해야 한다.

5.5 경험의 순간

치료적 학습 세션에서 아이가 경험하는 순간은 매우 다양하며, 아이에게 몹시 중요한 의미가 있다. 따라서 이러한 경험의 순간들을 무의미하거나 부차적이라 여기며 무심히 지나쳐서는 안 된다. 그 순간 동안, 현재에 머물고 주의 깊게 집중하는 것은 발달적 움직임 상호 작용의 중요한 기초 중 하나이다(Stern, 2004).

경험의 순간은 아이가 새로운 움직임을 배우고 새로운 기술을 개발하는 역동적인 접점에 몰두하는 동안 발생한다. 이러한 순간은 다음과 같다.

- 경이로움, 놀라움, 기쁨, 웃음의 순간
- 성공, 자부심, 자신감의 순간
- 호기심, 주의 집중, 자기-발견의 순간
- 무언가를 알아내는 순간
- 어딘가로 가는 순간
- 동기부여와 흥미의 순간
- 가만히 있는 순간
- 도움이 필요한 순간
- 불확실성, 혼란, 미지를 향한 두려움의 순간
- 좌절, 도전, 어려움의 순간
- 실패의 순간

이러한 특별한 순간에 주의를 기울이면 아이는 이러한 순간을 누군가와 공유하고 있다는 느낌, 즉 혼자가 아니라는 느낌을 받을 수 있다. 이렇게 공유된 경험은 새롭게 나타나고 발달하는 움직임과 능력에 깊이와 차원을 더해 준다.

움직임이 발달하면서 상호 연결되는 모든 경험은 신경 네트워킹을 풍부하게 하고 집합적 신경 근육, 감정 및 감각 패턴으로 얽혀 있다. 경험의 폭이 광범위하고 다양할수록 단기 기억에서 장기 기억, 즉 경험 자체와 당시 학습한 움직임에 관한 기억들로 성장할 가능성이 커진다.

단기 및 장기 목표는 아이에게 광범위한 경험의 순간을 제공한다. 여기에는 긍정적인 순간뿐만 아니라 어렵고 도전적인 순간도 포함되며, 이 모든 것은 인생 경험의 일부이다.

긍정적이고 도전적인 감각-정서적 움직임에 관한 더 큰 관용을 키우면 학습과 성장을 지속하는 데 필요한 힘과 자신감이 아이에게 생긴다. 그리고 이것은 특수 아동이 움직임 경험을 쌓는다는 의의에만 그치지 않기에 중요한 의미를 지닌다. 살면서 여러 다양한 도전에 직면하게 되는 한 인간으로서도 이러한 경험은 필수적이다. 그러니 아이들의 개별적 경험의 순간을 존중해 주자. 그 순간은 아이에게 크게 영향을 미치며 우리가 아이에게 줄 수 있는 귀중한 공헌이자 선물이다.

이처럼 각기 다른 특성이 있는 다양한 경험의 순간은 인생에서 인간 조건의 넓은 스펙트럼을 차지한다. 경험의 순간을 아이와 함께하는 일은 아이에게 변혁의 장이나 다름없다.

경이로움과 놀라움, 기쁨과 웃음의 순간 이러한 순간은 아이에게 예상치 못한 일이 일어나거나 갑자기 새로운 자세를 취하거나 이전에 해 본 적이 없거나 생각지도 못했던 움직임을 해낼 때 발생할 수 있다.

아이와 함께 기뻐하거나 웃음을 나누는 일은 강력한 경험의 순간이다. 아이는 갑작스럽고 자발적으로 기뻐하거나 웃을 수 있다. 상호 작용하는 상황에서 당신의 생각과 집중이 아이가 아닌 다른 곳에 가 있을 때도 아이는 경이로움과 기쁨을 보여 주고 웃을 수 있다. 이 순간을 아이와 함께 공유하면 그 경험을 더욱 고양해 줄 수 있다.

당신의 초점을 옮겨 당신과 아이의 경험이 같은 상태가 되면 그 순간에 더 큰 의미를 부여할 수 있다.

성공, 자부심, 자신감의 순간 아이가 새로운 무엇인가를 성취하거나 오랫동안 숙달하려고 노력했던 일을 마침내 해냈을 때 그 순간은 아이에게 자부심의 순간이 될 수 있다.

호기심, 주의력, 자기-발견의 순간 자기-발견의 순간은 아이가 갑자기 자기 신체 일부를 발견했을 때 발생할 수 있다.

예를 들어 아이가 손가락이나 발가락을 발견하는 것만큼이나 사소한 일일 수 있다. 많은 특수 아동은 자기 손가락으로 깍지를 낀 적이 없고 그렇게 하는 자기 손과 손가락을 본 적도 없다. 손바닥을 돌려서 손가락을 벌리고 자기 얼굴이나 엄마나 아빠의 얼굴을 만지고 쓰다듬어 본 적이 없을 수도 있다. 자기 발이나 발가락을 만지거나 발을 입에 가까이 가져가서 바라본 뒤 발가락을 입에 넣어 본 적이 없는 아이들도 있다. 또 어떤 아이들은 기거나 일어서 본 적이 없을 수도 있다.

자기-발견의 순간은 종종 큰 호기심이 생기고 집중이 된 이후에 올 수 있다. 우연히 아이가 신체 일부나 움직임에 집중할 수 있을 정도로 주의를 끌게 될 때가 아이의 호기심을 자극하여 주의를 집중시키는 순간이다. 따라서 뚜렷한 호기심과 주의 집중의 순간을 즉시 알아차려서 아이를 방해하지 않아야 한다. 아이와 함께 능동적으로 기다리고 아이의 자기-발견의 경험에 함께함으로써 이러한 순간을 더욱 고양할 수 있다.

알아내는 순간 아이가 장난감을 잡기 위해 손을 뻗을 때 손가락이 올바르게 위치할 수 있도록 팔뚝과 손목을 돌려 손가락을 벌리는 방법을 알아내는 순간이 있다. 또는 이미 장난감을 잡을 수 있지만, 이제 손가락을 벌려서 다시 놓는 방법을 알아냈을 수도 있다. 두 가지는 모두 다른 기능적 행동으로 특정 아이들은 어려워하는 움직임이다.

또 다른 예로, 아이가 굴러서 앉는 동안 바닥에 손을 대고 몸을 지탱하는 방법을 알아내거나 한 걸음을 떼기 위해 한 발을 들어 올려 체중을 어떻게 이동해야 하는지 발견하는 때도 있다.

문제 해결의 순간은 아이에게 매우 특별하며 자기-성취의 순간이기도 하다.

어딘가로 가는 순간 모든 행동은 어딘가에서 시작해야 하며, 다른 곳으로 이동하고 도착하려면 출발점이 필요하다. 이것이 바로 어딘가로 가는 순간이다. 누군가와 함께 어딘가로 갈 때 당신은 그들과 동행하거나 그들과 함께 어딘가로 가는 순간을 경험한다. 그리고 당신 자신이 어디인가로 가고 있고 다른 곳으로 이동했다는 사실을 알기 위해서는 현재 당신이 어디에 있는지, 다른 장소로 이동했는지 인지해야 한다.

한 장소와 다른 장소를 쉽게 구분하지 못하는 아이들이 있다. 특히 자기가 모르는 곳이나 원활하게 이동할 수 없는 곳이라면 그 아이들은 거기로 가기를 주저할 수도 있다.

어딘가로 가는 순간은 아이가 지금 위치를 변경하는 중임을 인지하게 하는 데 도움이 될 수 있다. 아이가 움직임의 순간에 있음을 당신이 이해하고 그런 방식으로 아이에게 주의를 기울이면 그 순간을 아이와 공유할 수 있다.

동기부여와 흥미 우리는 동기부여와 흥미를 아이의 특성으로 당연하게 여긴다. 아이들은 많은 것에 관심이 있다. 그리고 무엇이든 움직이고 시도해 보고자 한다. 새로운 것에 잘 매료되고 주변 세상에 관심이 많은 탓이다. 그러나 물건이 무엇인지 인식하지 못하거나 손이나 팔을 뻗어 그것을 잡거나 물건을 향해 기어가지 못한다면 그 물건을 향한 관심과 동기가 생기지 않을 수 있다.

아이에게 동기와 흥미가 나타나는 순간을 지켜보는 것은 소중하다. 어쩌면 아이는 조금 전까지만 해도 관심이나 동기가 없었을 수도 있다. 이러한 동기와 흥미의 순간이 오면 우리는 아이의 상황을 목격할 수는 있지만 아이를 방해하지는 말아야 한다. 이는 아이의 발달 방향을 근본적으로 바꿀 수 있는 매우 중요한 순간이기 때문이다.

능력이 존재하지 않는 상황에서 아이에게 동기를 부여하거나 관심을 두도록 강요하기란 매우 어렵다. 일단 이러한 능력이 나타나고 자주 발생한다면 아이의 두뇌에 중요한 변화가 생겼음을 예상해 볼 수 있다. 그리고 아이가 흥미를 느끼는 순간이 많아질수록 아이의 성장과 학습에 더 많은 새로운 방향이 나타날 가능성이 크다. 이러한 발달의 측면은 강요할 수 없으며 동기와 흥미의 순간을 하나하나 주목하고 인지해야 한다.

정지의 순간 어떤 아이는 가만히 있는 자세를 고역으로 여긴다. 신경 근육 질환으로 움직임을 제어하기 매우 어려워서 가만히 있을 수 없기 때문이다. 이처럼 가만히 있는 경험은 일상적인 일이 아니며 실제로 이는 수면 중에만 일어날 수 있다. 그러니 가만히 있는 순간은 매우 특별하다.

움직임 중에서도 아이를 정지 상태에 도달할 수 있도록 상호 작용할 수 있는 방법이 있다. 아이가 가만히 있을 때는 매우 조용하고 주변 환경에 주의를 기울일 수 있는데, 바로 그 순간 자기가 보는 대상과 사물을 향한 아이의 시각적 인식이 달라진다. 그러니 조용하고 정적인 순간에 아이와 함께 머물며, 그 고요함을 아이가 인식할 수 있도록 해야 한다. 그래야 아이가 자기 느낌을 더 명확하게 인식할 수 있다.

도움이 필요한 순간 특정 도움이 필요한 순간에 부모가 어떻게 행동하고 아이와 상호 작용하는지에 따라 자녀의 독립심을 키울 수도, 되레 무력감을 심화시킬 수도 있다. 이러한 순간은 발달적 움직임 상호 작용 중에 일어나는데, 너무 빨리 일어나서 외부 관찰자는 눈치채지 못할 수도 있다.

예를 들어, 상호 작용을 하던 중에 아이가 등을 대고 누운 자세에서 옆으로 일어나 앉을 때처럼 매우 짧고 빠른 순간을 생각해 보자.

팔꿈치를 구부리고 머리를 충분히 앞으로 내밀어 팔꿈치와 팔뚝에 기대어 앉을 수 있도록 몸의 중심을 위로 옮기는 아주 작은 순간에도 아이는 어려워할 수 있다. 아이의 머리가 충분히 앞으로 나오지 않아 몸의 무게를 옆으로 옮기지 못해서 팔꿈치를 구부리지 못할 수도 있다. 또는 손바닥이 바닥에 닿도록 팔뚝을 돌려야 하거나 팔꿈치 자체가 부드럽게 구부러지지 않을 수도 있다.

이러한 요소들은 아이가 움직임을 완전히 수행할 수 있는지와 도움이 필요한지의 차이를 나타낼 수 있다.

외부 관찰자에게는 분명하지 않지만, 이러한 순간 중 상당수는 상호 작용 속에서 감지된다. 이것은 아이의 전체 운동 패턴에서 빠진 요소를 채우고 완성할 수 있는 순간이다.

도움이 필요하고 이를 받아들이는 것은 우리가 언제 어디서나 도움을 주리라는 신뢰감에서 비롯된다. 그리고 아이에게 필요하다고 해서 아이가 작아지지 않는다. 오히려 아이는 자기의 취약함을 타인에게 당당히 드러낼 수 있고, 타인과 관계를 자연스럽게 맺게 되고, 타인에게 긍정적으로 의존할 수 있게 된다. 그리고 도움이 필요한 순간에 타인의 도움을 적절히 받는 긍정적 경험을 더 많이 할수록 아이는 타인의 도움을 기꺼이 받아들이며, 그러한 자신을 부끄러워하거나 무력한 존재로 여기지 않는다.

학습과 성장에 적극적인 아이는 도전을 환영하고 이런 아이는 도움을 주는 모든 사람에게 열려 있으며 도움이 필요한 순간을 스스로 허용한다.

타인의 도움이 자기가 기댈 수 있는 목발이 아니라 걸어서 건너갈 수 있는 다리임을 아이는 잘 알고 있다. 그러니 도움이 필요한 순간에 아이가 어떻게 행동하는지 주의 깊게 관찰하는 일이 중요하다. 필요하지 않은 순간에 도움을 주면 되레 아이에게 무력감과 무능감을 심어 줄 수 있다.

'아이 스스로 해야 한다'라는 생각을 강요하여 도와주기를 바라는 아이를 도와주지 않는 것과 아이를 적극적으로 관찰해서 타인의 도움이 필요한 순간을 아이 스스로 찾아내게 하는 것, 이 두 태도 사이에는 미묘한 경계선이 있다. 그래서 어느 선 안에 언제 발을 들여야 맞는지 혼란스러울 수도 있다.

중요한 사실은 아이에게 긍정적 경험을 선사해야 하는 적절한 순간이 왔을 때 언제든 아이에게 도움을 제공할 준비가 되어 있어야 한다는 것이다.

불확실성과 혼란, 미지를 향한 두려움의 순간 이러한 순간들은 아이가 어떤 움직임을 시작한 후 다음에 무엇을 해야 할지, 어디로 이동해야 할지 모르거나 특정 방향으로 더 나아가고 싶지만 어디로 가야 하는지 어떻게 돌아올지 모를 때 발생할 수 있다.

불확실성과 혼란은 아이가 공간에서 방향 감각을 잃었을 때 생겨난다. 또한, 쉬우리라 여겨 새로운 방향으로 움직였는데 갑자기 어디로 가야 할지 모르게 되었을 때도 발생한다.

공간에서 자신의 위치를 아는 일은 아이가 처한 환경에서 의도를 가지고 방향을 설정할 수 있는 기능적 기본 요건이다. 아이는 원래 어머니나 주 양육자를 향해 움직이곤 한다. 그래서 그들이 어디에 있는지 알면 자기가 어디에 있는지 알 수 있다. 또한 위-아래, 앞-뒤, 오른쪽-왼쪽의 여섯 가지 기본 방향으로 공간을 지향한다. 이런 공간 지향은 다양한 지형 안에서 다양한 방식으로 움직일 때 결합하고 변화한다. 어떤 방향으로든 움직일 수 없다면 그것이 곧 제한이다.

누구나 한 번쯤은 방향 감각을 잃어버린다. 그리고 그 기억은 매우 불안한 경험이 될 수 있다.

성인은 깊은 악몽에서 갑자기 깨어났을 때 방향 감각을 잃을 수 있다. 갑자기 잠에서 깨어나 침대에 앉거나 일어서려고 할 때 자신이 어디에 있는지 모르기 때문에 움직일 수 없을 때도 있다.

이럴 때 우리는 먼저 우리가 어디에 있는지, 어느 방에 있는지, 문이 어디에 있는지, 어떻게 움직여야 하는지, 어디로 이동해야 하는지 기억해야 한다. 이것들이 명확해질 때까지 우리는 어디로도 움직일 수 없다.

이처럼 아이들도 다양한 방식으로 방향 감각을 잃을 수 있다. 특수 아동은 특정 방향과 움직임과 관련된 방향 감각이 전혀 발달하지 않았을 수 있다.

줄리언의 사례

“내가 해냈어요!”

줄리언은 뇌성마비를 앓고 있지만, 매우 긍정적이며 열정적인 소년이었다. 그는 배우고자 하는 의욕이 넘쳤으며, 외향적일 뿐 아니라 의사소통이 잘되고 협조적이었다. 줄리언은 누워 있는 자세를 제외하고는 모든 자세와 움직임 방향을 매우 잘 받아들였다. 그러나 단순히 등을 대고 누워 있는 자세만은 강하게 거부했다. 등을 대고 눕도록 유도하거나 심지어 힌트만 주어도 즉시 고집스럽게 다른 방향으로 움직였다.

나는 처음에는 이런 행동이 지나가리라 여겼고 줄리언이 쉽게 등을 대고 눕는 법을 배울 수 있을 듯했다. 하지만 시간이 지날수록 이것이 줄리언에게는 단순한 문제가 아님이 분명해졌다. 등을 대고 눕는 방향으로 가려는 모든 움직임은 줄리언의 강한 회피 반응을 즉시 불러일으켰다. 누워 있도록 약간만 다그쳐도 줄리언은 강한 공포심을 드러냈다.

사실, 세션을 진행하는 내내 줄리언은 모든 방향을 잘 받아들였다. 움직일 때 위, 아래, 오른쪽, 왼쪽이 전부 시야 안에 있다면, 우리는 움직이면서도 그 방향들을 다 볼 수 있듯, 줄리안도 그게 가능한 듯했다. 물론 줄리언이 깊이와 거리감을 얼마나 잘 인식하는지는 명확하지 않았지만 말이다.

줄리언은 옆으로 누웠다가 엎드리거나 앉았다 서는 동작을 쉽게 할 수 있었고, 방향을 유지하고 경로를 원활하게 제어할 수 있었다. 누워 있는 문제 외에도 많은 어려움을 겪었지만, 이를 극복할 때는 열린 자세로 기꺼이 배우고자 했다. 그러나 등을 대고 누워야 할 때가 되면 줄리언은 달라졌다. 급기야 줄리언은 등을 대고 눕는 일을 피하기 위해 여러 가지 전략을 개발하기에 이르렀다.

뒤로 가는 것은 가장 알 수 없는 방향이다. 뒤에 무엇이 있는지, 얼마나 멀리 가야 하는지 알 수 없고, 보이지 않으면 거리를 판단할 방법이 없다. 그래서 초기 발달 단계에서 머리를 뒤로 움직이기는 마지막에 배우는 방향이다. 앉았다가 뒤로 누울 때 부딪히지 않도록 머리가 안정화되고 제어될 수 있어야만 방향 전환이 가능하고 유연해진다.

세션 중에 장난감을 가지고 놀던 줄리언은 손을 잘못 놓아 눕는 방향으로 뒤로 굴렀다. 그 움직임에 동력이 생겨서 멈출 수도 없었다. 줄리언은 즉시 눈을 감았고 그 결과 모든 방향 감각을 잃었다. 이런 일이 벌어지자, 줄리언은 웅크린 채 가슴 아프게 울었고 얼마 동안 눈을 뜨지 못했다. 그리고 자신이 어디에 있고 누구와 함께 있는지 인식하고 방 안에서 안전감을 되찾기까지는 꽤 시간이 걸렸다.

당시 줄리언에게는 모든 것이 다시 괜찮아졌다는 위로와 확신이 필요했다. 그 후 줄리언은 다시 행복하고 장난기 넘치는 모습으로 돌아갔지만, 뒤로 움직일 때는 즉시 방향을 잃었고 이 방향의 움직임을 완전히 피했다.

나는 줄리언이 미지의 세계에 느끼는 두려움에 압도되지 않고 뒤로 가는 방향 감각을 배울 수 있도록 천천히 점진적으로 학습 시퀀스를 구성해야 했다. 움직임의 구성 요소는 줄리언이 쉽게 따라갈 수 있을 정도로 작아야 했고 불확실성, 혼란, 방향 감각 상실을 일으키지 않아야 했다. 이렇게 하면 어떤 특정 구성 요소가 불쾌한 반응을 일으키는지 발견하고 두려움과 불안이 사라지도록 자신의 반응을 통제할 수 있게 된다.

줄리언의 첫 반응은 눈을 감는 것이었다. 우리는 움직이면서 눈을 계속 맞추고 서로 대화하는 방법을 함께 배우기로 했다. 이것은 잘 진행되었다.

다음 반응은 가슴이 경직되고 숨을 멈추는 것이었다. 이를 위해서 줄리언은 호흡 자체를 더 많이 배워야 했다. 숨을 참는 느낌과 다시 숨을 쉬기 시작하는 느낌 그리고 이것이 어떻게 가슴을 경직시키는지 알아보는 것이 좋은 출발점이었다.

줄리언은 움직이면서 자신에게 주의를 기울이는 다양한 방법에 매료되었다. 나는 움직임의 여러 가지 구성 요소를 명확히 한 후에 등을 대고 눕는 방향으로 작은 움직임부터 시작해 보았다.

매 순간 '함께 있다'라는 사실을 줄리언이 알 수 있도록 나는 언어적, 시각적으로 긴밀하게 줄리언과 접촉했다. 어떤 일도 줄리언을 급하게 하거나 놀라게 하지 않는다는 보장이 필요했다. 줄리언의 두려움이나 불안이 조금이라도 느껴지면 나는 목소리를 높였다. 그리고 줄리언이 숨을 참지 않고 나의 눈을 똑바로 바라보도록 했다. 일단 이러한 측면을 통제하면 줄리언은 더 이상 천장, 바닥 또는 주변의 어느 위치에서도 방향 감각을 잃지 않으리라 생각했다.

표면에 닿은 자기 신체 부위를 감지하는 연습을 이어 가다 보니 줄리언은 드러누운 바닥이나 테이블 등의 표면 감각에 주의를 기울일 수 있게 되었다. 줄리언은 누워 있는 방 안의 딱딱한 표면이 안전하다는 사실을 알게 되었고, 이는 줄리언에게 매우 긍정적인 영향을 미쳤다. 이 학습 과정에서 줄리언은 성공의 순간과 불확실성, 혼란, 미지를 향한 두려움의 순간을 모두 경험했다. 자기 몸 아래에 있는 테이블의 감촉을 느끼고 천장을 바라보며 차분히 숨을 쉬면서 등을 대고 눕는 데 성공했을 때 줄리언은 큰 자부심과 고요함, 경이로움을 느꼈다.

어느 날 줄리언은 자기도 모르게 등을 대고 넘어진 적이 있었다. 그때 줄리언은 천장을 똑바로 올려다보더니 자신이 어디에 있는지 바로 알아차렸다. 정말 놀라운 순간이었다. 이 깨달음의 순간에 줄리언은 기쁨의 웃음을 터트리며 "내가 등을 대고 있어! 내가 해냈어!"라고 반복해서 말했다.

줄리언의 세션을 함께한 모든 사람은 그가 어려움에 도전하고 어떻게 극복했는지 감탄했고 그의 성공과 자부심의 순간을 공유할 수 있었다.

좌절, 도전, 어려움의 순간 모든 아이는 좌절, 도전, 어려움의 순간을 경험하지만, 특수 아동은 더욱 그렇다. 이러한 특별한 순간은 아이가 처음으로 기기나 일어서기 등 새로운 발달 단계에 접어들거나 발달 단계의 돌파구를 마련하기 직전에 종종 경험한다. 다음 단계로 나아가는 데 필요한 모든 것을 배우고 습득했지만, 그 경험이 너무 낯설거나 벅차게 느껴져 좌절하고 어려움에 봉착할 수도 있다.

이러한 상황에서 아이들이 앞으로 나아가도록 안내하는 것은 좌절의 순간에 우리가 아이와 함께 있으며 그 순간을 회피하지 않음을 의미한다. 이럴 때 해낼 수 있다는 완전한 확신을 아이에게 주어야 한다. 그러나 때로는 그 순간의 어려움과 좌절감이 감정적으로나 신체적으로 매우 현실적으로 느껴지기에 아이와 함께하기 쉽지 않다.

돌파구를 찾기 위해 좌절에 빠진 아이와 함께하는 일은 매우 특별한 순간이다. 아이가 도전을 극복하고 새로운 능력을 경험할 수 있는 길을 찾기 위해 적극적으로 기다리는 시간이다.

실패의 순간 이는 특수 아동이 치료적 학습 상황에서 자주 경험하는 순간이다. 어떤 아이들은 자신이 실패하고 있다는 사실을 모르기도 하고, 어떤 아이들은 그것을 너무 잘 알고 있기도 하다. 새로운 것을 배울 때, 특히 객관적 도전에 직면할 때 어느 정도의 실패 없이는 당연히 성공할 수 없다. 다른 사람과 실패의 순간을 공유하는 일은 실패를 부각하고 과장하기에 그 경험을 부정적으로 여기게 될 수도 있다. 반면, 성장과 새로운 배움의 경험이 열리는 순간이 될 수도 있다. 이런 상황에서 특수 아동이 '학습자'가 되는 순간은 '다시 해 보고 싶어', '내가 이걸 알아내고 해낼 수 있어!'라는 태도로 매번 실패의 순간을 새롭게 경험할 때다.

실패의 순간은 아이에게 자신감을 심어 줄 수도, 불안과 두려움으로 주저앉힐 수도 있는 발달의 중요한 전환점이다. 아이와 치료사가 이 순간을 어떻게 맞이하느냐에 따라 마법 같은 기적의 순간이 되기도, 무능함을 인식하는 순간이 되기도 한다는 것을 명심하자.

6

신경 가소성, 수정 가능성 및 활동 패턴

"교육자는 학생의 잠재력을 믿어야 하며
학생이 자기 능력을 경험할 수 있도록
모든 기술을 동원해야 한다."

알프레드 아들러 Alfred Adler

우리의 정체성은 환경과 그 속에 있는 사람들과의 상호 작용을 바탕으로 크게 발전한다. 그리고 정체성 발달과 상호 작용은 우리가 있는 그대로 인식되고 받아들여질 때만 성공할 수 있다. 따라서 특수 아동의 정체성을 키울 때는 그들의 성격과, 잠재력 및 능력을 염두에 두는 것이 특히 중요하다. 치료적 학습 상황에서 유의할 점은 아래와 같다.

- 자발적으로 아이에게 반응하고 아이의 요구와 상태에 맞춰 자신을 조정하기
- 아이의 움직임과 행동을 중립적으로 관찰할 수 있도록 세션 구조를 조정하기
- 놀이를 통한 상호 작용을 통해 아이와 접촉하고, 아이에 맞춰 적응을 제안하고 활동을 촉진하기

움직임 상호 작용은 운동 및 역동적 구성 요소를 활성화하므로 발달에 특히 중요할 수 있다. 그리고 학습, 성장, 변화의 과정을 자극할 수 있다.

6.1 아이를 있는 그대로 보기

운동 발달에 어려움을 겪는 아이를 위한 방법론과 치료 학습 시스템은 다양하다. 그러나 아이의 발달 타임라인을 고려해 보면 아이에 관해 생각하고, 접근하고, 함께 일하는 방식이 다르다. 이러한 서로 다른 사고방식은 아동과 맺는 관계 유형과 이것이 치료적 학습 과정에서 어떻게 사용되는지와 관련한 중요한 함의를 가진다 (Piek, 2006; Feldenkrais, 1977).

결핍 지향 우리는 아이가 받은 진단을 통해서 종종 아이에 관해 생각하고 관계를 맺는다. 이것은 아이에게 '문제가 있다'라고 생각하고 이 문제를 '고쳐야 한다'라는 사고방식이다. 다르게 말하면 아이에게 결함이 있어서 교정이 필요하다는 것이다. 일단 문제를 고치면 아이는 정상이 되고 괜찮아지지만, 그전까지는 뭔가 문제가 있다고 보는 셈이다. 이런 관점은 위험하다. 아이의 모든 진전 상황을 특정한 시선으로 보게 하며, 아이를 다루어야 할 대상으로 전제하는 것이니 말이다. 그럼 아이가 일단 대상화되면 생기는 문제는 뭘까? 그건 바로 아이를 고치고 교정하고, '정상'으로 만들기 위해 아이와 작업하고 관계를 맺는 모든 방식을 허용하고 정당화할지도 모를 위험성이다.

누군가는 이것을 매우 이례적이라고 볼 수도 있겠지만, 슬프게도 매우 흔하다. 부모나 지인 또는 해당 분야의 전문가와 이야기를 나누다 보면 언뜻 다른 견해를 가진 듯 보일 수 있지만, 더 깊이 파고들면 이러한 뿌리 깊은 사고방식이 드러난다.

이러한 사고방식과 작업의 틀은 비전형적으로 발달하는 아이와 전형적으로 발달하는 아이를 비교하는 데서 출발한다. 그리고 비전형적으로 발달하는 아이를 그들이 아닌 다른 누군가로 바꾸려고 한다. 아이를 있는 그대로의 모습으로 보지 않고, 아이가 어딘가 잘못되었으니 그렇게 되지 않았어야 하는 사람으로 보는 것이다. 이에 따라 아이는 자신이 누구인지, 무엇을 해야 하는지, 어떻게 되어야 하는지에 관한 타인의 기준에 따라 끊임없이 남에게 판단받는 위치에 놓인다. 또한 아이에게 많은 기대를 하게 되고 그 기대가 충족되지 않았을 때 아이에게 '문제가 있다'라는 생각을 재확인하게 한다. 그러다 보면 "교정 작업이 아직 끝나지 않았나요?" 또는 "올바른 기술을 사용할 수 없나요?"와 같은 질문이 이어진다. 아이의 움직임이 '올바르게' 수행되지 않았거나 '해야' 하고 '필요한' 방식으로 수행되지 않으면 아이는 '교정'을 받아야 한다고 생각하는 것이다. 이러한 교정은 '올바르게' 수행될 때까지 아이에게 계속 반복적으로 행해질지도 모른다. 오직 그때만 아이는 가치 있고 괜찮은 사람이 될 수 있다. 결과적으로, 아이가 '정상적인' 아이처럼 되고 '올바른' 방식으로 움직일 때만 아이를 '정상적으로' 대하고 관계를 맺는 방식이다. 이러한 방식은 아이에게 큰 부담을 준다.

예측할 수 없는 행동과 움직임

처음 만났을 때 엠마의 첫인상은 수줍고 내성적인 어린 소녀였다. 엠마는 부모를 꼭 붙잡고 아빠의 다리에 기댄 채 잠시 망설이다가 장난감에 눈을 돌리곤 했다. 엠마는 밝고 말이 많은 아이로 보였으나 부모에게 말을 걸 때는 낮은 목소리로 속삭이듯 말했다.

엠마와 상호 작용을 시작할 때는 모든 것이 완전히 차분하고 평화로워야 했고, 그렇지 않으면 엠마는 더욱 움츠러들었다. 목소리는 차분하고 낮은 톤으로 일정한 속도를 유지해야 했다.

엠마는 너무 빠르게 움직이거나, 특정 방식으로 움직이도록 강요받는다고 느끼면 즉시 앉은 자세로 돌아가서 부모에게 기대며 시선을 낮췄다.

아이를 알아 가고 아이가 다른 사람들과 상호 작용하는 방식을 알아 가는 데는 종종 시간이 걸린다. 엠마의 부모는 끊임없이 엠마와 대화를 나누며 엠마가 나에게 협조하도록 독려했다. 하지만 엠마의 부모는 엠마에게 말하는 것 같지 않았다. 마치 부모가 바라는 상상 속의 엠마에게 말을 거는 듯했다. 사소한 움직임이나 활동도 일일이 지시를 받아야 하는 어린 소녀로 대하는 것 같았다.

다시 말해, 엠마의 부모는 엠마가 '치유'되고, '교정'되고, '고쳐지기' 위해서 엠마가 어떻게 해야 하는지 전부 정확히 알고 있는 듯 이야기했다.

엠마는 균형 감각이 부족하며, 발과 손 사용을 어려워했고, 뇌 손상으로 신체 비대칭이 심했다. 그러나 약간의 도움을 받으면 바닥에서 앉기부터 서기와 걷기까지 다양한 방식으로 움직일 수 있었다. 그래서 나는 엠마의 뇌 손상이 발전을 방해하는 주된 요인은 아니라고 생각했다.

엠마는 여느 네 살 아이처럼 자연스럽고 자유롭게 움직이지 않았으며, 엄청나게 주저하는 모습을 보였다. 엠마는 자기 행동이 잘못되지 않았는지, 부모가 원하는 올바른 방식대로 행동하지 못하는 게 아닌지 깊게 걱정하는 듯한 모습을 보였다.

물론, 치료사는 가족 관계 역학에 섣불리 결론을 내리지 않아야 한다. 하지만 여러 세션에서 부모의 행동과 엠마의 반응을 반복적으로 관찰한 결과, 부모는 엠마를 객관적인 발달 과제에 도전하는 사랑스럽고 똑똑한 아이로 보지 않은 채 오직 올바른 방식을 배워야 하는 대상으로 여기고 있음을 나는 강하게 느꼈다.

부모가 아이의 모든 행동을 비판적인 눈으로 지켜보는 상황에서 아이에게 '다가가는' 최선의 전략을 찾기란 쉽지 않았다. 첫 번째 세션 동안 엠마는 내가 자신을 대하는 방식이 자기 부모와 다르다는 사실을 알아차리는 듯했다. 나는 엠마의 행동을 수정하지 않았기 때문이다. 나는 엠마의 부모가 엠마에게 '실수'를 지적하면 아래와 같이 반응하며 가볍게 넘어갔다.

"괜찮아!"

"별일 아니야."

"좋았어!"

이러한 나의 접근은 부모와 엠마의 관계와 부모의 양육 방식에 반대하고 있다는 인상을 주지 않도록 매우 신중하게 이루어져야 했다.

그렇게 세션이 진행될수록, 천천히 하지만 뚜렷하게 우리의 상호 작용과 움직임 사이사이에 엠마는 장난스럽게 아이다운 행동을 하게 되었다. 별거 아닌데도 킥킥 웃고 느긋하게 행동하는 진짜 아이다운 순수한 장난기를 드러낸 것이다.

이런 변화를 끌어내려면 무언가가 의도한 대로 되지 않거나 별다른 결과가 없어도 웃음거리가 생기는 환경을 제공해야 한다. 점차 엠마와 부모 사이 상호 작용에 틈이 생겨났다. 그러면서 엠마는 나를 통해 세상을 바라보고, 자신을 있는 그대로 바라보는 누군가가 있다는 사실을 알게 되었다.

어느 날 아이가 주체할 수 없이 웃더니 바닥에 쓰러져 뒹굴고, 발로 차고, 장난감을 잡고, 놀았다. 그리고 바로 그때 변화의 순간이 찾아왔다. 걷잡을 수 없는 웃음소리는 5분 넘게 지속되었다. 엠마의 부모는 말 잘 듣던 딸이 통제 불능이 되자 당황했다. 처음에는 그만하라고 말렸지만, 상황은 너무 진지했다. 엠마가 자기 자신과 자기 몸 느낌에 너무 몰두한 나머지, 부모도 멈출 수 없었고 결국 그 웃음에 빠져들었다. 그 순간 모두가 엠마의 웃음과 장난에 동참했다.

그 후, 엠마는 다른 소녀로 변했다. 엠마는 더 대담하고 개방적으로 놀이와 학습의 세계로 진입했다. 그 순간부터 균형 잡기, 걷기, 손 사용 등 모든 영역에서 발전할 수 있었다. 어떤 의미에서 세뇌되고 통제된 행동 없이 자신에게 집중했다.

물론 엠마의 부모는 엠마를 사랑했다. 그러나 자녀의 미래에 관한 두려움과 걱정으로 늘 우려의 시선을 보냈으며 그 심정을 드러낸 채 행동하고 있음이 분명했다. 이 모든 과정을 인식하자 엠마의 도전을 바라보는 부모의 관점이 완전히 바뀌었다. 종종 현상 유지에 머물고 발전을 허용하지 않는 문제를 들여다보면, 그 원인은 우리의 행위에 있지 않다. 그 이면에 깔린 사고의 기반에 있다.

능력 지향 아이를 있는 그대로 바라보면, 아이와 아이가 가진 고유한 잠재력과 도전에 공감할 수 있는 다리가 놓인다. 그러려면 완전히 다른 패러다임이 필요하며 종종 사고와 인식 전환이 필요하다. 이 패러다임은 아이가 발달 타임라인에서 현재 어느 단계에 있는지 살펴, 현재 지닌 능력과 아직 발휘되지 않은 잠재력을 찾아낸다. 다른 모든 아이와 마찬가지로, 기회를 주면 잠재력과 많은 가능성을 발휘할 수 있는, 성장과 발달을 할 수 있는 사람으로 아이를 본다. 아이에게는 격려와 존중, 자존감을 누릴 자격이 있고 이것이 필요하다는 관점으로 아이를 바라보는 것이다. 또한 아이가 직면하는 어려움은 문제가 아니라 도전으로 간주한다.

이러한 패러다임의 실제적 적용은 정해진 지침을 따르는 것이 아니다. 특정 아이의 진전을 위해 그 시점에 필요한 일을 한다. 아이는 고쳐야 할 결함이 있는 시스템이 아니다. 그 자체로 완전히 정상적인 존재이다.

6.2 발달에 유의미한 치료적 학습 상황의 기초

자발성, 구조, 상호 작용은 성공적인 발달적 치료 학습 상황의 기초이다.

자발성 — 타인을 향한 지향성 모든 영유아와 아이는 관계를 맺고 접촉하는 동안 자연스럽고 매끄러운 행동 흐름을 보인다. 아이들은 자신과 관계를 맺고 상호 작용하는 상대방이 누구이든 그들의 비언어적 신호를 따라간다. 그러나 성인들이 의존하는 사회적 행동 규범은 따르지 않는다.

어린아이들은 아직 올바른 것과 잘못된 것, 좋은 것과 나쁜 행동 방식에 관한 문화적 규범에 묶여 있지 않다. 비전형적으로 발달하는 아이들도 마찬가지이다. 때로는 그런 양상이 더욱 두드러진다.

많은 특수 아동은 새로운 만남과 상황에 더 민감하게 반응하는 경향을 띤다. 하지만 그들은 여전히 아이이다. 위협적이지 않고 개방적이며 진정성 있고 수용적 태도로 대하면 아이는 당신에게 자연스럽게 반응할 것이다.

이런 반응이 아이에게서 원활하게 일어나려면 세션이 자발적으로 시작되어야 한다. 그러려면 아이와 만날 때와 세션이 시작될 때 미리 계획을 세우지 않는 것이 중요하다. 반드시 아이에게서 오는 신호를 듣고 반응하며 아이가 어떻게 대응하는지 관찰하는 데서 시작해야 한다.

구조 — 중립적 관찰 처음에는 아이가 어떤 식으로든 위협을 느끼지 않도록 상호 작용하는 방향을 찾아야 한다. 그러면 아이는 새로운 상황을 신뢰하게 되고, 접촉과 움직임을 시작할 수 있다. 너무 성급하게 굴거나 서두르면 아이의 신뢰를 잃을 위험이 있으며 관계 형성을 위한 노력이 무의미해질 수 있다. 신뢰 관계를 구축하는 동시에 아이가 어떻게 움직이는지, 장난감이나 주변의 사회적·물리적 환경에 아이가 관심을 보이는지 관찰하는 일도 중요하다. 이러한 움직임과 행동을 관찰함으로써 세션의 초기 구조가 형성된다. 이것은 아이가 변화와 발달의 학습 과정을 시작하기 위해 어떤 종류의 자세와 움직임의 관계 및 전환이 필요한지 제시한다.

상호 작용 — 놀이를 통한 접촉 상호 작용은 본질적으로 상호적이며, 모든 수준에서 소통하기 위해 아이의 반응을 활용하는 방법을 알면 상호 작용의 역동성을 촉진할 수 있다(Siegel, 2007; Feldenkrais,1981; Krauss, 1988; Knapp, Hall & Horgan, 2007; Schore, 2019). 그리고 상호 작용을 하는 동안 아이에게 어떻게 반응하느냐에 따라 새로운 행동과 학습 방식으로 이어질 수 있다. 따라서 움직임 요소를 도입하는 동안 신뢰 관계를 유지하면서 아이와 상호 작용을 시작하는 방법을 마련해야 한다. 처음에 탐색적이고 제안하는 분위기로 시퀀스를 진행하여 상황을 편안하게 만들고, 자신과 아이 모두에게 특정 방향으로 밀어붙이지 않으리라는 느낌을 받도록 해야 한다. 그와 동시에, 추구해야 할 구체적 목표를 항상 염두에 둔다.

학습과 발달은 일반적으로 비선형적이다. 특히 발달적 학습에는 나름대로 규칙이 있다. 이러한 규칙은 아이의 구체적 나이와 다루어야 할 발달 능력 및 도전 과제에 따라 달라진다. 치료적 학습 상황에는 나이나 발달 단계에 상관없이 다양한 정서와 감각 스펙트럼, 놀이, 놀라움, 도전, 성공, 실패라는 요소가 항상 포함되어야 한다.

상호 작용—적응을 제안하기 움직임을 통한 긍정적이고 역동적인 상호 작용은 아이의 감정, 인지, 감각뿐만 아니라 움직임에서도 더 다양하고 효과적인 반응을 개발하는 데 도움이 된다. 이는 아이의 조절 과정을 지원하며 변화하는 사회적·물리적 환경에 반응하는 적응 과정이다.

특수 아동을 처음 대할 때는 상호 작용을 해도 아이의 반응이 거의 또는 전혀 없을 수 있다. 아이의 반응이 나타나야 점점 더 빈번하게 발생하고 시간이 지나면서 완전히 인식될 때 더 도전적인 요구를 할 수 있다. 이때 아이가 각각의 새로운 도전을 어떻게 처리하는지 면밀하게 지켜봐야 한다. 아이가 한때 어려워했거나 반응이 거의 없거나 효과적이지 않던 과제를 더 쉽게 다루게 된다면 더 복잡하고 많은 기술을 요구하는 도전을 제시할 수 있다.

상호 작용 — 활동을 촉진하기 특수 아동은 대개 하루 중 많은 시간 동안 발달적 도전 과제와 함께 혼자 남겨진다. 일반적인 치료 상황에서는 종종 스트레스를 너무 많이 받으며 힘들 수 있는 치료법과 프로토콜도 거쳐야 한다. 따라서 역동적인 움직임 상호 작용에 적극적으로 참여하는 방법을 배우는 것은 특수 아동에게 큰 가치가 있다. 뚜렷한 역동적 상호 작용을 통해 자신의 발달 학습에 적극적으로 참여하면서 이에 해당하는 뇌 부위가 활성화되기 때문이다. 이에 따라 적극적인 탐색과 표현 및 기능적으로 동기와 목적이 부여된 행동을 할 수 있게 된다. 이러한 반응과 대응은 특수 아동이 그동안 자신의 발달에 주도적으로 참여하지 못해서 활성화되지 못한 학습에 관련된 신경계의 여러 중요한 부분을 자극한다.

6.3 발달적 움직임 상호 작용

상호 작용 사용하기 발달적 움직임 상호 작용에는 많은 구성 요소가 있다. 이를 실행하면 아이가 배우고 성장하고 발달하는 데 필요한, 생동감 있고 자극을 주는 환경을 조성할 수 있다. 구성 요소들은 자발적 성격을 가진 동시에 매우 의도적이고 구조적이며, 명확한 아이디어와 목표를 가지고 나아간다. 이러한 구성 요소를 사용하는 의도는 자기 행동 및 대인 간의 행동이 아이의 발달 기술과 새로운 능력으로 드러나도록 하는 데 있다.

이러한 기술과 능력은 역동적인 사용 없이는 활성화되지 않는다. 움직임이라는 중심 도구를 사용하면서 상호 작용을 통해 능력을 활성화하면 다른 행동 특성을 더 풍부하게 개발할 수 있다. 여기에 참여하는 뇌의 다양한 경로를 개발할 수 있고 이러한 경로는 움직임, 감정, 감각 및 환경의 주요 요소를 기반으로 함께 성장한다.

발달적 움직임 상호 작용에 쓰이는 생동감 있는 특성의 예는 다음과 같다.

- 만남
- 따라가기
- 이끌기
- 함께 흐르기
- 제안/ 제시하기
- 일치하기
- 잠시 멈추기
- 경청하기
- 리듬
- 속도
- 수동적 · 능동적/ 맞추기
- 공명, 불협화음, 재연결
- 조화
- 순간을 공유하기
- 맞물리기
- 탐구하기
- 질문하기
- 도전하기
- 요구하기
- 통합하기
- 주의 기울이기
- 격려하기

만남 만남은 항상 각 세션의 첫 번째 접촉이며 상호 작용의 역동성을 위한 분위기를 조성한다. 아이들은 세션마다 다른 모습으로 매일 들어온다. 아이에게 명확하고 세심한 주의를 기울이는 시간을 할애하는 노력은 생산적인 세션과 비생산적인 세션의 차이를 만든다.

만남은 첫 번째 상호 작용의 순간이다. 아이와 아이의 가족이 내 개인 작업실에 들어오려면 먼저 작은 정원을 지나 몇 개의 계단을 내려와야 한다. 그리고 작업실 앞쪽에는 매우 큰 창문이 있기 때문에 나는 아이와 가족이 도착해서 계단을 내려오는 모습을 볼 수 있다. 그때마다 나는 그들이 계단에 어떻게 접근하고 내려오는지 관찰하려고 노력한다.

누가 먼저 내려가는가? 가족이 함께 이야기를 나누고 있는가? 아이가 안겨 있는가? 웃고 있는가? 부모를 꼭 안고 있는가? 형제나 자매 또는 조부모도 함께 있는가? 그러한 관찰을 통해 나는 문을 열고 그들을 맞이할 때 첫 접촉과 만남을 어떻게 할지 결정한다.

아이에게 먼저 인사를 해야 할까? 아니면 아이를 쳐다보지 않고 부모에게만 이야기해야 할까? 물론 아이와 먼저 접촉한 뒤 부모와 접촉하는 편이 가장 좋다고 결정할 때가 많다. 하지만 문화적 규범에 따르는 것은 아니다. 특정 순간에 아이에게 가장 적합하다고 생각되는 바에 근거하여 결정한다.

첫 접촉 유형은 향후 아이와 맺을 관계 형성에 매우 중요하다. 아이와 시각적 또는 언어적 접촉을 해야 할지 아니면 둘 다 하지 말아야 할지에 관한 결정도 중요하다. 계단을 내려오는 모든 사람의 표정, 특히 아이의 표정과 움직임을 살피는 일은 하나의 지침이다.

아이가 이곳에 와서 새로운 사람을 만나는 것을 행복해하는가? 아니면 꺼리거나, 호기심이 많거나, 수줍어하거나, 두려워하거나, 잠을 자거나, 부주의하거나 등 다른 상태인가?

아이는 만남의 순간에 소심하거나 수줍어할 때가 많다. 보여주고 싶은 장난감을 가지고 있거나 아예 작업실에 있기 싫어할 수도 있다. 하지만 어떤 상황에서든 잊지 말아야 할 사항이 있다. 언제든 변할 수 있는 아이의 미묘하거나 분명한 단서를 놓치지 않을 만큼 주의 깊게 관찰하고 유연하게 대처하는 일이다.

아이들은 보통 나를 보러 온다는 사실을 알고 있다. 나는 아이들을 만나면 항상 기쁘고 새로운 아이를 만나면 설렌다. 나의 '행동' 방식은 아이의 '상태'와 새로운 환경을 접하는 아이의 초기 반응을 기다리는 것이다. 그러나 내면의 흥분을 항상 겉으로 드러내지는 않는다. 나는 아이가 오는 그 순간에 맞추어 내 행동을 조정한다. 이 '만남의 지점'은 종종 세션에 역동적인 분위기를 조성한다.

이끌기와 따라가기 움직임 세션이 시작되면 그 안에는 따라가기와 이끌기가 모두 있다. 따라가기와 이끌기는 아이와 움직이면서 상호 작용을 하는 매우 다른 방식이다. 따라가기는 아이를 방해하고 싶지 않을 때 '아! 저 사람은 나와 함께 가고 있고, 나를 감지하고, 느끼고, 방해하지 않는구나'라는 사실을 느끼게 하는 방식이다. 이끌기는 아이에게 '너는 무엇을 해야 할지 모르겠지만, 내가 데려다줄게, 우리는 같이 갈 거야, 내가 보여 줄게'라고 손길로 말하는 방식이다. 함께 흐르기는 상호 작용에서 이끄는 이와 따라가는 이가 모두 없지만, 유동적인 느낌이 드는 경우이다. 이것은 이끌기와 따라가기가 지속해서 서로 바뀌면서 자연스럽게 이어지는 느낌이다.

제안/ 제시하기 이것은 이끌거나 따라가는 방식이 아니다. 마치 "좋아, 이렇게 해 볼까, 이건 어떠니? 이것이 될까?"라고 말하는 것과 비슷하다. 무엇인가가 가능할 수 있고, 아이가 움직이면 내가 따라갈 수 있고, 아이가 따라오면 내가 아이를 이끌어 주겠다는 단서를 주는 것이다.

일치하기 상호 작용적 움직임에는 '일치하기'가 있다. 이는 상대방과 완전히 연결되고, 일치하는 것을 의미한다. 일치하기에는 많은 요소가 있다, 이는 '너와 나, 우리는 지금 여기에 함께 있어',

'무엇을 하든 우리는 함께 할 거야'라는 의미이다. 당신은 아이에게 다가가야 하고, 아이도 당신에게 다가와야 한다. 때때로 그것이 일치하지 않을 때도 있기에 특별한 주의가 필요하다.

잠시 멈추기 세션에는 항상 잠시 멈추는 요소가 있다. 길게 멈추거나 완전히 멈출 수도 있다. 무언가를 하고 있을 때 아이가 준비되지 않았거나, 당신이 너무 느리거나, 옳지 않다고 느껴지면 잠시 멈추고 기다렸다가 계속할 수도 있다.

경청하기 아이가 어떻게 움직이는지 듣자. 움직일 때 아이가 어떤 느낌인지 듣자. 변화가 일어날 때 그것이 만들어 내는 잡음을 듣자. 근 긴장도를 듣자. 그리고 변화가 언제 어떻게 어디서 일어나는지 듣자. 다시 말해, 이 순간 존재하는 모든 것을 당신의 모든 감각으로 들어야 한다.

이것이 경청의 요소이다. 때로는 아이와 함께 듣기도 하고 때로는 따로 듣기도 하는데 아이가 어떤 한 가지를 듣고 있을 때 당신은 다른 것에 귀 기울일 수 있다.

리듬 아이마다 다른 리듬을 가지고 있으며, 근육 긴장도에 따라 움직임의 리듬은 달라진다. 움직임의 유형이 다르면 리듬도 다르다. 등을 댄 상태에서 엎드린 자세로 굴러가는 것과 엎드린 상태에서 등으로 굴러가는 것의 리듬이 매우 다르듯 말이다. 누운 상태에서 일어나 앉는 것과 앉은 자세에서 눕는 자세로 이동하는 것은 다른 리듬을 보이며, 앉았다가 서는 움직임의 리듬과 서 있다가 앉는 움직임의 리듬은 다르다.

스스로 시도해 보기 속도 변화와 리듬 찾기

아래의 예시 중에서 하나 또는 모두를 선택해서 시도해 보자. 리듬이 무엇이 다른지, 리듬을 비슷하게 만들려면 어떻게 해야 하는지 알아보는 것이다. 등에서 배로 굴러가고 배에서 등으로 굴러가는 방법을 관찰한다.

- 같은 움직임을 역방향으로 했는가? 아니면 각각 다른 두 가지 움직임을 했는가?
- 등에서 배로, 배에서 등으로 구르는 또 다른 방법을 찾을 수 있나?
- 움직이는 도중에 언제든지 움직임의 리듬을 바꿀 수 있나?
- 한 방향으로 굴러가는 것이 다른 방향보다 더 쉬운가? 또는 선택한 변형 중 하나가 더 쉬운가?
- 리듬을 제어하고 다양하게 변형할 때 더 쉽게 느끼거나 선호하는 방법이 있는가?

위 방법을 구르기에서 시도한 후, 다른 움직임에도 적용해 보자.

아이와 함께 할 때 아이가 리듬을 설정하도록 하면, 당신이 그 리듬에 맞출 수 있다. 또한 당신이 리듬을 정하면, 아이가 그 리듬에 맞추는지 지켜볼 수 있다.

때로는 움직임을 일으키는 리듬을 찾아야 아이를 움직일 수 있고, 가끔은 리듬을 만들어 내야 한다. 구르는 리듬, 기어가는 리듬, 전환의 리듬, 정적인 리듬 등 움직임에 따라 리듬은 달라질 수 있다.

속도 우리는 일상에서 여러 활동을 할 때 다양한 속도로 움직인다. 깨어나고, 먹고, 이를 닦고, 서둘러 집에서 나가고, 운동을 한다. 그리고 각 움직임의 속도는 모두 다르다.

아이의 성장과 발달을 꾀하고 일상적인 움직임과 활동을 경험하게 하려면, 아이가 다양한 속도를 느끼고 움직이는 것이 중요하다. 물론 이는 아이의 상황과 상태에 따라 달라지며, 발달 단계와 국면마다 다른 속도와 리듬이 필요하다.

아이에게 한 가지 방식과 한 가지 움직임 속도만 경험하게 해서는 안 된다. 아이와 아이의 근골격계가 다른 움직임 속도에 적응하기 매우 어려워지기 때문이다. 이에 여러 가지 요인을 고려해야 하는데, 강직이 있는 일부 아이는 새로운 것을 처음 배울 때 움직임 속도가 매우 중요하며 이는 다른 움직임 상황의 강직 반응에도 영향을 미친다.

수동적·능동적/ 맞추기 수동적으로 수행되는 움직임은 아이가 능동적으로 수행하는 움직임과 매우 다르다. 그래서 움직임의 속도와 상호 작용하는 방식에서도 차이가 있다.

공명, 불협화음, 재연결 불협화음은 많은 상호 작용에서 발생할 수 있다. 불협화음은 일치하지 않거나 리듬이 공유되지 않을 때, 즉 서로 어울리지 않을 때 발생한다. 잘 진행되다가도 갑자기 불협화음이 발생하고 작동하지 않을 수 있다.

뭔가 문제가 생겨서 불협화음이 발생하면 어떻게 다시 조화를 이룰 수 있을까? 움직임의 방향을 바꿔야 할까? 속도를 늦춰야 할까? 노래를 불러야 할까? 잠시 멈추고 손을 떼어야 할까? 일어나서 어머니에게 아이를 맡겨야 할까? 조화를 다시 만들기 위해 무엇을 할 수 있을까? 때때로 당신과 아이가 다른 리듬에 있을 때 어떻게 리듬을 조화시키고 그 안에서 함께 놀 수 있을까?

조화와 공유의 순간 조화가 완전하게 이루어졌을 때, 움직임의 순간·감정의 순간·의사소통의 순간·언어의 순간을 함께 나누는 세션도 있다. 사물을 함께 보고, 문제를 함께 이해하는 순간을 공유하는 것이다. 다른 사람과 조화로운 방식으로 한순간을 공유하는 일은 아이와 치료사 모두에게 매우 강력한 경험이다. 아이는 그것을 당신과 똑같은 방식으로 알지 못할 수도 있지만, 이 순간 다른 사람과 함께 있음을, 그 순간이 공유되고 있음을 인지한다.

맞물리기 맞물리기라는 또 다른 측면이 있다. 맞물리기는 일치하기와는 다르다. 맞물리기는 두 장의 천이 서로 얽히거나 꼬여서 하나의 단일체가 되듯 일정한 흐름이 있다. 그 순간 당신이 하나의 단일체이므로 그냥 가서 뭔가 할 수 있다고 느끼게 하는 특정한 자발성이 있어 특별하다. 맞물리기가 되려면 먼저 일치하기가 되어야 한다.

탐구하기와 질문하기 탐구는 상호 작용 세션의 일부가 될 수 있으며, 아이의 움직임을 알아내고 이해하려는 시도이다. 이 시도는 상호 작용을 시작할 때 처음으로 할 수도 있고, 상호 작용의 일환으로 진행할 수도 있다. 탐구는 비언어적이거나 언어적으로 행해지며, 탐구하려면 호기심이 있어야 한다. 호기심은 중립적이고 판단하지 않도록 돕는 상호 작용의 자질이다. 탐구는 무엇이 좋고 나쁜지 알기 위해 하는 것이 아니다. 어떻게 움직이는지, 특정 움직임의 질을 알아보기 위해 질문하고 탐구한다.

특정 움직임의 관계가 어떻게 서로 맞춰져 있는가? 또는 어떻게 그렇지 않은가? 아이에게 움직임이 명확한가? 아니면 어떤 움직임의 관계를 더 명확하게 해야 하는가?

질문하기는 더 구체적이다. 이 움직임은 어떻게 진행되는가? 이 근육은 무엇을 하는가? 이 관절은 어떤가? 움직임의 방향은 어떻게 되는가?

요구하기와 도전하기 도전과 요구는 필수적이며, 모든 아이에게는 도전이 필요하다. 아니, 사실 모든 사람에게 도전이 필요하며 어느 정도의 도전 없이는 학습이 진전되지 않는다. 이는 아이가 할 수 있고 현실적으로 도달할 수 있는 범위 내에 있는 무엇인가를 성취하기를 당신이 원하는 것이다. 그리고 아이의 안전지대를 침범하되, 너무 멀리 벗어나지 않도록 한다.

우리는 아이가 할 수 있음을 느끼게 하고 싶고 긍정적인 도전과 자신감을 북돋아 주길 원한다. 그러나 모든 아이는 다르기에 너무 많은 도전을 요구할 수 없다. 아이가 모든 수준에서 처리하고 대처할 수 있는 정도로만 도전하게 해야 한다. 너무 지나치면 아이들은 무엇을 해야 할지 모르고 자신이 관리당하고, 끌려다니고 있으며, 자신과 상관없는 일을 하도록 요구받는다고 느끼기 때문이다. 이는 특수 아동에게 더욱 두드러질 수 있으므로 주의해야 한다.

요구하기와 도전하기는 매우 다르다. 요구하기는 '너는 그걸 할 거야. 나는 네가 할 수 있다는 걸 알아'라는 뜻이다. 물론 모든 아이에게 요구할 수는 없다. 하지만 요구는 정당하며 세션에서 매우 유용하고 효과적인 부분이 될 수 있다. 다만 아이에게 요구하려면 몇 가지 전제가 필요하다. 당신이 요구하는 것을 아이가 할 수 있으며, 신체적으로나 정서적으로 준비되어 있고, 특정한 순간에 할 수 있는 능력이 있는지부터 알아야 한다. 또한 당신 스스로가 매우 명확해야 하며, 요구를 충족하도록 아이를 구체적으로 안내하는 방법을 알고 있어야 한다.

요구하기는 쉬운 일이 아니다. 그러나 적절한 순간에 적절한 힘을 발휘하면 탁월한 결과를 가져올 수 있다. 움직임의 방향, 질, 각도, 위치, 전환 또는 관계 등 어떻게 움직이는지 명확히 하는 것은 상호 작용의 역동성에서 매우 중요한 부분이다.

통합하기 통합은 각 부분을 개별적으로 명확히 한 후 움직임과 행동 패턴 또는 관계의 여러 요소를 함께 모으는 작업이다. 예를 들어 옆으로 앉았다가 등으로 구르는 방법을 배울 때 움직임 패턴에는 여러 가지 단일 요소가 있다. 이것은 균형이 한쪽으로 쏠리도록 머리를 앞뒤로 기울이기, 무게 이동을 위해 골반 한쪽을 들어 올리고 옆으로 구부리기, 무게를 지지하기 위해 손바닥에 기대기, 팔꿈치를 구부려 기대기, 팔뚝으로 내려놓기 등이다. 이러한 모든 요소는 앉은 상태에서 누운 상태로 전환하는 움직임의 전체 패턴에 이바지한다. 이는 몸을 옆으로 기울이고 구르면서 옆에서 뒤로 넘어가는 움직임으로 이루어진다. 그리고 각 요소에는 개별적으로 배워야 하는 부분이 있다.

통합은 움직임의 모든 단일 부분을 합쳐서 하나의 전체 움직임 패턴을 형성한다는 의미이다.

스스로 시도해 보기 **움직임 패턴 통합하기**

- 바닥에 편안하게 앉아서 무릎을 옆으로 구부리고 발바닥이 서로 마주 보게 해 본다. 이 시작 자세에서 통합하기에서 설명한 각 요소를 개별적으로 수행해 보자. 이를 '운동'으로 생각하지 말고 움직임에 관한 새로운 것을 알아차리고 무언가를 배운다는 자세로 해 보아야 한다.
- 각 부분을 개별적으로 수행한 후, 이것들을 결합해 보자. 개별 부분들을 왕복 움직임으로 해 보면서 전체 움직임 패턴이 명확하고 부드러워질 때까지 반복한다.
- 이 작업을 마친 후에는 다른 사람에게 개별 요소들을 비언어적이며 상호 작용적으로 안내하고 궁극적으로 모든 요소를 전체 패턴으로 통합하면 어떨지 잠시 생각해 보자.
- 이제 이러한 움직임을 한 번도 해 본 적이 없고, 비언어적일 수도 있으며, 균형 감각이나 사지 조절, 강직이나 저 긴장 등의 어려움을 지닌 특수 아동과 함께 똑같은 움직임을 수행한다고 상상해 보자.

격려하기 발달 학습 세션 중에 아이를 격려하며 상호 작용하는 일은 매우 유용하다. 전형적으로 또는 비전형적으로 발달하는 모든 아이에게는 격려가 필요하며, 아이들은 격려받을 때 특별한 감정을 느낀다. 많은 특수 아동은 자기가 하는 일의 중요성이나 의미를 확신하지 못한다. 또한 자신이 스스로 하지 않는 특정한 일이 왜 중요한지 알지 못한다. 따라서 아이가 특정 동작을 어려워하거나, 무언가를 반복하거나, 특정 방향으로 움직이는 데 어려움을 겪는 불확실한 상황에서 아이를 아주 구체적으로 격려해 주면 큰 차이를 만들 수 있다.

상호 작용적 격려는 꼭 말로만 할 필요는 없다. 노래를 부르거나, 다른 톤의 소리를 내거나, 아이를 이끄는 손으로 확신을 심어 주거나, 아이를 따라가면서 격려할 수 있다. 물론 말로 전달할 수도 있다. 문화권마다 치료적 학습 상황에서 격려하는 방법이 다르다. 나는 어떤 문화권에서 왔든 항상 아이를 격려하는 일이 매우 유용하다고 생각한다. 적절한 순간에, 적절한 강도로, 역동적인 상호 작용적 방식으로 격려를 제공하면 아이에게 깊고 긍정적인 영향을 미칠 수 있다.

6.4 학습과 활동을 통한 신경 가소성 촉진

얼마 전까지만 해도 신경 가소성이라는 개념은 널리 인정받지 못했다. 그러나 오늘날에는 뇌와 신경계의 가소성 개념이 잘 알려져 있으며 집중적으로 연구되고 있다. 가소성의 도입으로 학습, 성장, 발달, 변화에 관해 새롭고 광범위한 이해의 방향이 열렸다. 이러한 아이디어는 경험적이고 치료적 학습 상황에서도 점점 더 많이 수용되고 있다.

신경 가소성 가소성이란 신경계가 기능적, 구조적으로 신경 연결을 형성하고 강화함으로써 평생 변화하고 재조직할 수 있는 능력이 있음을 의미한다(Konner, 2010; Siegel, 1999). 그리고 이러한 변화는 개인적 경험에 따른 반응과 결과로 일어난다. 또한, 신경 가소성은 뇌가 기능적 움직임의 성장과 발달 경로에서 벗어난 다양한 변형을 상쇄하고 그 영향을 완화하는 데 중요한 역할을 한다. 이러한 변화는 부상, 결핍 또는 유전적 변이 등의 원인으로도 발생할 수 있다. 신경 가소성은 뉴런과 신경망이 환경의 변화뿐만 아니라 새롭게 접하는 경험과 상황에 대응하여 활동을 조정하고 적응할 수 있는 잠재력을 열어 준다.

수정 가능성 신경 수정 가능성에 관한 아이디어, 개념 및 적용은 전형, 비전형 발달 아동은 물론 성인과도 관련이 있다. 여기에는 움직임을 통해 가소성을 작동하게 하는 다양한 방법이 있다.

신경계 및 뇌 가소성은 신경계가 스스로 수정하고 변화하는 능력 그리고 이를 달성하는 방식이다. 이러한 신경 수정 가능성은 뇌와 신경계가 환경 및 그 안에 있는 사람들과 상호 작용하는 방식에 따라 달라진다. 개인적 경험을 통해 가소성의 아이디어를 학습에 적용하는 시도는 흥미로우면서도 도전적인 일이다.

사용하지 않으면 잃어버린다* 모든 적용의 기본은 '사용하지 않으면 잃어버린다'라는, 잘 알려진 표현이다. 실제로 이 말은 특정 활동에서 능력을 계속 사용하거나 연습하지 않으면 그 능력이 성장하거나 발전할 수 없고 완전히 사라질 수 있음을 의미한다. 이는 당면한 특정 능력뿐만 아니라 이 능력이 형성했거나, 형성할 수 있었던 모든 상호 연결도 잃어버릴 수 있음을 의미한다. 이처럼 자주 사용하지 않는 기술은 시간이 지남에 따라 사라질 가능성이 크다.

특수 아동에게 이는 매우 중요하다. 특수 아동은 외부의 도움 없이는 특정 능력이나 움직임 및 형태를 사용하지 않거나 사용할 수 없을 때가 많다. 따라서 아이가 특정 움직임을 사용할 수 있도록 하고, 이러한 움직임이 아이의 움직임 레퍼토리에 나타나고 뇌에 표상될 수 있도록 돕는 일이 매우 중요하다. 이는 아이의 레퍼토리에는 존재하지만, 아이가 스스로 수행하기 어려운 움직임에도 적용하여 움직임들이 사라지지 않도록 해야 한다.

아이와 함께 한 움직임을 연습하고 '사용'하는 것은 아이에게 큰 도움이 될 수 있으며, 세션 사이에 잃어버리지 않도록 진전을 도모할 수 있다. '사용하지 않으면 잃어버린다'라는 원칙은 단순히 움직임 자체에만 적용되는 것이 아니다. 움직임의 수행 방식

---

* 사용하지 않으면 잃어버린다, 사용하면 개선된다, 구체성, 반복 문제, 강도 문제, 시간 문제, 나이 문제, 전이에 관한 아이디어는 Kleim JA, Jones TA의 「경험 의존적 신경 가소성의 원리: 뇌 손상 후 재활에 관한 함의 2008;51(1):S225-S239. doi :10.1044/1092-4388(2008/018)」에 기초한다.

과 접근 방식에도 적용할 수 있다.

- 고통이 아닌 즐거움을 주는 방식으로 적용한다.
- 과정을 따르는 방식으로 적용한다.
- 탐색을 허용하는 방식으로 적용한다.
- 아이에게 강요하지 않는다. 격려하고 호기심을 불러일으키는 방식으로 적용한다.
- 새롭고 다양한 속도와 일시 정지를 제공하는 방식으로 적용한다.

사용하면 개선된다 신경 수정 가능성의 또 다른 개념은 '사용하면 개선된다'이다. 이것은 특정 기능을 개선하는 데 도움이 되는 학습을 추진하는 일을 포함한다. 아이의 어떤 단계 움직임이 어느 정도의 능력을 갖추고 있다면, 즉 특별히 매끄럽거나 조율되지는 않았지만 이미 어떤 형태의 기어가는 능력이 발달하였을 때 또는 아이가 똑바로 서서 걸음을 내디딜 수는 있지만 계속 주저할 때 특정 기능을 구체적으로 사용하면 그 기능을 향상할 수 있다. 기어가기는 기어가기를, 앉기는 앉기를 사용해서 각각을 더 자세히 배우고 향상할 수 있다. 걷기도 걷기를 사용하여 개선할 수 있다.

이는 또한, 즐겁고/ 탐험적이며/ 강요하지 않는/ 호기심을 일깨우는 사용 방식을 구현하면 행동 경험의 내적 측면이 향상될 수 있음을 의미한다. 이를 통해 행동 자체뿐만 아니라 행동을 학습하는 과정도 향상된다.

반복 신경 수정 가능성을 촉진하는 데 있어 반복은 변화를 확고히 할 가능성을 창출한다. 엎드려 구르기, 엎드린 상태에서 머리 들고 수평선 바라보기, 손과 무릎을 대고 올라서기 등 특정 능력의 수정 및 변화 과정을 시작하려면 충분한 반복이 필요하다. 구체적 반복 방식은 학습 및 신경 변형 과정과도 관련이 있다. 결과는 아이에게 가장 효과적이고 유용한 전략을 사용했는지 보여 줄 것이며, 한 가지 접근 방식이 효과가 없었다면 다른 접근 방식을 시도해야 한다.

구체성과 가변성 어떤 아이들은 매번 똑같은 순서와 시퀀스로 특정 움직임을 반복해야 학습이 유지된다. 또 다른 아이들은 순서와 시퀀스를 자주 바꾸고 같은 방식으로 반복하지 않아야 한다. 이 두 가지 방법을 다양하게 조합해야 하는 아이들도 있다.

아이들의 단기적 변화도 중요하지만, 우리의 진정한 관심은 정착되는 장기적 변화에 있다. 반복은 단기적 변화를 장기적 변화로 전환하는 데 필수적인 부분이다. 반복은 새로운 기술과 능력의 학습 초기 단계부터 자동 행동 패턴으로 진행되도록 촉진한다.

타이밍과 나이의 중요성 더 어린 나이에 시작할수록 좋으며, 나이와 능력에 적합한 행동과 활동이면 더 효과적이다. 특수 아동의 신경 수정 가능성이 더 일찍 시작될수록 수정의 가능성이 크기 때문이다. 어린 두뇌는 변화 과정에 더 잘 적응한다. 따라서 움직임 학습의 성장과 발달을 촉진하는 다양한 가소성 전략을 초기에 도입하면 강력한 연결이 형성될 가능성이 더 커진다. 일찍 시작할수록 형성되지 않은 움직임과 활동 패턴을 소개하고, 연습하고, 학습할 가능성이 더 커지기 때문이다. 아이의 자발적인 움직임과 행동을 돕는 신경 네트워크는 개별 아이의 발달 타임라인에 따라 나이나 능력에 적합한 시기에 더 쉽게 형성될 수 있다.

도전과 과제의 강도 모든 아이는 학습 과정에서 도전해야 하고 이를 바탕으로 성장한다. 도전은 움직임, 인지 또는 정서 능력 수준을 넘어서는 안 되지만 새로운 것에 도달하기 위해 노력할 수 있을 만큼은 충분히 흥미롭고 동기를 부여해야 한다.

아이는 자신이 할 수 있고, 도전하면 새로운 것을 성취할 수 있음을 감지해야 한다. 그래서 아이에게 요구할 때는 아이가 그걸 할 수 있다고 느낄 수 있는 방식으로 제시해야 한다. 이를 위해서는 아이가 도전 과제에 압도당하거나 자신감이나 자기-신뢰를 잃지 않도록 해야 한다. 도전의 '크기'가 적절히 조정되면 아이는 자신감과 자기-신뢰를 얻고 더 큰 도전을 더 쉽게 관리하고 대처할 수 있다고 느낀다. 이는 아이의 능력에 변화를 일으켜 새롭고 더 어려운 움직임, 감정, 감각, 학습 상황을 수용할 수 있게 한다.

관련성 정보와 움직임은 아이와 관련성이 있어야 한다. 그렇지 않다면 관련성을 찾는 방법을 반드시 알아내야 한다. 움직임과 행동 또는 활동이 아이와 정서적으로 연결되어 있으면 그 과정이 더 의미있게 전달될 가능성이 높아지고 신경 수정 과정이 더 자연스럽고 효과적으로 진행될 수 있기 때문이다. 다시 말해, 아이의 기술 수준과 성향 및 특정 움직임에 관한 기질 등은 아이의 환경과 맞아야 하며, 치료사는 그 관련성을 찾아야 한다.

학습한 능력의 전이와 통합 발달 움직임 시퀀스와 패턴의 요소는 중력의 다양한 위치에서 다른 움직임 시퀀스나 패턴에 부분적으로 또는 전체적으로 사용될 수 있다. 앉기의 움직임 요소를 한쪽 무릎과 발로 서는 자세나 일어서는 방법을 배우는 데 쓸 수 있으며, 앉기 패턴은 엎드린 자세에서 등으로 굴러가는 방법을 학습할 때도 실행할 수 있다.

이러한 정보와 움직임 유형은 다른 발달 시퀀스로 상호 교환되고 전이되며 통합된다. 예를 들어, 앉기 같은 특정 움직임이 완전히 형성되지 않아도 발달 경로상 후기 단계에 있는 움직임과 패턴은 형성될 수 있다. 이토록 더 발전된 패턴의 요소를 활용하면, 초기 요소의 추가적인 발달과 학습을 도울 수 있다.

7

움직임의 자유

"아이가 자유롭게 창의력을 발휘할 수 있는 것은
놀이 속에 있으며,
아마도 놀이를 통해서만 가능할 것이다."

도널드 우즈 위니컷 Donald Woods Winnicott

"우리는 충족되지 않은 욕구만큼만 궁핍하다."

존 볼비 John Bowlby

움직임의 조직화는 매우 개별적이다. 치료적 목표는 아이가 목적을 가지고 통제된 움직임에서 자신만의 조직화, 효율성, 명확성을 즐겁게 발견하고 개발하도록 동행해 주는 것이다. 탐색적 학습과 감각적 지각은 자신과 타인과의 접촉을 확립하는 중요한 수단이 될 수 있다. 움직임의 자유가 확장되면 언어적, 비언어적 의사소통과 정서적 기술 개발의 새로운 가능성이 열린다.

7.1 놀이, 무질서, 움직임 조직화

효율적인 움직임 조직화 움직임 조직화에는 무질서한 움직임 조직화와 효율적인 움직임 조직화가 있다. 움직임이 효율적으로 조직되면 쉽고, 매끄럽고, 물 흐르듯이 느껴지며, 무엇을 하고 싶은지, 어디로 가고 싶은지, 어떻게 가야 하는지 등 자신의 의도 실현이 복잡하지 않다. 반면, 무질서하게 조직된 움직임은 고르지 않고, 거칠고, 문제가 있으며, 큰 노력이 필요하고, 까다롭다. 이러한 움직임은 의도한 목표에 도달하지 못하거나 목표를 놓치거나, 문제를 일으키며, 구조가 부족하다(Feldenkrais, 1981; Van der Kolk, 2012; Edelman, 2001; Schonkoff & Phillips, 2000).

효율적으로 조직된 움직임 패턴은 스포츠 경기나 무용 공연을 보고 있을 때를 제외하고는 일반적으로 우리의 주의를 끌지 않는다. 그러나 움직임이 더 효율적으로 조직될수록 특정 선수나 무용수에게 더 주목한다. 스포츠, 무용, 연극에서 뛰어난 조직화를 보이는 사람들은 눈에 띄고 우리는 그들에게 매료되며, 그들의 수행 방식을 모방한다. 반면 어떤 움직임이 혼란스럽다면 그 움직임도 눈에 띄게 된다. 움직임이 혼란스러울수록 더 많은 주목을 받는다.

전형적인 발달 과정에서 처음 몇 해 동안은 아이에게 자발적이고 구조화된 효율적인 움직임 조직화가 나타난다. 그러면서 점점 더 많은 능력이 나타나고 형성된다. 아이는 점점 더 많은 의도를 가지게 되고 자신의 필요와 관심사를 깨닫고 성취할 수 있는 더 효율적인 방법들을 발견한다.

무질서한 움직임 조직화 무질서한 움직임 조직화는 특수 아동에게 매우 자주 나타나며 다양한 방식으로 관찰할 수 있다. 특정 방향으로 움직이는 데 필요한 노력이나 아이가 특정 움직임을 완수하려고 노력할 때 매번 다른 일이 발생하곤 한다. 팔과 손에 강직이 있는 아이를 예로 들자면, 그런 상황에 있는 아이는 손을 뻗어 물건을 잡으려고 의도할 수 있고 물건이 어디에 있는지 파악할 수 있다. 그러나 손과 팔이 움직이면 강직이 일어나 팔이 다른 곳으로 간다.

근 긴장 이상 아동처럼 움직임을 제어하지 못할 수도 있다. 많은 힘을 요구하는 움직임 때문에 근력 부족으로 혼란스러울 수도 있다. 골격이 무너지거나 힘이 제대로 전달되지 않아 명확한 방향을 유지하지도 못한다. 또는 아이가 구르려고 할 때 반사 움직임이 발생하여 머리는 한 방향으로, 어깨와 팔은 다른 방향으로 굴러가기도 한다.

알렉스의 사례

개별 움직임의 명확한 조직화

알렉스는 표현력이 매우 뛰어난 아이였지만, 자기가 원하는 바를 말로 표현하지 못했다. 혼자서 어떤 방향으로든 움직이려고 할 때마다 큰 힘을 줘서 움직이므로 방향과 의도가 혼란스러웠다. 알렉스의 움직임을 관찰할 당시 나는 알렉스가 무엇을 이루고자 하는지, 어떤 움직임을 하려는지, 어디로 이동하려는지 이해하기 매우 어려웠다.

알렉스의 모든 움직임은 매우 빠르고 엄청난 근력을 사용했다. 비언어적인 방법이었지만 그는 매우 상호 작용적이며 의사소통이 활발했다. 알렉스는 자신을 표현하고 주변 환경의 일원이 되고 싶어 했다. 그는 접촉을 시도하고, 다양한 톤으로 소리를 내고, 얼굴을 일그러뜨리며 자신이 가진 모든 수단으로 소통하려고 노력했다. 또한, 알렉스는 매우 친절하고 접촉에 관심을 보였다.

그러나 알렉스의 움직임을 보고 들은 사람들은 대개 그의 움직임에는 아무런 의미나 질서가 없으며 그저 시끄럽고 무의미한 소리만 내는 듯 느꼈을 것이다. 하지만 내 눈에는 알렉스가 자신이 원하는 방식으로 움직이려고 애쓰고 있지만, 신경학적 문제로 어려움을 겪고 있는 아이로 보였다. 알렉스의 근육은 매우 단단히 뭉쳐 있었고 관절은 서로 다른 방향으로 배치되어 있었다.

관찰 결과, 나는 알렉스에게 안정감과 차분함을 주고 다양한 움직임의 명확한 순서를 만들자는 목표를 세웠다. 누군가가 알렉스에게 '움직임을 실행'할 때 알렉스가 주의를 기울여 따라올 수 있도록 하기 위함이었다. 이 목표하에 세션을 진행하자, 알렉스는 차츰 이해해 갔다. 자신의 시스템에 방해받지 않고 어딘가로 움직이는 것이 가능하다는 사실을 말이다.

나는 알렉스가 자신의 외부 가이드 역할을 하는 사람을 전적으로 신뢰할 수 있고 움직임의 방향과 순서가 절대적으로 명확하다면, 알렉스가 움직임의 의미와 순서를 이해할 수 있는 수단을 갖게 되리라 여겼다. 당연히 자신의 의도를 명확히 한 채 움직임을 시작하고 따라갈 수 있는 능력을 키우는 데도 도움이 될 것이다.

나와 알렉스는 모국어가 달랐기에, 지속해서 언어적 연결을 유지하는 것이 필수적이었다. 나는 알렉스에게 필요하고 알렉스가 따라 할 수 있는 구체적인 움직임을 손으로 직접 보여 주고 안내하면서 등을 대고 누운 자세에서 옆으로 굴렀다가 다시 엎드리는 방법을 알렉스가 더 명확하게 이해하도록 도왔다. 처음에는 알렉스의 근육 긴장이 줄어들지 않았지만, 편안하고 가볍고 부드러운 방식으로 더 많이 반복하자 알렉스의 전체 시스템이 느려졌다. 그 결과 알렉스는 모든 특정한 움직임을 매우 명확하게 감지하고sense 느끼고feel 움직일move 수 있게 되었다. 순서는 일정하고 반복적이며 명확하게 유지해야 했다.

알렉스와 함께하는 세션은 여러 사람 앞에서 진행되었다. 알고 보니 그는 주목받기를 좋아했고 매우 즐기는 듯했다. 부드럽고 명확하게 안내를 받자, 알렉스의 전체 시스템이 점차 느려지고 부드러워졌다. 알렉스의 눈에도 특별한 평온함이 깃들고 매혹적인 표정이 나타났다.

30분 후 세션을 멈춘 알렉스는 혼자만의 시간을 가졌다. 그는 잠깐 조용히 누워 자신 안의 새로운 감각에 빠져들었다. 그런 다음 다시 빠르고 힘차게 움직였다. 알렉스의 움직임은 여전히 힘차고 경쾌하며 강했다. 그러면서도 평온한 상태에서 안내받은 모든 움직임을 재연하고 있었다. 그 때문에 모든 이는 넋을 잃은 채 알렉스를 바라보았다.

알렉스는 움직임의 순서를 정확히 따르지는 않았지만, 움직임 하나하나를 찾고 자신의 의도와 새로운 이해를 근육 조직과 골격의 도전에 맞추려고 노력했다. 알렉스의 표현력과 목소리는 점점 더 커졌고, 등에서 옆으로, 엎드려서, 다시 등으로 매우 명확하게 구르는 데 성공했다. 움직임이 성공하여 더 멀리 굴러갈 때마다 그는 행복과 만족감을 표출하며 사람들을 향해 큰 소리로 외쳤다.

"나를 봐요! 나 이제 할 수 있어요!"

"내가 해냈어!"

"나 할 수 있어요!"

알렉스의 특별한 행동 방식과 시스템의 신경학적 요구는 여전히 존재했다. 그러나 세션의 모든 과정을 통해 알렉스는 움직임의 의도를 이해하고 실현할 수 있게 되었다.

놀이를 통한 새로운 움직임 조직화 특수 아동이 움직임을 덜 혼란스러워하고 더 명확히 이해하려면, 매우 특별한 놀이 방식을 사용하여 상호 작용해야 한다.

아이들은 나이에 따라 정서적으로뿐만 아니라 인지적으로 다양한 형태의 놀이에 참여한다. 초기에는 혼자서 놀다가 점차 다른 사람과 적극적으로 상호 작용하며 놀게 된다. 이러한 접촉과 상호 작용은 결과에 직접적으로 초점을 맞추고 아이에게 많은 것을 요구하는 전형적인 치료적 접근 방식이 아니다. 오히려 다양한 유형의 상호 작용을 가능하게 한다. 이처럼 아이에게 놀이는 수단이 중요하며 결과는 배경으로 물러날 수 있는 환경을 제공한다.

특수 아동에게는 수단과 결과 모두 중요하다. 특수 아동은 신체를 쓰는 데 어려움이 있어 혼자서 또는 다른 사람과 함께 놀이를 시작하고 지속하기 매우 어려울 수 있기 때문이다.

수동적이든 능동적이든 놀이 참여는 그 자체로 수단이자 목적이기도 하다. 놀이는 두뇌 발달에 특별한 기능을 한다. 특수 아동과 세밀한 상호 작용 놀이를 진행해 보면, 아이가 움직일 때 혼란스러워하는 특정 부분에 명확히 초점을 맞출 수 있다. 그리고 일단 초점이 잡히면 혼란을 구조화하는 과정을 시작할 수 있다. 이러한 놀이 방식에서는 특정 움직임의 세부 사항에 초점을 맞추어 아이가 순서와 효율성을 만들도록 돕는다. 놀이가 자발적으로 이루어지는 동안, 특정한 기능적 움직임 능력을 향상시키기 위해 무작위로 보이지만 구조화된 방식으로 움직임이 제시된다. 이렇게 진행함으로써 아이는 전형적으로 발달하는 두뇌가 움직임과 행동을 복잡하고 효율적으로 조직화하는 과정을 어느 정도 모방할 수 있다.

개별적 질서를 허용하기 위에서 설명한 유형의 놀이는 아이가 자신이 무엇을 하고 있는지 또는 해야 할 일에 성공했는지 실패했는지 알 필요 없이 놀이에 집중할 수 있도록 도와준다. 이는 특수 아동의 움직임에서 발견되는 혼란에 체계적으로 접근하는 방법이다. 아이에게 무작위적이지만 구조화된 방식으로 필요한 특정 요소를 제공하면, 더 효율적인 조직화와 덜 혼란스러운 움직임의 질서가 쉽고 빠르게 나타날 수 있기 때문이다.

그 누구도 아이의 움직임에 질서나 조직화를 만들 수는 없다. 변화를 만드는 것은 아이의 뇌 그 자체이다. 치료사의 역할은 놀이 환경을 조성하고 무작위적이지만 구조화된 방식으로 움직임을 제공하여 아이의 뇌가 혼돈에서 질서를 만들기 위해 필요한 요소를 갖추도록 돕는 데 있다.

7.2 탐구와 발견: 치료적 학습의 주요 요소

감각 지각의 탐색적 학습 자아와 자신의 몸, 공간 환경을 탐색하고 발견하는 일은 초기 발달의 중요한 활동이다(Fogel, 2013; Feldenkrais, 1981). 이는 아이의 감각, 움직임, 인지적 및 정서적 세계를 발달시키는 데 중요한 역할을 한다.

아기는 움직임, 촉각, 후각을 통해 자기 몸과 타인, 주변 환경을 천진난만하게 탐색한다. 이러한 탐색은 처음에는 입과 손가락을 찾고, 손가락과 손의 상호 연결을 감지하고, 자기 얼굴·입·눈·코·귀·머리카락을 발견하는 등 우연적이고 무분별한 방식으로 이루어진다. 손과 손가락을 몸의 중심에서 멀리 움직였다가 다시 가까이 가져가기도 하고, 한 발을 다른 쪽 다리를 따라 미끄러뜨리면서 발과 발가락이 닿는 감각을 경험하기도 하며, 팔을 몸의 한쪽에서 다른 쪽으로 교차하며 무언가를 잡기 위해 손을 뻗는 움직임도 시도한다.

손을 사용하여 무언가를 입에 넣는 행위는 너무나 단순해 보여서 매우 당연하게 여겨진다. 우리가 매일 수행하는 활동 중에서 얼마나 많은 행동이 감각 운동 시스템의 다른 부분과 함께 손을 사용하는지 생각해 보라.

생후 첫 몇 달 동안 아기는 자기 손, 입, 눈을 사용할 수 있게 된다. 아기는 이러한 감각 기관을 자신과 다른 사람, 환경, 사물을 탐색하고 이해하는 데 쓴다. 부드럽고, 단단하고, 거칠고, 매끄럽고, 젖어 있고, 건조하고, 뜨겁고, 차갑고, 끈적거리고, 흐물흐물하고, 질척거리고, 가깝고, 멀고, 즐겁고, 불쾌하고, 가볍고, 무겁고, 고체와 액체 등의 다양한 감각과 질감을 손과 손가락 및 신체의 여러 부위에서 경험한다. 그렇게 일정 시간이 지나면 만진 것을 해석하는 법을 배우고 그것을 시각적으로 인식하고 다시 만났을 때 무엇을 기대해야 하는지 알 수 있는 능력이 생긴다.

물체를 명확하게 인식하려면 여러 번 만져 보고 탐색해야 한다. 그리고 대개 탐색에는 후각, 촉각, 시각 시스템이 동시 작용하는데, 물건을 잡고 밀고 당기면서 무게, 거리, 사용된 힘의 감각을 느끼고 계산하며 알게 된다. 사물이 바로 옆에 있지 않을 때 그것을 가져오는 데 필요한 거리를 이해하는 일도 이러한 탐색과 발견 과정의 일부이다.

특수 아동에게 초점을 맞추게 되면 무게, 거리, 밀도, 질감 등의 감각에 관한 탐색적 학습이 얼마나 중요한지 알 수 있다. 손에 힘이 너무 많이 들어가 손을 입으로 가져갈 수 없거나 다른 신체 부위를 만지고 탐색할 수 없는 강직성 아동이나 팔에 힘이 없어서 팔을 들어 올리거나 움직이지 못하는 저 긴장성 아동을 생각해 보면 된다.

손으로 이해하기 아이에게 탐색과 발견의 과정을 제공하는 일은 치료적 학습 상황에서 필수적이다. 이는 움직임과 감각 영역에 도움이 될 뿐만 아니라 아이의 인지 발달에도 직간접적으로 도움을 준다.

손은 이해, 지식, 표현의 주요 원천이다. 손과 손가락을 탐색과 조작 및 표현의 도구로 사용해 본 적이 없는 아이는 발달 학습과 성장의 많은 부분을 놓치게 된다.

다니엘의 사례

호기심으로
자기 팔다리를 발견하기

다니엘은 강직성 뇌성마비를 앓고 있는 여섯 살 소년이었다. 다니엘의 손은 구부러지고 비틀어져서 다니엘은 자기 손목과 팔뚝의 뒷면만 볼 수 있었고 엄지손가락은 안쪽으로 들어간 채 주먹을 쥐고 있었다. 이 자세가 계속 유지된 탓에 다니엘은 손을 펴거나 손가락을 움직일 수 없었다. 비록 말은 못 하지만, 다니엘은 큰 눈과 쾌활한 태도를 가진 아이였다. 또한 주의 깊고 의사소통이 활발했다.

다니엘의 허리는 충분히 발달하여 있었고, 발을 바닥에 대고 앉은 자세를 유지할 수 있을 만큼 충분한 힘과 톤을 가지고 있었으나, 몸을 왼쪽이나 오른쪽으로 너무 많이 기울이면 균형을 잃었다. 그러나 다니엘은 제때 반응하여 손등과 손목을 재빠르고 효과적으로 테이블 위에 올려놓아 몸의 균형을 회복해 다시 똑바로 앉을 수 있었다. 다니엘에게는 이것이 바로 자기 손이었고 스스로 배운 손의 사용 방식이었다.

다니엘은 자신의 움직임 요소를 제어하는 능력과 이해력을 가지고 있었지만, 어떤 이유에서인지 손가락과 손목을 펴고 돌리는 방법을 배울 기회가 없었다. 6년 동안 비틀어지고 닫힌 상태로 손을 쓴 다니엘이 감각과 움직임의 측면에서 어떤 내적 이미지를 개발했는지 생각해 보니 몹시 흥미로웠다.

내가 다니엘의 팔뚝을 돌려 다니엘이 자기 어깨 관절을 움직일 수 있게 해 주자, 다니엘은 기분 좋은 반응을 보였다. 거기서부터 손목을 돌리고, 비틀고, 구부리고, 곧게 펴기를 시작할 수 있었다. 이 작업이 완료되었을 때 다니엘의 표정은 아주 황홀했다. 그 후에도 몇 번의 세션을 통해 느리지만 확실하게 다니엘에게 손바닥을 얼굴 측면에 닿게 하는 방식을 보여 줄 수 있었다. 다니엘은 이런 경험이 처음이었기에 움직임을 수동적으로 진행했다. 그래서 다니엘은 자기 손인데도 남이 자기를 만지는 듯한 반응을 보였다. 다니엘은 그가 누구인지, 왜 이런 일이 벌어지고 있는지 모르는 탓에 약간 불안해하고 당황한 듯했다. 그러던 어느 순간, 앞에 있는 자기 손을 직접 발견했을 때 다니엘은 팔목, 손, 팔뚝을 돌리는 행위에 능동적으로 참여하게 되었다. 지금 자신이 움직이고 있는 손이 실제 자기 손이라는 사실을 인식한 것이었다.

그 사실을 발견하고 인지하자 다니엘은 더는 주저하거나 조심하지 않았다. 그는 자기 손을 뺨에 대 보았으며, 나중에는 적극적으로 자기 뺨과 얼굴을 흥미롭게 탐구했다. 이는 다니엘이 자신을 새롭게 열어 가는 경험이었으며 손과 손가락 사용에 관한 관심이 폭발적으로 커지는 계기가 되었다.

물론 다니엘의 강직은 사라지지 않았다. 그러나 다니엘은 자기가 원하는 방향대로 움직일 수 있게 되면서, 처음에는 수동적으로 나중에는 기분 좋고 편안한 방식으로 손, 손목, 손가락을 제어하는 데 필요한 움직임 감각을 능동적이고 다양한 방식으로 발전시켰다.

7.3 자유로운 움직임의 기쁨

도전과 좌절 많은 특수 아동은 움직여야 할 때마다 도전과 맞닥뜨려야 하며, 어려움을 느낀다. 그래서 손 뻗기, 옆으로 구르기, 앞으로 기어가기, 의자에서 일어나 걷기와 같은 시퀀스를 수행하려고 할 때 좌절감이 생길 수 있다. 움직이려는 흥미와 동기는 있지만, 의도가 부분적으로만 실현되거나 전혀 실현되지 않을 수도 있다(그림 7.1). 그들이 무언가를 시도하고 싶은지 심지어 무엇을 해야 하는지 정확히 알고 있어도, 뇌와 근골격계 사이를 잇는 연결 시스템이 다른 메시지를 받기 때문이다.

일부 특수 아동은 같은 동작을 같은 방식으로 두 번 반복할 수 없다. 이럴 때는 성취하고자 하는 목표와 의도가 명확하더라도 시도할 때마다 결과가 달라진다. 이는 아이에게 매우 실망스러운 일이다. 이러한 좌절감을 주변 사람이 이해하지 못한다고 느낄 때 아이의 심정은 더욱 복잡해진다. 심지어 분노로 변할 수도 있다. 자아 감각이 있는 어른으로서, 우리가 당연하게 여기는 단순한 일을 아무리 노력해도, 아무리 여러 번 시도해도 성취하지 못하는 심정이 어떨지 우리는 온전히 이해하기 어렵다.

기쁨과 자기-효능감 새로운 움직임의 자유와 능력을 인지했을 때 느끼는 기쁨과 환희는 특수 아동이 접할 수 있는 매우 큰 경험

중 하나다. 그럴 때면 아이들은 매우 행복해한다. 때로는 기쁨에 겨워 히스테릭하게 낄낄거리기도 한다.

뇌와 신체에 새로운 연결이 형성되면서 새로운 활력이 생기는 모습을 목격하는 것은 실로 놀라운 경험이다. 그리고 이러한 경험을 자주 할수록 아이는 '나는 존재한다', '나는 할 수 있다', '나는 하고 싶다'라는 감각을 갖게 된다. 수천 개의 신경 연결이 아이의 뇌에서 새로운 생명력으로 활기를 띠며 서로 연결되고 함께 점점 더 강해진다.

움직임의 더 많은 자유를 경험하는 기쁨은 아이가 자아와의 관계를 개선하는 데도 도움이 된다. 아이가 움직임의 세계에서 점점 더 자기 자신이 되어 감을 느끼고 자율적인 인간이라는 감각을 더욱 강화해 준다.

어떤 환희의 순간은 아주 작은 새로운 연결, 성취, 호기심에서 비롯된다. 때로는 큰 돌파구에서 비롯되기도 한다. 이러한 요소와 기본 구성 요소의 출현이 크든 작든 상관없다. 격려를 받으면 받을수록 아이는 진보와 진화 및 개선의 연속선상에 있는 자신을 발견한다. 그러면서 할 수 없다는 것보다 할 수 있다는 것을 더 많이 느끼고 감지하게 된다.

움직임에서 느끼는 기쁨은 아이의 자아 이미지를 전체적으로 향상한다. 그리고 나는 무능력하지 않으며, 가능성이 가득하며, 삶의 방향을 주체적으로 정할 수 있으며, 자유를 향해 나아가고

그림 7.1 팔꿈치와 팔뚝의 전진 동작

있다는 메시지를 아이에게 전달한다. 이러한 아이의 자기-인식은 '나는 할 수 없어', '나는 절대 할 수 없어', '나는 그럴 가치가 없어!'라는 무기력한 상태에서 '나는 해냈어!', '나는 할 수 있어!', '나는 가치가 있어!'라는 긍정적 상태로 아이를 바꿀 수 있다.

자존감, 자기-가치, 자기-존중, 자부심은 심리적 상태일 뿐만 아니라 신경 생물학적으로도 필수적인 요소이다. 이러한 요소들은 아이에게 움직임에서의 더 많은 자유와 기쁨에 관한 관심을 불러일으키는 강력하고 긍정적인 힘이 된다. 전형적으로 발달하는 아이들에게는 당연하게 여겨지는 이 개념은 특수 아동의 이론과 실천적 영역으로 전이되어야 한다.

그림 7.1 세 장의 사진에서 관찰해야 할 중요한 점은 왼쪽 팔꿈치와 팔뚝, 왼쪽 어깨 관절과 머리의 위치가 상호 작용하고 있다는 점이다. 아이는 왼쪽 팔뚝과 팔꿈치를 사용하여 몸을 앞으로 당기며 움직이고 있다.

사진 a 왼쪽 팔꿈치와 팔뚝은 왼쪽 어깨 관절 앞에 있고, 머리는 똑바로 세운 상태로 팔꿈치와 팔뚝 뒤에 있다.

사진 b 팔뚝, 팔꿈치, 머리와 어깨 관절의 위치가 변경되었다. 팔뚝과 팔꿈치는 어깨 관절 바로 밑에 있고 머리는 왼쪽 어깨 관절, 팔꿈치, 팔뚝보다 더 앞으로 나와 있다.

사진 c 왼쪽 팔꿈치와 팔뚝은 왼쪽 어깨 관절 뒤에 있고 머리는 왼쪽 어깨 관절, 팔꿈치, 팔뚝 앞에 있다.

7.3.1 비언어적 의사소통 및 자기-조절

비언어적 의사소통 자신을 조절하는 방법은 인생의 초기에 다른 사람을 통해, 다른 사람과 함께 배운다. 특히 유아기에는 거의 모든 행위(심박수, 호흡 리듬, 수면, 식사 등)의 조절에 다른 사람의 도움이 필요하다. 기분과 활동의 리듬을 조절해 줄 누군가도 필요하다.

다시 말해, 유아기에는 다른 사람과 접촉하고, 접촉을 유지하고, 연결이 끊어졌을 때 다시 연결하는 방법을 포함하여 다른 사람과 연결하는 방식과 관련한 지원과 조절이 꼭 필요하다(Schore, 1994; Feldenkrais,1981; Hüther, 2006, 2018).

아기들은 최소 18개월 이전에는 언어적으로 의사소통을 할 수 없기에 비언어적 방법으로 자신의 요구를 전달한다. 민감한 부모나 보호자는 이러한 비언어적 신호를 들었을 때 아이가 전달하는 요구에 어떻게 반응할지 어떤 식으로 아이를 충족시켜야 하는지 알고 있다.

의사소통은 소리, 표정, 몸짓을 통해 이루어진다. 아이가 언어적 의사소통을 배운 후에도 비언어적 의사소통은 평생 다양한 방법으로 일상생활에서 지속해서 이루어진다.

비언어적으로 이해받는 느낌 특수 아동도 비언어적으로 의사소통을 한다(Knapp, Hall & Horgan, 2007). 그러나 특수 아동의 몸은 종종 자기가 원하는 대로 움직이지 않기에 비언어적 영역에서 명확한 의사소통을 하기 더 어렵다.

비언어적 영역에서 특수 아동의 말에 귀를 기울이고 그 요구에 응답할 수 있는 주변인의 존재는 특수 아동에게 정말 큰 선물이다. 자기 말을 들어 주고, 알아주고, 봐 주는 사람들을 통해 소속감을 느낄 수 있기 때문이다. 자기만의 독특한 방식으로 자신을 표현할 때 누군가가 귀 기울여 듣고 있는 상황이란 특수 아동에게는 매우 구체적인 감각적 경험이다.

성인인 우리도 비언어적 소통을 하곤 한다. 예를 들어, 나를 힘들게 하는 깊은 고민이 있을 때 내가 굳이 입 밖으로 그 고민을 꺼내지 않아도 나와 함께 있는 친밀한 파트너나 가족, 친구들이 내가 무엇인가로 힘들어하고 있음을 알아차리지 않는가!

우리는 굳이 말로 표현하지 않아도 내가 하고 싶은 말을 상대가 '듣고' 있기를 원한다. '말하지 않아도 상대방이 알아야 한다'라는 생각 때문에 말로 하는 표현의 가치가 낮아진다는 느낌마저 받는다. 그들이 우리를 보고 우리를 안다면, 말하지 않아도 우리가 전달하는 내용을 '이해'해야 한다는 것이다.

움직임을 통한 접촉 형성 우리 몸의 요구에 귀 기울이는 방법을 이해하고, 내면과 외면의 여러 측면을 조절하는 방법을 배우는 일은 매우 중요하다. 이를 위한 한 가지 방법은 움직일 때 자신의 요구에 귀 기울이는 방법을 배우고, 비언어적 영역에서 내면의 소통을 통해 자신과 함께하는 것이다.

우리는 종종 혼자 조용히 있으려고 할 때 내면의 대화를 많이 한다. 그리고 움직임을 통해 자기-경청과 자기-학습이라는 감각 운동 영역에 들어가 자신의 다른 부분에 주의를 기울이는 매우 독특하고 중요한 방법을 습득하게 된다.

움직임을 통해 자기를 기분 좋게 하는 방법과 자기에게 필요한 바가 무엇인지 듣는 방법과 관련해 향상된 감각은 우리가 특수 아동과 움직임을 통해 '연결'되는 주요 구성 요소이다.

움직임을 통한 소통 이러한 연결이 움직임이라는 비언어적 매체를 통해 이루어지면, 아이와 우리 모두의 시스템에 강력하고 깊은 영향을 미친다. 아이가 움직임을 통해 즐거운 감각을 느끼면 뇌 일부가 깨어나 긍정적인 감각을 만들어 내는 화학 물질을 방출하기 때문이다.

뇌가 생산적인 방식으로 발달하려면 이러한 감각이 형성기 동안 매우 높은 수준으로 필요하다. 그러나 특수 아동의 몸은 전형적인 발달 아동과 달리 그 일을 스스로 할 수 없다. 이를 달성하려면 다른 사람의 도움이 필요하다. 이것이 뇌와 자아의 능력이다(Ellingsen 외., 2016).

삶의 초기에서 자신과 타인과의 연결을 잃은 뒤 다시 연결하는 일과 우리의 감정과 그 감정의 의미를 이해하는 일은 타인과 함께 그리고 타인을 통해 이루어진다. 누구나 자기-균형을 잃을 수 있으며 이를 되찾는 방법을 배워야 한다.

우리가 연결을 잃는다면, 우리는 그 사실을 우리 자신과 몸 안에서 인지한다. 그러니 일단 우리 자신과 연결되는 법을 배워 놓았다면, 우리는 다시 돌아와 자신과 더 연결된 느낌을 찾아낼 수 있다. 결과적으로 다른 사람들과도 연결이 이루어진다.

어린 시절 우리는 타인과 어울리며 이러한 연결의 감각뿐 아니라, 우리가 누구인지, 어떻게 존재하는지 등등 자신의 존재와 상태를 느끼는 법을 배운다. 그래서 이 감각을 잃으면, 이것을 되찾을 수 있도록 도와줄 수 있는 사람을 찾게 된다. 이러한 자아 감각은 몸에 기반한 감각적 정서적 경험이다.

우리의 모든 감각 안에는 자아 감각이 있으며 우리는 그것을 인지하는 방법을 알고 있다. 자아 감각은 아주 초기에 내면화되며, 자기-조절에 어려움이 생기면, 전문적 도움을 구할 수도 있다 (Heller & LaPierre, 2012; Hüther, 2006; Krauss, 1988; Schore, 2012; Feldenkrais, 1985).

7.3.2 상호 작용과 움직임을 통한 정서 능력 개발

정서와 감정 정서적 학습은 치료적 학습 세션 중에도 이루어진다.

상호 작용 학습 상황에서 빼놓을 수 없는 부분은 아동의 움직임과 감정이 다른 사람과 상호 작용하는 방식이다. 정서는 대인

관계적이고 상호-관계적이다(Stern, 1985; Hüther, 2006; Krauss, 1988; Van der Kolk, 2012). 신체적 표현이며 외적, 내적 자극에 대응하는 신경 생리학적 반응이다.

정서적 삶은 여러 가지 연속적인 신체 반응 및 조절과 관련되어 있다. 자아-인식과 정서와 관련한 개인적인 경험은 우리가 감정이라고 부르는 데서 절정에 이른다(Damasio, 2013).

정서적 학습 유아기 아주 초기의 정서적 학습은 주 양육자 및 다른 가족 구성원과의 상호 작용을 통해 이루어진다. 또한 초기의 정서적 학습은 문화적으로도 많은 영향을 받는다.

아이가 성장함에 따라 사회적-정서적 상호 작용의 범위도 커진다. 상호 작용 학습 상황에서 이런 상호 연결 요소는 아이가 자신에게 주의를 기울이고 자신이 느끼는 것을 발견하도록 도와준다. 이는 감정을 통해 자신을 알아 가는 또 다른 방향이기도 하다.

결국 아이들이 자신을 이해하는 방법과 움직임을 통한 상호 작용을 학습하는 동안 사회적 상호 작용과 참여를 이해하고 해석하는 방법을 찾을 수 있는 것이다. 움직임에 변화가 일어나 움직임이 더 쉬워지고, 더 실현 가능해지며, 더 즐거워지면 아이의 감정 조절에도 분명히 효과가 있다.

미러링 학습 경험 상호 작용 움직임 학습 경험에서 아이의 정서 상태를 아이에게 다시 반향하는 일은 중요하지만, 이는 매우 어려운 작업이다. 상호 작용이 이루어지는 움직임의 순간에 동시 발생하는 협력적 반응과 상호 작용을 통해 이루어지기 때문이다. 이를 통해 아이는 자기 자신과 새로운 접촉을 하게 된다.

아이는 움직임을 수행하는 독특한 방식과 다른 사람과의 접촉을 감지하는 동시에 자기감정을 직접적이고 생동감 있게 경험한다. 이는 복잡한 다기능적 발달 과제이다.

이러한 유형의 학습에서 상호 작용이 효과적으로 이루어지려면, 아이에게는 높은 수준의 주의력이 필요하고 아이와 상호 작용하는 파트너는 높은 기술적 수준을 갖추고 있어야만 한다.

변형을 통한 상호 작용 움직임에서 정서적 어조와 흐름을 다양하게 변화시키면 아이의 상호 작용 행동이 성장한다. 또한 아이의 사회적 접촉과 교류 발달에도 도움을 준다. 아이에게 자아에 관한 더 나은 감각을 제공하기도 한다.

많은 특수 아동은 폭넓은 행동적 상호 작용 기술 레퍼토리를 전형적인 발달 아동만큼은 가지고 있지 않다. 단순히 그들이 만나서 관계를 맺고 상호 작용할 수 있는 아이의 수가 제한되어 있기 때문일지도 모른다.

자기-주의, 마음 챙김, 정서적 자아와 감정 경험이 증가하면 아이의 의사소통 기술은 더욱 성장하고 발달할 수 있다. 상호 작용에서 비언어적이든 언어적이든 아이의 말을 들어 주고 이해하려고 애쓰는 태도는 모든 아이에게 중요하며, 특수 아동에게는 더욱 중요하다.

7.3.3 불쾌한 과거 경험 다루기

부정적 경험 존중하기 이전의 불쾌한 경험과 유사한 새로운 상황은 종종 아이에게 주저함, 불안, 걱정을 불러일으킨다.

일부 특수 아동은 매우 어릴 때부터 불쾌한 경험을 겪을 수 있다. 처음 병원에 입원했을 때나 주 양육자와의 경험에서, 또는 아이의 불편함을 고려하지 않은 치료를 받았을 때 흔히 발생한다. 일부 아이는 매우 불쾌하거나 고통스러운 방식을 경험한다. 이런 경험으로 아이는 어른과 새로운 상황을 당연히 불안해하고, 주저하며, 걱정하고, 경계하며, 의심하게 된다.

긍정적 경험 제공하기 이전의 경험적 접촉이 어떻게 아동의 반응을 형성하는지 이해하고 인정하는 일은 매우 중요하다.

치료적 학습 상황에서 긍정적이고 즐거운 경험을 제공하는 것은 이전에 불쾌한 경험을 한 아이와 그 가족에게 주는 선물이다. 이는 내 생각과 작업 방식 및 가르침의 핵심이며 최우선 순위이다. 아이를 만날 때는 반드시 이 점을 염두에 두고 실행할 방법을 찾아야 한다.

매슈의 사례

안전한 장소에 있기

매슈는 의사소통은 활발하지만, 말을 잘 못하는 아이다. 매슈를 처음 만났을 때 나는 매슈의 근 긴장도가 낮고 제어 능력이 거의 없다는 인상을 받았다. 매슈는 종종 반복적인 손동작을 많이 했는데, 매슈가 나한테 오기 전에 매우 힘들고 불쾌한 경험을 많이 했다는 사실을 들었다.

그러나 나는 움직임 면에서는 매슈와 함께 일하는 것이 어렵지 않을 듯했다. 되레 정서적인 측면으로 매슈와 접촉할 때 매 순간 아이가 완전히 안심할 수 있도록 하려면 어떻게 할지가 걱정이었다. 그래서 나는 매슈와 함께하는 모든 순간에 매우 느리고 세심하게 주의를 기울였다. 이렇게 극도로 주의를 기울여야 하는 아이는 처음이었다. 나는 움직임의 모든 변화, 모든 종류의 접촉, 목소리 톤과 리듬 조절에 주의를 기울였다.

매슈는 종종 여러 가지 소리를 냈다. 때로는 의사소통을 시도하는 듯했고, 때로는 소리와 음정에 아무런 의미가 없는 듯도 했다. 매슈는 마음에 들지 않는 일이 생기면 울음부터 터뜨렸고, 부모와 함께 시간을 보내야만 다시 평온한 상태로 돌아왔다.

그런 매슈를 보며, 나는 매슈가 접촉으로 비롯된 불쾌한 경험을 한 것 같다는 생각이 들었다. 그 접촉은 강하거나 부드럽거나, 안정적이거나 주저하는 유형일 수도 있었다. 움직이는 방향이나 공간의 위치일 가능성도 있었다. 그 탓에 나는 무엇이 매슈를 방해하고 물러나게 하고 흥분하게 하는지 분간하기 어려웠다. 그럴 때마다 나는 매슈와 다시 연결되고 나를 향한 매슈의 신뢰를 회복하기 위해 처음부터 다시 시작해야 했다.

매슈와 함께 작업하면서, 나는 세션의 매 순간 매슈와 어떻게 연결될지, 또 그 연결을 유지할지를 빠르게 발견해 갔다. 나는 아주 차분한 목소리로 천천히 말했고, 내가 할 모든 일을 설명하며 노래를 불러 주었고 휘파람도 불었다.

매슈가 내 말을 이해하는지는 내가 사용하는 목소리의 리듬과 어조를 듣는 것만큼 중요하지 않았다. 내가 매슈를 움직이게 하는 '터치와 손의 활용 방식'이 '내 목소리의 리듬과 어조'와 어떻게 연결되는지가 중요했다. 이런 접촉은 우리 둘은 물론 그 방에 있는 다른 사람에게도 명상적으로 평온함을 안겼다.

매슈는 자기가 안전하고, 내가 자기 말을 온전히 들어 준다고 느꼈을 때 매우 침착해지고, 수용적 태도를 보이며, 편안해졌다. 동시에 깨어 있고 몰입했다. '차분하게 몰입하는 상태'는 '순식간에 화를 내고, 위축되고, 비참여적인 상태'와 비교했을 때 미묘한 차이가 있었다.

수용적 상태가 되면 나는 매슈와 더 많은 움직임의 방향을 찾을 수 있었다. 나와 매슈는 패딩으로 둘러싼 매우 편안한 의자에서 세션을 진행했다. 매슈가 안정감을 유지할 수 있도록 하기 위해서였다.

처음 몇 차례의 세션 동안 매슈가 내 말을 이해했는지는 불분명했다. 매슈가 공간에서 방향이나 신체 부위를 알고 있는지도 확신할 수가 없었다. 다섯 번째 세션에서야 나는 매슈가 나를 아주 잘 이해하고 있음을 분명히 알아챘다. 매슈에게 손을 비틀지 말고 내 어깨에 손을 얹어 달라고 부탁했을 때 일어난 일 덕분이었다. 매슈는 아주 명확하게 그걸 해냈다.

"매슈, 이번에는 팔걸이 앞쪽에 손을 올려 길게 뻗어 볼래?"

나는 추가로 요청을 했다. 그리고 매슈의 손이 미끄러지지 않도록 내 손으로 부드럽게 덮어 주고 매슈가 앞으로 앉을 수 있도록 격려했다. 여러 번 격려를 받자 매슈는 결국 해냈다.

시간이 좀 걸렸지만, 믿을 수 있는 안전한 장소를 제공받은 매슈는 더 이상 두려워하지 않았다. 그 덕분에 매슈는 트라우마에서 더 자주, 더 오랜 시간 동안 벗어날 수 있었다. 또한 우리 사이의 유대감이 강해지자, 매슈는 자신이 하는 일과 관계에 관해 기쁨의 웃음과 환희를 터뜨리곤 했다.

매슈의 사례는 어떤 종류의 움직임이든 그것을 도입하기 전에 완전한 접촉, 전적인 관심, 절대적 신뢰가 중요하다는 점을 잘 보여 주고 있다. 이러한 작업 방식은 매슈가 더 쉽게 앉고, 손을 사용할 수 있게 되고, 무릎으로 기고, 앉은 자리에서 일어나 마침내 서서 걸음을 내디딜 수 있게 해 주었다. 매슈는 과거의 불쾌한 경험을 극복하고 현재에 존재하며 앞으로 나아갈 수 있었다.

유쾌하고 긍정적인 경험의 가치는 단기적으로나 장기적으로 과소 평가될 수 없다. 반복적으로 불쾌하고 고통스러운 경험을 할 때와 즐거운 경험을 할 때의 신경계 전체는 완전히 다른 방식으로 반응한다(Feldenkrais, 1972; Stern, 1985; Heller & LaPierre, 2012; Hüther, 2006; Van der Kolk, 2012; De Waal, 2009).

이 주제는 치료적 학습과 돌봄에서 점점 더 중요한 주제로 주목받고 있다. 그리고 학습과 돌봄의 모든 측면에서 긍정적 경험이 신체적 · 정서적 · 정신적으로 아동의 학습 · 성장 · 발달에 지대한 영향을 미친다는 이해와 수용이 다행스럽게도 점점 증가하고 있다.

8

개별성

"우리가 있는 그대로
사랑받을 수 있다는 사실을 아는 것은
가장 건강한 사람으로 성장할 수 있는
최상의 기회를 우리 모두에게 제공한다."

미스터 로저스 Mister Rogers

발달 타임라인의 개별 조정은 특수 아동이나 발달이 지연된 아동에게 도움을 줄 수 있다. 능력을 습득하는 시점(the when)보다 더 중요한 것은 발전할 수 있는 잠재력이다. 그러려면 잠재력이 무엇인지 명확하게 정의해야 하며 이를 달성하는 방법(the what and the how)도 명확해야 한다. 그리고 아이의 서기와 걷기를 너무 오래 기다리지 않는 것이 중요하다. 서기와 걷기는 골격, 근육, 움직임 패턴 및 신경망 발달을 자극할 뿐만 아니라 자존감과 세상을 향한 이해를 향상시킨다. 또한 근골격계가 중력에 적응하면 더 효율적인 움직임 조직으로 이어진다. 아이의 개별적 특성을 이해하고 존중하며 적절한 보조 기구 사용을 고려하는 일도 매우 중요하다. 더불어 아이의 (가족) 환경을 무시해서는 안 된다. 아이와 가족의 모든 측면을 이해하고 존중하는 마음으로 접근해야 한다.

8.1 타임라인 조정하기

전형적 우려 아이를 데리고 처음 방문한 부모는 내게 종종 토로하곤 한다.

"우리 아이는 아직 뒤집지도 못하고 너무 뒤처져 있어요."
"지금쯤이면 기어다녀야 하는데…."
"나이에 맞게 앉아야 해요."

또는 강한 우려를 비추기도 한다.

"우리 아이는 아직 서지 못하는데 언제쯤 서게 될까요?"
"우리 아이는 언제쯤 걸을 수 있을까요?"

그러나 부모의 이런 반응은 당연하다.

전형적으로 발달하는 아이의 표준 타임라인을 고려할 때 궁극적으로 일어서고 걷기까지의 다양한 발달 움직임 시퀀스와 자세를 관찰할 수 있는 18~20개월의 특정 기간이 있다. 그러나 특수 아동을 관찰하고 평가할 때는 다른 관점에서 발달 타임라인의 여러 측면을 재고하고 검토해야 한다. 이를 통해 아동의 학습, 발달, 성장을 돕는 방법을 쉽게 이해할 수 있다. 특수 아동을 전형적으로 발달하는 아동의 타임라인에 맞추려고 집착하면 특수 아동의 특별한 요구를 파악하기 더 어려워질 뿐이다.

개별적 발달 계획 세우기 우리 문화에서 타임라인을 맞춘다는 것은 학교 프로젝트나 직장에서 마감 기한을 지키는 일과 거의 같다. 정해진 시간 안에 도달해야 하는 명확한 목표가 있고 다른 사람이 볼 수 있도록 제출해야 한다. 마감일이 가까워질수록 압박감이 커지고, 프로젝트를 완료하지 못하면 스트레스는 더 늘어난다. 본인뿐만 아니라 주변 사람들도 스트레스를 느끼고, 모든 것에 영향을 끼친다. 그러다가 프로젝트 목표를 달성하지 못하면 실패를 경험하며, 이 때문에 자신이 실패자라고 느끼게 된다. 이러한 실패는 종종 승진과 새로운 직장, 좋은 성적을 얻지 못하는 결과를 초래한다.

특수 아동의 자발적 학습 발달 속성을 더 적절하게 파악하려면 타임라인을 재정의하는 편이 좋다. 초기 능력을 학습하는 시기는 모든 아이마다 다르지만, 객관적 어려움이 있는 특수 아동은 더욱더 다르다. 특수 아동은 새로운 능력과 기술을 학습하고 습득하는 속도가 저마다 다르기 때문이다.

능력 발달의 진전 방향은 모든 아이에게 같지만, 적절한 타임라인을 찾는 일은 각 특수 아동마다 다르다. 아이가 배우고, 성장하고, 발달할 수 있다는 목표와 관심사는 같지만, 그 경로와 타임라인에 차이가 있음을 분명히 인식해야 한다.

목표 정의하기 특정 아이의 타임라인을 재정의하고, 재평가하고, 재수립하려면 먼저 우리가 달성하고자 하는 목표가 무엇이고 어떻게 달성할지 이해하는 게 우선이다. 그리고 무엇을 할지와 어떻게 할지, 두 가지 측면이 중요하다. 이것은 우리가 희망하고 달성된 진전을 평가할 수 있는 관점을 제공한다. 이러한 진전은 완전히 새로운 움직임이나 움직임의 요소, 새로운 능력이나 기술, 또는 특정 능력이나 기술의 요소일 수 있다. 또한 새로운 기술이나 정서적·사회적 능력의 감각이 발달하는 과정일 수도 있다. 명확하고 잘 정의된 타임라인은 전형적인 발달 스펙트럼에서 언제 무엇이 나타나야 하는지 보여 준다. 특수 아동의 예에서는 언제 그리고 어떻게 해야 하는지 명확하게 정의되지 않는다. 무엇을, 언제, 어떻게, 어떤 아이를 대상으로 하는지에 따라 다르고 이에 관한 모든 측면이 타임라인 평가의 중요한 요소가 되기 때문이다.

개별 리듬 찾기 특수 아동의 경우, 특정 시간 안에 반복적으로 새로운 것이 나타나고 형성되면, 그 아이는 발달이 진행되고 있다고 말할 수 있다. 이러한 진전은 일관성이 있고 명확해야 한다. 이것이 눈에 띌 정도가 되면 새로운 움직임과 움직임의 요소뿐만 아니라 새로운 행동 패턴과 사회적 정서적 능력이 리드미컬하게 나타나는 것을 더 명확하게 볼 수 있다. 각각의 새로운 움직임,

감정 표현 및 행동은 아이의 진전 속도를 정의할 수 있으며, 발달 진행 척도상에서 특정 아이를 위한 타임라인을 개발하는 데도 도움이 된다.

성인을 위한 타임라인 재조정하기 타임라인 재조정은 움직임을 통한 자기-학습 과정에 참여하는 성인에게도 의미 있는 주제다. 성인은 자신의 '문제'를 '고쳐야' 할 것으로 인식하며 문제를 빨리 해결하여 이전으로 돌아가고 싶어 한다. 이는 마치 정비소에 자기 몸을 맡기는 것과 같다.

개인적인 변화 과정이 매우 개별적으로 시간에 걸쳐 일어난다는 아이디어는 무언가가 '나아지거나' '치유'되어야 한다는 고정관념을 내려놓기 위해 중요하다. 성인의 긍정적 변화와 향상은 새로운 상황에 맞춰 조정하는 과정이다. 또한 우리가 가지고 있다고 생각하는 '어려움'이 우리가 만든 움직임이나 행동 방식임을 깨닫는 것이다.

다양한 변화와 발전이 일어나려면 자기-학습에 열려 있어야 한다. 움직임을 통한 자기-학습이 생겨나려면, 자신을 향한 주의 깊은 관찰과 자기 행동 방식, 개인적 태도 및 변화 능력을 알아야 한다. 어떤 사람들은 이를 마음 챙김 또는 자각이라고 부른다(Fogel, 2013; Hüther, 2006, 2018).

8.2 직립 자세의 중요성

직립 자세의 장점 아기가 스스로 몸을 일으켜 세우고, 혼자 서 있으며, 물건을 잡고 이동하고, 마침내 독립적으로 걸음을 내딛는 모습을 지켜보는 일은 놀라운 경험이다(**그림 8.1**). 그리고 서서 걷는 능력의 점진적 발달은 10~18개월에 걸쳐 여러 단계의 움직임을 단련한 후에 이루어진다. 이 놀라운 기간은 훗날 아이의 발달과 주변 환경 및 사회와 맺는 관계를 위한 매우 중요한 측면을 포함하고 있다. 아이가 직립하기 이전에 보이는 모든 단계는 그 자체로 중요하지만, 직립 자세는 다른 어떤 자세에서도 습득하거나 발달할 수 없는 많은 필수적 특징을 가지고 있다(Bainbridge-Cohen, 1994; Feldenkrais, 1981, 1949; Hadders-Algra & Carlberg, 2008).

직립 자세가 아이에게 주는 이점은 다음과 같다.

- 더 높은 눈높이에서 세상을 바라보기: 무엇보다도 직립 자세는 아이에게 다른 시야를 제공한다. 아이가 등을 대고 누운 상태에서 시작하여 서서히 직립할 때까지의 발달 단계는 아이의 시야와 원근감이 점점 더 높아지는 시기이다. 성장하는 아이는 각 단계가 진행될 때마다 주변 세상을 더 높고, 더 넓고, 더 풍부하게 볼 수 있게 된다.
- 골격, 근육 및 배열: 직립 자세는 자세 제어 능력을 발달시키고 척추에서 목뼈와 허리뼈 곡선 형성에 지속적 성장과 진전을 촉진한다.

그림 8.1 일어서기

이는 엉덩관절과 발목 및 발의 형태가 계속 성장하고 발달하는 데 필수적인 부분이다. 직립 자세에서 체중을 지탱하는 효과는 뼈의 성장을 촉진한다. 이는 근육을 사용하고 오직 직립 자세에서만 가능한 신체 배열을 통해 신체 발달에 긍정적 영향을 미친다.

적절한 시점 이러한 이유로 아이를 일으켜 세우기 전에 너무 오래 기다리지 않는 것이 중요하다. 많은 특수 아동은 여러 가지 다른 이유로 다양한 움직임에 관한 자신만의 방법을 발달 스펙트럼에서 찾지 못한다. 그러니 아이를 일어서게 하기 전에 아이가 '지면에서 해야 하는 모든 것'을 할 때까지 기다릴 필요는 없다.

직립할 준비가 되어 있는지는 여러 요인으로 결정된다. 아이는 힘이 있어야 하며 발과 다리를 미는 동작을 통해 쓰러지지 않고 서 있을 수 있어야 한다. 아이의 나이도 매우 중요하다. 아이가 제 발로 일어서기까지 너무 오래 기다리면 아이의 향후 성장과 발달에 해로울 수 있다.

직립 자세에 도달하기 독립적인 방향으로 발달을 촉진하기 위하여 실제로 아이를 발로 세우고 직립 자세로 데려오기는 쉬운 일이 아니다. 그럼에도 특수 아동이 직립 자세를 할 수 있도록 도와주는 기술은 반드시 배워야 한다. 신체의 구조에 관한 깊은 이해와 그 자세를 취하는 데 가장 도움이 되고 필요한 방법들을 알아야 직립 자세가 가능하기 때문이다.

많은 특수 아동은 독특한 골격 구조를 가졌고, 근육이 긴장해 있기에 아이를 일으켜 세울 때 주의해야 할 사항을 배워 각 아이에게 맞는 자세를 적용해야 한다. 직립 자세에서 자기 체중을 지탱하는 감각은 아이에게 중요한 경험이다. 이는 아이에게 더 나은 자아 감각을 느끼게 해 준다.

발에서 엉덩관절과 척추를 거쳐 머리까지 지면의 힘이 전달되는 경험은 근골격계 전체뿐 아니라 호흡과 소화에도 중요하다. 특수 아동을 직립 자세에 도달하게 하는 적절한 방법과 시간을 찾는 일은 다른 무엇보다 중요하다.

서기와 걷기 아이가 직립 자세에 도달하면 이 상황을 이용해 걸음마와 걷기 발달을 촉진할 수 있다. 걸음마를 내딛고 걷는 과정은 자동으로 이루어진다. 걸음마와 걷기 방법은 다양하며 이 능력을 향상할 수 있는 범위에는 한계가 없다. 그러나 걷기는 아이가 직립 자세에 있을 때만 가능하다. 직립 자세에서 가능한 서기의 배열과 조직화 및 움직임은 다른 어떤 자세에서도 수행할 수 없기 때문이다. 예전에는 아이가 서려면 서기 전에 선행되는 모든 단계를 반드시 거쳐야 하고 이러한 단계가 실제로 서기 위해 필요하다고 여겼다. 그러나 최근 연구에 따르면 이러한 추론은 사실이 아니거나 현실과 맞지 않는 것으로 나타났다. 나는 일단 아이가 위로 밀어 올리는 힘과 능력을 갖추면 스스로 일어서게 하는 일이 중요하다고 생각한다.

이전 발달 단계의 통합 아이를 똑바로 세우는 일은 바닥에서 하는 다른 움직임 구성이나 시퀀스, 예를 들어 구르기, 손과 무릎으로 오르기, 일어나 앉기, 기어오르기 등의 움직임 능력과 기술을 향상하는 데 전혀 방해가 되지 않는다. 서기와 걷기에 필요한 모든 요소가 이전의 모든 움직임 단계의 일부라면, 서고 걷는 동안 이러한 초기 단계가 형성되는 데 크게 도움이 된다는 사실을 기억해야 한다. 실제로 한 시간 동안 놀이 활동을 하는 아이를 보면 무릎을 꿇고 있거나, 앉아 있거나, 서 있는 등 다양한 상황에 따른 전형적인 움직임 흐름을 지면에서 관찰할 수 있다. 따라서 가능할 때마다 아이를 직립 자세로 데려오면, 움직임 발달의 모든 단계를 결합해 주는 움직임 패턴, 골격 구조 및 신경망을 더 잘 형성할 수 있는 잠재력을 키울 수 있다.

> **그림 8.1**의 사진을 보면 아이가 손과 무릎을 짚고 있는 상태에서 일어서기 위해 움직이는 모습을 관찰할 수 있다. 이 과정은 아이의 머리, 팔, 엉덩관절, 골반 및 발의 전체적 협응과 조직화를 보여 준다.
>
> 아이가 직립하여 발을 딛는 방법에는 여러 가지가 있다. 이 사진에서는 아이가 어떻게 붙잡을 것을 찾고 체중을 옮기며 바닥에서 두 발로 똑바로 몸을 일으켜 세우는지 명확하게 볼 수 있다.

사진 a 아이는 한 손과 양쪽 무릎으로 몸을 지탱하고, 다른 손으로 앞쪽 의자에 손을 뻗는다. 이렇게 하면 머리는 왼쪽으로 이동하고 무게가 오른손과 팔에서 빠진다.

사진 b 아이는 왼쪽 무릎을 오른쪽 무릎보다 의자에 더 가까이 가져가면서 오른쪽 팔을 뻗고 골반을 앞쪽과 위쪽으로 가져간다.

사진 c 골반이 오른쪽으로 회전한다. 골반의 무게가 오른쪽 엉덩관절 바깥쪽에 있고 오른쪽 무릎보다 더 오른쪽에 있으며 오른쪽 발뒤꿈치가 바깥쪽으로 돌아간다. 골반의 무게가 오른쪽에 더 많이 실리면서 머리와 가슴이 왼쪽으로 구부러져 왼쪽 무릎이 왼쪽으로 열리고 왼발이 바닥에서 들리게 된다.

사진 d 골반이 오른쪽 무릎 바로 위에 오고 오른쪽 신발의 앞 코가 바닥에 닿는다. 왼쪽 무릎은 왼발 바로 위에 오며, 머리는 골반과 엉덩관절의 왼쪽 위에 오게 된다.

사진 e 오른쪽 무릎은 엉덩관절과 골반 바로 아래에 있으면서 바닥에서 바로 들리고 왼쪽 무릎은 왼발 바로 위에 남아 있다.

사진 f 왼쪽 무릎이 곧게 펴지면서 머리가 더 앞쪽과 왼쪽으로 향한다. 오른쪽 무릎은 더 높이 들리고 더 뒤로 이동하여 아이가 직립하는 데 도움이 된다.

8.3 반중력 적응 결핍 행동

중력에 적응하기 우리는 평생을 중력과 함께 살아가며, 중력 반응은 우리의 행동과 움직임 조직 패턴에 서서히 뿌리내린다. 그래서 우리는 움직이고 행동할 때 중력의 영향을 지속해서 관리해야 한다. 초기 신경 근골격계 성장과 발달은 지구 인력의 영향에 적응하는 방법을 배우는 동시에 일어난다. 이는 우리의 환경에서 효율적으로 움직이기 위해 필수적이다. 바로 눕기, 모로 눕기, 엎드리기처럼 바닥에 누워 있는 자세에서 두 발을 땅에 딛고 완전히 똑바로 설 때까지의 모든 움직임은 다양한 중력 높이에서 근골격계를 관리하도록 한다.

근육계와 골격계를 통한 중력 적응 골격계는 중력에 어떤 자세를 취하느냐에 따라 중력에 더 효율적이거나 덜 효율적으로 작동한다. 신경 근육계는 우리가 움직이고 행동할 때 골격을 더 효율적이거나 덜 효율적인 구성 배열로 만드는 역할을 한다. 특정 순간에 필요한 움직임을 올바르게 조율하려면 지속적 적응 행동이 필요하다. 그래서 신경계에는 이를 위한 반중력 메커니즘이 존재한다. '완벽한' 적응과 움직임의 조직화는 모든 움직임과 행동에서 중력과 연속적이고 지속해서 조화로운 관계를 맺는다는 것을 의미한다(Feldenkrais, 1981, 1949, 1985).

신경 근육계를 통한 중력 적응 전형적으로 발달하는 아이의 신경 근육계는 생후 첫 몇 년 동안의 발달 단계에서 중력에 효율적으로 적응하는 법을 배운다. 사람들은 종종 어린아이가 얼마나 쉽고 부드럽게 움직일 수 있는지에 감탄하며, 다시 그렇게 가볍고 쉽게 움직일 수 있다면 얼마나 좋을지 상상한다.

성인도 한 번쯤은 움직임이 더 가벼워지거나 무거워지는 느낌을, 더 부드럽고 유연하게 움직이거나 흐름 속에 있는 듯한 감각을 경험한다. 이러한 내부 감각은 개별 근골격 조직과 관련이 있다. 왜냐하면 신체 질량이 움직임에 따라 변하지는 않기 때문이다. 반면 어떤 때에는 움직이거나 활동을 수행할 때 어려움과 힘든 감각이 동반된다. 이러한 감각의 차이와 움직임 능력에는 많은 요인이 영향을 미친다. 우리가 외부 자극에 반응하는 방식과 이러한 반응에 관한 자각이 이를 이해하는 열쇠이다.

신경 근육계에 미치는 감정의 영향 우리가 일상에서 경험하는 많은 감정은 우리의 근골격 조직에 영향을 미치고 움직이는 감각에 큰 영향을 준다. 불확실성, 망설임, 불안 및 스트레스의 스펙트럼에 있는 감정은 호흡과 균형 및 전체 그리고 근육계는 기능에 부정적 영향을 미친다. 이러한 감정적 유발 요인은 직립 자세를 유지하는 골격의 기능을 떨어뜨리고, 시간이 지나면서 우리가 이러한 영향을 인식하지 못하게 만든다. 결국 여러 근육군 사이에 지속적인 불균형이 생겨나고, 덜 효율적인 움직임 방식이 뿌리내리게 된다. 이러한 불균형은 감각, 감정, 움직임을 포함한 적응 행동 패턴으로 발전하여 결국 중력장에서 개인에게 정상적으로 느껴지는 움직임 감각이 된다. 나는 이 현상을 반중력 적응 결핍 행동이라고 부른다.

반중력 적응 결핍 행동 이러한 적응 결핍 패턴은 보통 불편함이나 통증을 느끼거나 이전에는 쉬웠던 일을 할 수 없을 때 비로소 알아차리게 된다. 움직임이 예전만큼 효율적이지 않다는 내적 감각이 들고, 새로운 움직임 상황에 적응하기가 예전보다 더 어렵게 느껴진다. 아이의 움직임에서 중력 적응이 어떻게 발달하는지의 메커니즘을 이해하면 시간이 지남에 따라 우리 움직임과 행동이 어떻게 적응 결핍으로 이어지는지 알 수 있다.

초기 발달 단계에 있는 특수 아동은 중력에 반응하는 자발적이고 유연한 움직임 적응을 경험할 기회가 없다. 아이는 어떤 의미에서 반중력 적응 결핍의 패턴으로 시작하게 된다. 전형적으로 발달하는 아이나 성인과 달리 특수 아동은 움직임의 난도를 비교하는 능력이 부족하고, 쉽고 더 나은 흐름을 위해 움직임을 조정하는 방법을 자발적으로 학습할 수 없다.

움직임과 행동에 관한 감각 개발 아이는 외부 중재자를 통해 자기 움직임과 행동의 차이를 감지하고, 한 가지 움직임 가능성과 다른 움직임의 차이를 비교하며, 스스로 효율적인 행동 경로를 선택하는 방법을 배워야 한다. 그런 과정을 통해 아이는 가장 기본적인 신경 근골격계 적응에 필요한 신경 근육 운동 패턴을 개발하고, 더 부드럽고 유연한 행동 패턴을 위한 감각을 구분할 수 있게 된다.

이러한 동작은 엎드린 상태에서 머리 들어 올리기 같은 기본적인 동작부터 앉기나 서기 같은 더 상위 동작까지 다양하다. 특수 아동이 더 나은 반중력 적응을 위해 필요로 하는 기본 능력을 배우고 경험하면 계속 성장하고 발전할 수 있다. 이는 더욱 적절하고 유능한 움직임 적응을 지속해서 할 수 있는 길을 특수 아동에게 열어 준다(Feldenkrais, 1995, 1949).

8.4 아이의 개별성 이해하기

아이의 개별성 파악하기 특수 아동은 골격 일부가 형성되는 과정에서 변형을 경험하고 움직이는 동안 신체를 쓰는 방식에도 많은 변화를 보인다. 이러한 변화는 척추 곡선, 엉덩관절, 발목, 발, 팔, 손 또는 손가락뼈와 같은 부위에서 나타날 수 있다. 또한 아이마다 다른 근육 생리적 차이와 제한된 움직임의 변형 또는 이러한 요소들의 결합에 따라 달라질 수 있다. 따라서 아이가 자신의 고유한 구조와 이를 최대한 활용하는 방법을 배울 수 있도록 지원해야만 한다.

이 목표는 아이가 자신의 특정 골격과 근육의 차이를 인식할 수 있도록 학습을 지원할 때 달성할 수 있다. 아이는 이러한 차이를 감지하는 방법을 배워야 움직이거나 휴식할 때 이 차이를 인식하고 익숙해질 수 있다. 이렇게 되면 아이는 자기 움직임을 더 잘 제어하고 자기만의 특정한 근육 생리와 구조에 더 효율적인 운동 방식을 선택하고 배우는 방향으로 나아갈 수 있다.

감각과 움직임은 서로 밀접하게 관련되어 있다. 어떤 아이들에게는 감각 영역을 먼저 전면으로 끌어내 움직임 구조를 더 명확하게 이해할 수 있도록 해야 한다. 또 다른 아이들은 움직임 측면이 두드러져야 그 아이들에게 필요한 감각 측면을 인식할 수 있다.

이는 아이마다 개별적으로 평가해야 할 사항이며 정해진 방법은 없다. 아이가 발전하고 성장함에 따라 특정 학습 방향을 다시 평가해야 한다.

아이의 개별성을 고려하여 작업하기 전형적으로 발달하는 근골격계에 관해 명확히 이해하면 아이가 자신의 고유한 근골격계 과정을 잘 관리할 수 있도록 돕는 데 유용하다. 움직임 패턴 조직화에 맞게 골격을 가장 잘 사용하는 방법을 명확히 알면 중력 적응도 쉬워진다. 이러한 명확화는 특수 아동이 자기 몸으로 편안함과 쉬움을 느낄 수 있게 해 준다. 이렇게 되면 아이는 자신에게 맞지 않는 모델에 맞추지 않고도 자신의 개별적 움직임 방식에 더 잘 접근할 수 있다. 결과적으로 이는 움직임과 움직임 패턴 조직에서 더 쉽게 자기-변형의 기초를 지속해서 학습하고 개발할 수 있게 해 준다. 그러나 때때로 이 작업은 쉽지 않다. 이는 '표준'과 '정상'에 관한 생각, 즉 무엇이 '있어야 하고' 어떻게 '보여야 한다'라는 고정 관념을 포기함을 의미하기 때문이다.

모든 아이는 정해진 모델이 아닌 자신만의 독특한 방식으로 움직일 필요가 있다. 그러나 이러한 생각은 종종 부모, 전문가 그리고 무엇보다도 아이 자신에게 큰 좌절과 오해를 불러일으킬 수 있다.

보조 도구 사용을 고려하기 특정 골격 변화를 관리하기 위해서는 움직임과 감각 학습만으로는 충분하지 않은 때가 있다. 그리고 유용하고 효과적인 외과적 처치를 받거나 자세, 구조적 조직 및 근육 긴장도의 변화를 돕기 위해 보조 도구를 사용하여 관리해야 할 수도 있다.

어떤 유의미한 변화가 있으면 전체적인 자아 활용에 영향을 미친다. 아이가 움직이는 자신을 더 잘 이해할수록 아이에게 필요한 개입이 학습 과정에 더 도움이 될 것이다.

8.5 가족 구성원 통합하기

역동적인 가족 구성 모든 가족은 그 가족을 구성하는 개인만큼이나 독특하다. 가족 구성원과 각자의 뚜렷한 개성은 시간이 지나면서 일상생활의 안팎과 기복을 통해 행동적 상호 작용 네트워크를 형성한다. 각 구성원은 가족 내에서 각자의 위치와 역할이 있다.

따라서 각 가족 구성원의 역할은 변화하는 삶의 역학 관계에 따라 지속해서 변화하고 적응할 수 있어야 한다(Bowlby, 1969; Siegel & Hartzell, 2003; Schonkoff & Phillips, 2000). 사소한 변화는 많은 수정이나 조정이 필요하지 않지만, 가족의 삶에서 일어나는 어떤 사건들은 큰 변화와 적응, 조정이 있어야 한다. 어떤 변화는 예상되고 어떤 변화는 오랜 기간에 걸쳐 일어난다. 때로는 갑작스럽고 예상치 못한 변화가 생기기도 한다. 그중 하나는 가족에게 특수 아동이 추가되는 것이다.

특수 아동은 외동이거나, 여러 자녀 중 한 명이거나, 첫째, 중간 또는 막내일 수 있다. 쌍둥이일 수도 있고 입양된 아이일 수도 있다. 특수 아동이 가족 안에서 차지하는 위치는 현대 가족의 형태만큼이나 다양할 수 있다. 가족의 구성과 구조가 어떻든 간에, 시간이 흐르면서 가족은 각 구성원의 역동적인 관계망으로 발전해 나간다.

서로 다른 요구 사항 어떤 가족이든 가족 구성원은 각기 다른 요구 사항을 가지고 있다. 특수 아동의 형제자매는 가족에서 중요한 역할을 하며 그들에게도 간과해서는 안 되는 요구가 있다. 특수 아동을 처음 만나면 아이뿐만 아니라 가족 구성원 전체를 만나게 된다. 향상하고자 하는 아이의 치료 학습 성공을 위해서는 개개인뿐만 아니라 가족 전체의 행동에 주의를 기울이는 일이 중요한데, 특히 형제자매에게 그렇다.

치료사는 부모가 형제자매를 어떻게 대하는지, 그들을 세션에 포함하는지, 세션에 온 아이만큼 중요하게 소개하는지, 방해하지 말고 치료받는 동안 조용히 앉아 있으라고 엄격하게 말하는지 등을 관찰해야 한다. 형제자매들이 이러한 상황에 편안해하는지, 시끄럽고 주변에 방해를 끼치는지, 계속 시선을 끌려 하는지, 지루해하는지, 혹은 조용히 앉아 책을 읽거나 모바일 게임을 하는지 등이 중요하다.

아이와 일정 기간 함께 일하면 가족 전체뿐만 아니라 각 가족 구성원과도 개별적으로도 관계를 형성할 수 있다. 이는 형제자매에게 매우 긍정적인 영향을 미치고 느리지만 확실하게 의미 있는 관계로 발전할 수 있다. 따라서 잠시라도 의도적으로 각 형제자매에게 특별한 관심을 기울여 보자.

형제자매 관계 모든 형제자매는 나이에 상관없이 자신이 누구인지 확인받기를, 가족 구성에서 자신의 위치와 역할을 인정받기를 원한다. 형제자매가 더 많이 환영받고, 관계를 맺고, 관심을 받을수록 그들의 정서적 성장과 가족 전체에 더 좋은 영향을 미친다.

어린아이는 왜 이런 곳에 왔는지, 이 사람이 누구인지, 자기 형제나 자매에게 무엇을 하고 있는지 인지적으로 이해할 수 없다. 그저 형제나 자매가 누군가에게 특별한 관심을 받고 있다는 것만 이해한다. 자기 형제나 자매는 멋진 장난감에 둘러싸여 있고 그 장난감을 가지고 놀고 있는데, 자신은 '얌전하게 행동하라'라는 말을 듣고 조용히 앉아 있거나 얌전하게 있지 않으면 나중에 혼난다는 말을 듣는 상황도 생겨난다.

그런 아이 중 일부는 몇 달 또는 몇 년 동안 가족과 함께 전문가에게 '끌려' 다니기도 한다. 많은 부모는 이 상황이 자녀들에게 어떤 정서적 영향을 미치는지 알아차리지 못한다. 부모들은 아이가 '정상'이기에 자신을 '적절하게' 다룰 수 있고 어떤 상황에 있는지와 그 중요성을 이해할 수 있고, 이해해야 한다고 생각한다.

혹은 부모의 스트레스가 너무 심해서 이 문제를 깊이 생각하지 못할 수도 있다. 아이의 형제자매가 특별한 도움과 지원을 받아야 하는 사람임을 다른 형제자매가 당연히 이해하고 행동해야 한다는 순진한 생각을 하는 부모도 있다. 물론 모든 가정이 이런 상황을 겪지는 않지만, 실제로 가정 대다수에서 다양한 정도의 심각성이 나타난다.

자녀의 나이 차이, 형 또는 동생인지 쌍둥이인지에 따라 많은 형제자매가 특수 아동과 관련된 복합적 감정을 경험한다. 아이들은 새 형제가 태어나서 함께 이야기하고 놀 수 있기를 간절히 기다리다 현실을 알게 되면 사랑하는 사람이나 소중한 반려동물을 잃었을 때와 비슷한 상실의 과정을 겪기도 한다.

자기 자매나 형제가 누구인지 있는 그대로 받아들이기 전에 먼저 부정할 수도 있다. 어느 정도 시간이 지나면 부정이 분노로 바뀌고 나중에야 비로소 그들의 형제나 자매가 독특한 사람임을 받아들이게 될 수 있다. 어쩌면 절대 받아들이지 못할 수도 있다. 부모가 자기감정과 씨름하고 특수 아동의 요구와 도전에 끊임없이 대응하는 동안 형제자매는 종종 홀로 내버려진 채 자기감정을 보이지 않게 묻어 둔다.

형제자매는 자신의 그럼 감정에 죄책감을 품고, 자기도 모르게 스스로 이 감정을 부인할 수 있다. 자신이 '괜찮은' 아이라고 여기며, 가족에게 더 이상 짐이 되지 않으려고 노력할 수도 있다.

자신을 뒷전에 둘 수도 있다. 동시에 가족 전체 또는 특수 아동 형제에게 긍정적이든 부정적이든 상반된 감정을 가질 수 있다.

'왜 나는 이 가족에 속해 있는 걸까?'

'왜 나에게 이런 일이 일어났을까?'

'왜 우리는 다른 가족처럼 될 수 없는 걸까?

내 친구 중에는 이런 가족이 없단 말이야!'

이런 생각을 하다 보면 아이는 당혹감이 든다. 어릴 때부터 이러한 감정을 느끼고 다뤄야 하는 것은 아이에게 도전이 될 수도, 숨겨진 선물이 될 수도 있다. 이러한 아이 중 상당수는 자신과 특수 아동 형제자매, 가족의 독특함을 인정하고 서로를 매우 지지하고 배려하며 남다른 애정을 가진 형제자매로 성장한다. 반면에 어떤 아이들은 매우 괴로워하고 가족을 원망하는 감정을 가지게 된다. 여기에는 여러 가지 요인이 있다.

가족과 함께 일하는 과정에서 형제자매가 자신의 요구를 표현하기 위해 애쓰는 모습을 볼 수 있다. 이는 그들이 그 상황에서 행동하는 방식, 자신에 관한 관심의 유형, 모든 사람과 소통하는 방식에서 쉽게 관찰할 수 있다. 그러니 형제자매에게 적극적이고 의도적으로 확실한 관심을 기울여야만 한다. 이런 관심을 통해 특수 아동의 형제자매들은 누군가가 자신을 있는 그대로 봐 주고, 자신에게도 존재감이 있고 소중하며, 관심을 받을 자격이 있다고 느낀다. 그리고 자신 또한 인정받고 싶어 한다는 사실을 이해받는 점에 안도한다. 이 관심은 언어적이거나 비언어적일 수 있다.

형제자매는 종종 나중에 특수 아동의 삶에서 중심인물이 된다. 따라서 어릴 때부터 긍정적인 방식으로 그들을 양육해야 한다. 그래야 시간이 지날수록 형제자매와 부모가 더 가까워지고 서로에게 도움을 줄 가능성이 커진다.

지원 및 상담 일정 기간 가족을 알아 가고 특수 아동의 명확하고 긍정적인 발달을 지속해서 보여 준 후에는, 간섭이나 강압적이지 않은 방식으로 아이들과 가족을 관찰하는 방법을 부모에게 조언하고 긍정적인 코칭을 제공해야 하며, 그 일은 매우 중요하다. 형제자매는 훗날 특수 아동의 삶에서 부모만큼, 혹은 부모보다 더 중요한 존재가 된다. 그리고 모든 가족 구성원이 동등하게 돌봄을 받아야 한다는 사실을 친절하게 설명해 주기만 해도 가족 모두에게 큰 도움이 된다.

각 개인의 요구는 매우 다르다. 그러니 그 요구를 이해하고, 존중해야 한다. 이러한 노력이 열매를 맺을 때 가족 구성원 전체에, 눈에 띄는 긍정적 변화와 전반적 효과가 나타난다.

9

모세 펠든크라이스 박사와 함께한 시간

"교육은 양동이에 물을 채우는 것이 아니라
불을 지피는 것이다."

윌리엄 버틀러 예이츠 William Butler Yeats

모세 펠든크라이스 박사는 1904년 러시아에서 태어났다. 10대 시절에는 이스라엘로 건너가 텔아비브의 초기 건설자로 일했다. 이후 유럽으로 돌아와 소르본 대학에서 기계 및 전기 공학 학위를 취득하고 물리학 박사 학위를 받았다. 같은 시기에 유도 검은 띠를 땄으며, 일본 교육부 장관 추천으로 프랑스 최초로 유도 클럽을 창설하기도 했다.

전쟁 중 영국으로 피신한 그는 과학적 전문성을 바탕으로 영국 해군에서 대잠수함전 관련 연구를 담당했다. 전시 동안, 그는 10대 때 입은 무릎 부상을 회복하는 과정을 겪으며 치유와 재학습의 과정에서 움직임을 매개로 개인의 학습과 성장을 위한 다학제적 접근법을 개발했다.

이러한 이론과 실천은 20세기 중반 당시 매우 새롭고 독특한 것이었다. 이후 이 작업은 펠든크라이스 메소드로 알려지게 되었다.

펠든크라이스 박사는 시대를 대표하는 인물로, 창의적 사고와 다른 사람들이 '배우는 법을 배우도록' 돕는 데 열정적이었다. 그는 생을 마감할 때까지 계속해서 자신의 작업을 가르쳤다.

펠든크라이스 박사의 가르침과 가르치는 방법은 다양한 분야의 많은 사람뿐만 아니라, 그의 방법과 아이디어를 응용하려는 제자들에게도 장기적으로 매우 긍정적인 영향을 미쳤다. 나도 이러한 제자 중 한 사람이었고 텔아비브에 있는 박사의 자택에서 그의 생애 마지막 몇 년 동안 매일 그와 함께 시간을 보낼 수 있는 특권을 누렸다.

2년간 모세 펠든크라이스 박사와 지내면서, 나는 성공을 향한 확신과 명확한 사고, 이해와 실천을 배웠다. 그것은 젊은 시절 내 마음 속에 심어진 씨앗과도 같았다.

당시에는 자신만의 창의적인 과정과 개인적 경험을 통해 새로운 분야를 개발하라는 격려를 받았지만, 그게 나의 주요 관심사는 아니었다. 하지만 자기 분야에서 뛰어나고 풍부한 삶의 경험을 가진 사람이 반복적으로 다양한 방식으로 전해 주는 생각들은 어느새 잠재의식에 자리 잡게 된다. 그리고 한 사람의 미래를 형성하는 많은 사건은 뒤늦게야 비로소 알 수 있다.

펠든크라이스 박사와 함께 보낸 시간도 마찬가지였다. 처음 만났을 때의 박사는 내가 연구하는 메소드의 창시자였지만 시간이 지남에 따라 그의 존재는 내가 인생에서 앞으로 나아갈 수 있도록 많은 것을 가르치는 삶의 멘토이자 스승, 친구가 되었다.

40여 년이 지났지만, 그때의 기억은 여전히 내게 선명하게 남아 있다. 과학 분야부터 예술과 음악에 이르기까지 광범위한 주제에 관한 토론부터 이스라엘 현지 정치를 다룬 평범하지만, 격렬한 논쟁에 이르기까지 말이다.

펠든크라이스 박사의 생애 후반기에 전 세계에서 찾아온 많은 손님의 사적인 방문도 인상적인 기억으로 남아 있다. 음악, 무용, 미술, 물리학, 생물학, 의학, 정치 등 각 분야 저명인사들은 펠든크라이스 박사를 찾아오곤 했는데, 박사와 커피나 식사를 하거나 개인적이고 전문적인 문제에 관해 조언과 박사에게 상담을 받기 위해서였다.

손님이 떠난 후 펠든크라이스 박사는 나에게 그들의 생각, 아이디어, 토론 방식, 심지어 주제와 관점을 어떻게 제시했는지 등에 관한 내 의견을 묻곤 했다.

그는 단순히 내 개인 의견을 묻는 것이 아니었다. 내가 손님의 사고방식과 아이디어를 관찰하도록 유도하기 위한 듯했다. 그는 손님이 자기 아이디어를 어떻게 조합하고 관점을 제시했는지, 또 내가 그것을 관찰하고, 포착하고, 알아낼 수 있는지 발견하고 싶은 듯했다. 내가 만족스럽게 대답하지 못하면 그는 모든 손님에 관해 매우 상세하고 깊은 통찰력을 보이며 장황하게 분석하곤 했다.

나는 그가 왜 나에게 그렇게 많은 관심을 두고 시간을 할애하는지 그리고 손님이 떠난 후 왜 그렇게 서두르는지 처음에는 당황스러웠다.

그러나 나중에 몇 명의 손님이 다시 방문했을 때 비로소 분명해졌다. 손님들이 박사의 자택에서 떠나면 박사와 나는 똑같은 방식의 질문과 대화를 다시 시작했다. 하지만 그때는 이전 방문 후 박사가 지적했던 그 사람의 특성을 이제 내가 분명하게 관찰할 수 있는지 매우 직접적으로 질문하곤 했다. 내가 혼자서는 접근할 수 없었던 인간 행동의 세부적인 부분을 가르치는 그의 방식이었다.

펠든크라이스 박사는 사람들의 움직임, 행동과 의사소통 방식, 동기, 업무나 인간관계의 약점과 강점을 언급하고 분석했다. 그리고 펠든크라이스 박사는 같은 사람을 다양한 방식으로 나에게 종종 이야기하곤 했다. 그러면서 내가 손님이 구체적으로 지적한 내용을 잘 파악하고 있는지 확인했다. 손님이 겉모습만 내세우는지 또는 명확하게 이해하지 못하는 아이디어를 가지고 와서 논의하려고 하는 것을 내가 명확하게 관찰할 수 있는지 알고 싶어 했다.

마치 엑스레이 사진을 보듯 매우 개인적인 관찰과 분석이었다. 어떤 때는 너무 선명해서 그런 식으로 사람을 이야기하는 일이 불편할 정도였다. 당시 나는 22살에 불과했고 그는 78살이었다.

이런 일이 계속 반복되자, 나는 펠든크라이스 박사가 '더 깊고' '숨겨진', '겉으로 드러나지 않는 것'을 관찰하는 방식으로 나를 가르치고 싶어 한다는 느낌을 받았다. 그는 이 모든 것이 주위에 널브러진 물건을 줍듯 명확하다고 했다. 마치 게임이나 취미처럼 느껴지기도 했다.

펠든크라이스 박사는 종종 특정 상황에서 그 사람의 움직임과 행동, 반응과 대응을 예측했다. 때로는 배우처럼 행동하며 사람들의 움직임과 행동의 다양한 측면을 가지고 놀 수 있는 상황을 구성하는 듯 보였다.

나에게 그의 그런 모습은 매우 흥미로웠다. 그 덕분에 사람, 움직임, 행동에 관한 엄청난 통찰력을 얻을 수 있었다. 젊었을 때 이 경험은 나에게 지울 수 없는 흔적을 남겼고, 수년 동안 내가 다른 사람들을 가르치고 그들과 함께 일하는 데 영향을 미쳤다.

다른 사람을 관찰하는 나의 능력에 관해 펠든크라이스 박사가 나에게 심어 준 자신감과 한 인간으로서 교사로서 나와 관계를 맺는 방식은 오늘날까지도 내게 큰 영향을 주고 있다. 개인적으로 가르치고 함께 일하는 모든 사람에게 내 작업을 제시할 때 이를 전하려고 노력하고 있는 나를 보면 알 수 있다.

펠든크라이스 박사는 토론과 질문을 통해 명확하고 정확하며 체계적이고 창의적인 방법을 가르쳤다. 또한 항상 낙관적인 눈으로 함께 일하는 사람을 바라보고 그들에게 자존감과 스스로 의지할 수 있는 능력을 심어 주는 방법을 내게 가르쳐 주었다고 생각한다.

당시, 펠든크라이스 박사는 여전히 개인적으로 일하며 글을 쓰고 있었다. 그리고 그의 작업실을 준비하고 고객을 맞이하고 관리하는 일은 나에게 주어진 임무였다.

펠든크라이스 박사와 함께 일하는 사람이 어른이든 아이든 조교의 도움이 필요했다. 펠든크라이스 박사는 고객이 떠난 후에는 해당 세션에 관해 이야기했다. 그는 항상 진행 상황과 달성한 결과를 공개적으로 이야기했고, 거기에는 매력적인 세부 사항과 구체적인 내용이 가득했다. 그는 특히 특수 아동과 그 부모와의 관계와 태도에 특별한 관심을 보였다.

시간이 지나면서 나는 수십 년에 걸쳐 강의한 오디오 및 비디오테이프를 비롯해 아직 완성하지 못했거나 재편집 중인 강의와 저서 등 펠든크라이스 박사의 저술 자료를 목록화하는 작업도 맡게 되었다. 히브리어를 유창하게 구사할 수 있는 나는 다른 나라 동료들이 접근할 수 없는 히브리어 자료를 접하는 특권도 누렸다.

펠든크라이스 박사의 작업 아카이브는 성인을 위한 운동 과학과 인간 발달 심리학, 또는 현재 대인관계 신경 생물학이라고 불리는 다양한 주제의 운동 레슨과 강의로 구성되었다. 모든 수업은 명확한 생체 역학적 원리로 만들어졌다. 그리고 이러한 생체 역학적 원리와 함께 개인의 성장과 변화를 목표로 하는 체계적 수단이 내재되어 있었다. 사람들이 자신을 사용하고 행동을 변화시키기 위한 이 두 가지 사고방식은 수년 후 '움직임, 주의력, 자각의 뇌 가소성'이라는 용어로 불리게 된다.

이는 움직임을 매개로 한 경험 학습이 뇌의 기능과 활용을 향상하는 데 핵심적이고 두드러진 역할을 할 수 있다는 뚜렷한 이해를 제시한다. 그러나 신경 가소성과 대인관계 신경 생물학, 그리고 경험 의존 학습과의 직접적 관계에 관한 개념이 당시에는 주류의 시각이 아니었다.

이러한 메소드에 관한 독창적이고 '학술적'인 자료에 정통해지는 것은 특별한 기회였다. 수백 개의 독특한 움직임 학습과 함께 수천 시간 분량의 정보를 공부하는 데 몰입할 수 있는 시간이었다. 펠든크라이스 박사의 메소드에 숙련된 지식과 전문성을 습득할 이례적인 기회였다.

내게 이 기회는 창의적이고 독특한 새로운 자료로 아이디어를 확장할 수 있는 지식 기반이었다. 이 방대한 정보와 35년 이상의 실습과 교육 경험을 바탕으로 나는 나만의 자료, 작업, 접근 방식을 만들고 개발했으며, 이를 현재 제러미 크라우스 접근법JKA이라고 부른다. 모세 펠든크라이스 박사의 방법론은 내 작업과 사고에 여전히 존재하고 있으며 나의 자료와 교육학은 새롭고 다양한 응용을 포함하고 있다.

펠든크라이스 박사는 개인 차원에서 항상 사람들에게 자신을 능력, 창의성, 지성, 개인적 강점 등 모든 면에서 동등한 존재로 느끼게 했다. 박사와 함께 있으면 그와 내 위계가 없다는 느낌을 받았고 지속해서 능력으로 가득 차 있다고 느끼게 했다.

모든 사람은 그와 함께 있을 때 '이미 도달했다'라는 압도적인 느낌을 받았다. 그와 있을 때면 더 어려지거나, 더 작거나, 경험이나 지식이 부족하다는 생각이 전혀 들지 않았고, 평가를 받거나 시험을 받는다는 느낌도 없었다. 그 관계는 매우 자연스러웠고 평범했다. 지금 그 시간과 경험을 되돌아보면, 당시 22살에 불과했던 나로서는 매우 이례적이고 평범하지 않은 경험을 한 셈이었다.

'나는 누구인가?'라는 이 감정은 나와 함께 남아 나의 교육과 일, 사생활에 스며들었다. 삶과 가르침에서 일어나는 가장 위대한 배움은 글로 된 지식을 읽거나 흡수하거나 누군가의 기술을 관찰하는 데서 오지 않는다. 그것은 마치 아이가 부모, 형제자매, 다른 가까운 가족들과 그들의 문화에서 습관, 언어, 문화, 감정 상태를 흡수하는 방식처럼 더 유기적인 것이다.

이는 직접적으로 가르칠 수 있는 무엇인가가 아니며 특정한 시간에 특정한 사람들과 특정한 환경에 몰입했을 때 함께 경험하는 하나의 게슈탈트Gustalt, 즉 조직된 전체로 나타난다.

모세 펠든크라이스 박사와 함께한 시간은 나에게 매우 소중했고 여전히 귀중하다. 나는 항상 그의 나이와 서서히 악화하는 건강을 우려했다.

모세 펠든크라이스 박사는 1984년 7월 1일 저녁에 평화롭게 세상을 떠났다.

10

실용적 기법

"사람을 변화시키는 데 필요한 것은
자신에 관한 인식을 바꾸는 것이다."

에이브러햄 매슬로 Abraham Maslow

제러미 크라우스 접근법JKA에는 네 가지 기법이 있다(표 10.1 참조).

1. 감각적 능동 움직임: 상세한 순차적 발달 움직임 과정 수업
   — JKA Sensory Active Movement SAM
2. 움직임을 통한 능력: 성인을 위한 움직임 그룹 수업
   — JKA Abilities Through Movement ATM
3. 발달 핸즈온: 어린이를 위한 일대일 치료적 학습 세션
   — JKA Developmental Hands-On DHO
4. 기능 핸즈온: 성인을 위한 일대일 치료적 학습 세션
   — JKA Functional Hands-On FHO

표 10.1 JKA의 네 가지 기법

	그룹	개인
어린이		JKA 발달 핸즈온: 어린이를 위한 일대일 치료적 학습 세션
성인	JKA 움직임을 통한 능력 수업: 성인과 함께하는 움직임 그룹 수업	JKA 기능 핸즈온: 성인을 위한 일대일 치료적 학습 세션
성인 및 어린이	JKA 감각적 능동 움직임 수업: 상세한 순차적 발달 움직임 과정	

10.1 감각적 능동 움직임

JKA Sensory Active Movement SAM

감각적 능동 움직임(SAM) 제러미 크라우스 접근법의 감각적 능동 움직임은 짧은 시간 동안 몇 차례 반복적으로 수행되는 명확하고 구체적인 발달 움직임 시퀀스이다. 감각적 능동 움직임 시퀀스의 목적은 특정 자세에서 특정 움직임을 수행할 때 발생하는 예민하고 구체적이며 인지 가능한 운동 감각을 경험하고 개발하는 데 있다.

움직임에서 발생하는 감각은 매우 두드러지며, 보통 명확하게 느껴지고, 간단히 표현할 수 있다. 인지할 수 있는 감각에는 둥글다, 길다, 넓다, 짧다, 두껍다, 안정적이다, 키가 크다, 무겁다, 가볍다, 평평하다, 작다 등이 포함된다. 이러한 표현은 이전 상황과의 대조로 나타나는데 '키가 더 커진 것 같아요, 더 넓어진 것 같아요, 더 둥글어진 것 같아요, 더 가벼워진 것 같아요, 더 무거워진 것 같아요, 더 평평해진 것 같아요'와 같이 표현한다. 때로는 감각을 몸의 한 부분이나 한쪽에서만 느끼기도 한다. '오른쪽이 더 둥글게 느껴진다' 또는 '오른쪽 다리가 더 길게 느껴진다'로 표현할 수 있다.

신체 감각을 구별하는 학습 감각의 대조와 차이는 학습에 중요하다. 특정 움직임 시퀀스를 특정 방식으로 수행하기 이전과 이후에 감지된 감각의 대조와 차이를 구별하는 일은 '감각적 운동 감각 어휘' 레퍼토리를 향상하는 데 도움이 된다. 이를 통해 신경 근골격 조직의 감각적 측면에서 얼마나 빠르게 변화가 일어날 수 있는지 알 수 있다. 감각적 능동 움직임의 구체적인 시퀀스와 움직임 자체에서 비롯된 명확하고 인지 가능한 감각은 반복할 수 있다. 그리고 같은 특정 움직임을 반복할 때마다 같은 특정 운동 감각을 생성한다. 이러한 측면은 특정 감각에 익숙해지고 이를 특정 움직임 시퀀스와 연관시킬 기회를 제공한다.

이러한 다양한 감각 운동을 경험하는 일은 중요하다. 감각적 능동 움직임을 통해 얻은 운동 감각의 명확성은 어린이와 성인 모두에게 실용적으로 사용할 수 있는 적합한 도구이다. 새로운 감각이 명확해지면 몸의 방향성과 주변 공간에 관한 감각이 향상된다.

신체 감각과 움직임의 관계 이해하기 성인이 된 우리는 자기 감각 정보에 따라 움직인다는 사실을 별로 생각하지 않는다. 그러나 자기 감각과 움직임이 일치하리라 기대한다. 움직이는 어느 순간에 우리가 의도한 감각이 실제로 일어나는 감각과 일치하지 않는다면, 우리는 즉시 알아차리고 그에 따라 적응한다. 매일매일 일관된 분명한 감각과 인지 가능한 움직임에 의존할 수 있음은 큰 혜택이다.

특수 아동은 우리와 정반대라고 상상해 보자. 아이들은 일관성을 갖지 못하며, 감각, 움직임, 동기와 의도 사이에서 모순의 폭격을 경험한다. 그들은 스스로 특정 감각들을 명확히 파악하기 힘들고 자신이 하고 싶은 움직임 감각을 해석하기 어렵다. 치료적 학습 상황에서 감각적 능동 움직임 경험과 시퀀스를 활용하면 아이에게 어떤 구체적인 움직임과 감각이 함께 어울리는지 명확하게 파악하는 데 효과적이고 유용한 결과를 가져올 수 있다.

특수 아동이 처음으로 자기 몸과 움직임에서 새로운 것을 감지하는 순간은 아이에게 특별한 순간이다. 감각적 능동 움직임을 통해 학습한 기술은 이러한 감각이 언제 일어났는지, 어떤 움직임에서 비롯되었는지 동반된 감각이 무엇인지 인식하는 데 도움이 된다.

새로운 일이 일어났음을 인지한 아이가 새로운 감각을 받아들이고 경험하고 흡수할 수 있는 시간을 주는 것은 발달적 치료 도구이며, 이는 매우 필수적이다. 이를 통해 아이는 자기 몸을 감지하고 현재 자신이 있는 공간에서 자신의 위치를 감지할 수 있는 시간을 갖게 된다. 이러한 과정은 학습과 발달을 촉진한다.

아이에게 잠시 멈추는 순간은 하나의 중요한 신호가 된다. 이것은 그 감각에 주의를 기울이고 경청해야 함을 알려 준다. 아이는 감각과 움직임이 서로 연결되어 있고 중요하다는 사실을 알아야 한다. 아이가 감각을 더 많이 인지할수록 새로운 동작을 따라하고 사용하기 더 쉬워진다.

10.2 움직임을 통한 능력

JKA Abilities Through Movement ATM

움직임을 통한 능력(ATM) 움직임을 통한 능력 수업은 개인의 전반적인 기능과 움직임 능력을 향상하기 위한 언어적 가이드로 진행하는 경험적 움직임 수업이다. 주의와 자각을 사용하는 다양한 방법은 학습과 교육 모두에서 가장 중요하다. 등을 대고 누워서, 모로 누워서, 엎드려서, 손과 무릎을 대고서, 앉아서, 의자에 앉아서, 한 무릎과 한 발로, 양 무릎을 꿇고, 서서 등 다양한 자세로 수업이 이루어진다.

경험적 움직임 발견 움직임을 통한 능력 수업 구성은 좀 더 일반적으로 30분에서 50분 사이의 긴 시간 동안 진행된다. 수업에는 더 많은 움직임과 움직임 변형, 조합 및 패턴이 포함된다. 사람들은 감각적, 정서적, 개인적 과정이 혼합된 경험을 한다. 이러한 경험은 사람마다 성격, 특성, 실체가 다양하며 결과도 감각적 능동 움직임처럼 동질적이지 않다. 운동 감각적 사후 효과도 더 일반적이며 개인마다 상당히 다르다.

움직임을 통한 능력 수업은 탐구적인 방식으로 움직임을 수행하는 데 중점을 둘 수 있다. 이를 통해 스트레스를 덜 받고 더 즐거운 개인적 경험을 할 수 있다. 목표를 달성하거나 알아내는 것에 중점을 두지 않고 만약 목표가 있다면 그것을 배경에 두고 전체 과정에 주의를 집중한다. 수업 구조는 매우 일상적이지 않은 움직임의 방향과 유형에 자기를 적응시키는 방법을 찾도록 요구할 수 있다. 이는 움직이는 동안 다른 방식으로 자신을 조직화해야 하므로 움직임 패턴이 편안한 범위 내에서 유지될 수 있도록 한다.

움직임을 통한 능력 수업의 결과와 효과는 다방면에 사용할 수 있다. 우리는 몸이 얼마나 다재다능한지 배우고, 때로는 어떤 일을 하는 방식이 우리가 하는 일보다 더 큰 영향을 미친다는 사실을 알게 된다. 종종 움직임을 매우 느리게부터 매우 빠르게까지 다양한 속도로 수행하면서 주어진 상황에서 필요한 속도를 배울 수 있다.

움직임을 통한 능력 수업에는 경험적 자기-학습을 돕는 다양한 전략이 존재한다. 각 전략은 개인의 내적 감각 영역과 더 밀접하게 접촉하는 방법을 제공한다. 민감도가 높아지면 움직임 자체에서 어떤 일이 일어나고 있는지 더 명확하게 파악할 수 있기 때문이다. 이는 결과적으로 움직임이 끝난 후가 아니라 수행하는 동안 움직임의 다양한 측면을 변경하는 가능성을 키운다.

- 다양한 속도로 움직이기: 느린 속도부터 빠른 속도까지 자기만의 리듬과 속도를 찾기
- 주의의 능동적 사용: 자신의 주의를 확산시키고 적극적으로 변화시키고 지시하는 방법을 학습하기

- 노력의 양을 조절하기: 움직임 중에 쓰는 노력의 양을 감지하고, 변경하거나 다른 부분을 더 명확하게 탐지하기 위한 노력의 양을 감지하기
- 잠시 멈추기: 움직임을 탐색하면서 차이를 감지하기 위해 더 자주 멈추기
- 목표가 저절로 달성되도록 내버려 두기: 원하는 방향으로 나아갈 방법을 찾되, 성취를 위해 밀어붙이지 않고 목표 지향적이지 않으며 움직임과 감각이 일어나는 순간에 머무르기
- 자아 전체 사용하기: 움직이면서 감각, 감정, 상상력, 사고 등 자신의 모든 것에 몰입하고 참여하기
- 올바른 것에 집중하지 않기: 자기가 생각하는 올바른 방식이 아니라 개인적으로 '올바른' 방식을 찾기
- 이미지와 지시된 상상 사용하기: 이는 주의 영역의 일부이며 움직임을 변화시키고 낯설거나 복잡하고 이해하기 어려운 움직임에서 더 나은 자신의 이미지를 개발하는 데 유용하다.

다른 유형의 주의 사용하기 때로는 아주 천천히 움직이면, 숨을 참거나 움직임 자체와 관련이 없는 신체 부위를 경직시키는 등 움직임에서 불필요한 여러 가지 행동을 알아차릴 시간이 더 많아진다. 천천히 움직이면 이러한 반응을 내려놓고 완화하거나 억제하는 기회를 얻을 수 있다. 때로는 빠르게 움직이는 것도 유용하다. 세세한 부분까지 신경 쓰지 않고 가능한 한 모든 요소를 결합하여 '그냥 해 봐야' 할 때 도움이 될 수 있다.

다양한 방식으로 주의를 기울이며 움직여야 하는 이유는 주의를 사용하는 방식이 움직이는 동안 느끼는 감각뿐 아니라 우리가 할 수 있는 움직임의 전체 종류와 그 감각적 후속 효과에 매우 큰 차이를 만든다는 것을 직접 경험할 수 있기 때문이다.

자신이 고려하지 않았던 부분에 주의를 기울이고 다양한 방식으로 사용하려면 의도적으로 주의를 전환하는 능동적 자세가 필요하다. 그 자체가 움직임을 수행하는 방식과 움직임의 감각을 변화시키는 방법이다.

노력의 변화 학습하기 움직임을 학습하는 동안 사용하는 노력의 양을 조절하는 방법을 배우면 우리가 특정한 활동을 수행할 때 필요한 노력의 민감성을 높이는 데 영향을 미친다.

움직임을 통한 능력 세션에 참여하면 자신에게 필요한 노력의 양을 스스로 변화시킬 수 있다. 또한 움직임 상황에 따라 이를 변화시키는 방법을 배우는 것은 세션에서 얻을 수 있는 중요한 결과이다. 상정된 '올바른 방법'을 찾는 것이 아니라, 자신만의 움직임에 관한 미묘하면서도 즐거운 감각에 따라 학습함으로써 어마어마한 다재다능함을 개발할 수 있다.

움직임을 통한 능력 수업을 통해 통해 성인의 전반적인 움직임 조직을 발전시킬·가능성과 기회가 있다. 이미 완전히 발달한 성인의 자아 능력도 향상될 가능성이 있다. 움직임을 통한 능력 수업은 나이와 관계 없이 자신의 요구와 구조에 맞는 더 나은 효율적인 움직임 방법을 찾는 데 도움을 준다.

10.3 어린이를 위한 발달 핸즈온

JKA Developmental Hands-On DHO

발달 핸즈온(DHO) 발달 핸즈온 수업은 아이와 일대일로 진행되는 치료적 세션으로, 발달 단계에 있는 어린이와 사춘기 이전의 아이에게 적합하다. 이 기간에는 아이의 능력 발달 궤적에 장기적 변화를 만들 수 있다. 이 수업은 상호 작용적이며 모든 발달 단계의 자세와 전환을 사용한다. 세션은 바닥의 패딩 매트나 높이 조절이 가능한 치료 테이블 또는 의자나 서 있는 자세와 보행기에서도 진행된다. 텔레비전에서 음악이나 영상을 켜고 진행할 수 있으며 아이와 부모와 함께 노래를 부르거나 토론할 수도 있다.

목표는 모든 세션에서 진전을 이루는 데 있다. 세션은 하루에 한 번 또는 두 번, 여러 날 연속으로 집중적으로 진행하거나 일주일에 하루만 여러 번 진행할 수도 있다. 부모에게 명확하게 설명하는 일은 발달 핸즈온 세션의 일부이자 필수 요소이며, 진행 상황과 발달을 기록하고 평가하며 논의한다.

제러미 크라우스 접근법의 발달 핸즈온은 다음과 같을 때 적합하다.

- 뇌성마비
- 유전적 자폐 스펙트럼 장애
- 뇌 손상
- 태아기 뇌졸중
- 전반적 발달 지연
- 진단되지 않은 상태
- 다운 증후군

세션은 아래 문제에 도움이 된다.

- 운동 강직
- 저 긴장증
- 감각 장애
- 협응 문제
- 대근육 및 소근육 신경 운동 기술

10.4 성인을 위한 기능 핸즈온

JKA Functional Hands-On FHO

기능 핸즈온(FHO) 기능 핸즈온 수업은 성인을 위한 일대일 치료 학습 세션이다. 기능 핸즈온은 손을 사용하는 다른 방법들과 달리 대상을 하나의 완전한 존재(통합된 개체)로 본다. 이는 접촉 과정 그 자체에서 발생한다.

전문가는 손을 통해 다른 사람을 듣는 법을 배운다. 근육과 뼈에 인상적인 조작manipulation을 수행할 수 있을 뿐만 아니라 손과 손의 움직임을 통해 그 순간 상대방의 요구를 정확하게 감지할 수 있다. 이를 위해서는 뛰어난 기술과 전문성이 필요할 뿐만 아니라 자신과 타인에 관한 민감성이 고도로 요구된다. 즉 어떤 특별한 조작을 적용해야 하는지 결정하는 일뿐만 아니라 조작의 질을 정하는 데도 높은 수준의 민감성을 지녀야 한다. 흔히 말하듯이 '무슨 말을 하느냐가 중요하지 않고, 어떻게 말하느냐가 중요'하다. 이를 기능 핸즈온의 상황으로 바꿔 말하면 '무엇을 만지거나 움직이는지가 아니라 어떻게 만지거나 움직이는지가 중요하다'로 바꿀 수 있다. 기능 핸즈온은 터치를 매개로, 움직임을 메시지로 사용한다.

하지만 이것이 실제로 어떻게 적용될까? 기능 핸즈온 수업은 학생의 요구와 학생이 얼마나 많은 내용을 흡수할 수 있는지에 따라서 30분에서 1시간 정도 진행된다. 그리고 의자 또는 특별히 고안된 테이블에서 다양한 자세(등, 옆, 엎드린 자세)로 진행된다.

교사는 학생을 주의 깊게 관찰한 후 시작 자세를 선택해 학생을 특정 자세로 데려온다. 그런 다음 다양한 움직임 시퀀스로 학생을 움직이는데, 때로는 여러 신체 부위를 동시에 움직이기도 하고 때로는 신체의 한 부위만 움직인다. 이 과정은 수업의 목표가 달성될 때까지 계속된다.

기능 핸즈온은 누구에게나 적합하다. 우리는 모두 개선하고 싶은 기능을 가지고 있다. 그러나 기능 핸즈온을 찾는 사람은 대개 일종의 불편함을 가지고 있으며 이미 약물 치료를 포함한 여러 가지 방법을 시도했지만 거의 또는 전혀 성공하지 못한 경우이다.

다음은 제러미 크라우스 접근법의 기능 핸즈온 전문가를 찾아야 하는 문제들이다.

- 뇌졸중
- 뇌성마비
- 파킨슨병
- 다발성 경화증
- 턱관절 증후군
- 허리 통증, 목 통증
- 어깨 경직
- 평발
- 척추 디스크 문제
- 척추측만증
- 무릎 문제
- 천식
- 불안
- 신경 긴장

전문가들이 보고한 결과는 다양하지만, 평균을 훨씬 웃돈다. 어깨 경직이 있는 사람은 완전히 치유될 수 있으며 뇌졸중이나 뇌성마비로 고통받는 사람은 움직임의 자유, 긴장 감소, 제어력이 크게 향상될 수 있다. 불안과 신경 긴장이 있는 사람도 증상 완화와 더불어 문제의 원인에 관한 통찰을 얻을 수 있다.

참고문헌

Bainbridge-Cohen, B. (1994). *Sensing, Feeling and Action. The Experimental Anatomy of Body-Mind Centering.* Berkeley: North Atlantic Books.

Bowlby, J. (1969). *Attachment and Loss (Vol 1. Attachment, Vol 2. Separation, Vol 3. Loss).* New York: Basic Books.

Çelil Alexander, Z. (2017). *Kinaesthetic Knowing.* Chicago: University of Chicago Press. https://doi.org/10.7208/chicago/9780226485348.001.0001

Cozolino, L. (2006). *The Neuroscience of Human Relationships.* New York: Norton.

Damasio, A. (2013). *Selbst ist der Mensch: Körper, Geist und die Entstehung des menschlichen Bewusstseins.* München: Pantheon Verlag.

De Waal, F. (2009). *The Age of Empathy: Nature's Lessons for a Kinder Society.* London: Souvenir Press.

Edelman, G. M. (2001). *The Brain.* New Jersey: Transaction Publisher.

Edelman, G. M. (2006). *Second Nature: Brain Science and Human Knowledge.* New Haven: Yale University Press.

Ellingsen, D. M., Leknes, S., Løseth, G., Wessberg, J. & Olausson, H. (2016). The Neurobiology Shaping Affective Touch: Expectation, Motivation, and Meaning in the Multisensory Context. *Frontiers in psychology, 6*, 1986. https://doi.org/10.3389/fpsyg.2015.01986

Feldenkrais, M. (1949). *Body and Mature Behavior.* London: Routledge/Kagan Paul.

Feldenkrais, M. (1972). *Awareness through Movement.* New York: Harper and Row.

Feldenkrais, M. (1977). *The Case of Nora*. New York: Harper and Row.

Feldenkrais, M. (1981). *The Elusive Obvious*. Meta Publications.

Feldenkrais, M. (1985). *The Potent Self*. New York: Harper and Row.

Feldenkrais, M. (1995). *Der Weg zum reifen Selbst. Phänomene menschlichen Verhaltens (Kapitel „Das Körpermuster der Angst")*. Paderborn: Junfermann.

Feynman, R. (1999). *The Pleasure of Finding things out*. New York: Basic Books.

Fogel, A. (2013). *Body Sense. The Sceince and Practice of Embodied Self-Awareness*. New York: Norton.

Frankl, V. E. (1959). *Mans's Search For Meaning*. London: Rider.

Gage, J. R., Schwartz, H., Koop, S. E. & Novacheck, T. F. (Eds.). (2009). *The Identifacation and Treatment of Gait Problems in Cerebral*. London: Palsy Mac Keith Press.

Hadders-Algra, M. & Carlberg, E. B. (2008). *Postural Control. A Key Issue in Developmental Disorders*. London: Mac Keith Press.

Hanson, N. (1958). *Pattern of Discovery*. New York: Cambridge University Press.

Heller, L. & LaPierre, A. (2012). *Healing Developmental Trauma*. Berkeley: North Atlantik Books.

Hüther, G. (2006). *The Compassionate Brain. How Empathy Creates Intelligence*. Shambhala.

Hüther, G. (2018). *Co-creativity and Community*. Göttingen: Vandenhoeck and Ruprecht. https://doi.org/10.13109/9783666462306

Hüther, G. (2023). *Was ist Potenzialentfaltung?* Abgerufen am 7. März 2023 von https://www.akademiefuerpotentialentfaltung.org/wp-content/uploads/2016/04/Was-ist-eigentlich-Potentialentfaltung.pdf

Kleim, J. A. & Jones, T. A. (2008). Principles of experience-dependent neural plasticity: implications for rehabilitation after brain damage. *Journal of Speech, Language and Hearing Research, 51*(1), 225–239. https://doi.org/10.1044/1092-4388(2008/018)

Knapp, M., Hall, J. & Horgan, T. G. (2007). *Nonverbal Communication in Human Interaction* (5. ed.). Marceline: Wadsworth.

Konner, M. (2010). *The Evolution of Childhood.* Cambridge USA: Harvard University Press.

Krauss, P. (1988). *Why Me? Coping with Grief, Loss, and Change.* London: Bantam.

Moore, K. L., Dalley, A. F. & Agur, A. M. (2009). *Moore's Clinically Oriented Anatomy* (6. ed.). Wolters Kluwer Health, Inc.

Piek, J. (2006). *Infant Motor Development.* Champaign: Human Kinetics. https://doi.org/10.5040/9781492596943

Rywerant, Y. (1983). *The Feldenkrais Method: Teaching by Handling.* New York: Harper & Row.

Schonkoff, J. & Phillips, D. A. (2000). *From Neurons to Neighborhoods.* Washington: National Academy Press.

Schore, A. N. (1994). *Affect Regulation the Origin of the Self.* New Jersey: Lawrence Erlbaum Associates.

Schore, A. N. (2012). *The Science of The Art of Psychotherapy.* New York: Norton.

Schore, A. N. (2019a). *Right Brain Psychotherapy.* New York: Norton.

Siegel, D. J. (1999). *The Developing Mind.* New York: The Guilford Press.

Siegel, D. J. (2007). *The Mindful Brain.* New York: Norton.

Siegel, D. J. & Hartzell, M. (2003). *Parenting from the inside out.* London: Jeremy Tarcher-Penguin.

Stergiou, N. & Decker, L. M. (2011). Human Movement Variability, Nonlinear Dynamics, and Pathology: Is There A Connection? *Human Movement Science, 30*(5), 869–888. https://doi.org/10.1016/j.humov.2011.06.002

Stern, D. N. (1985). *The Interpersonal World of the Infant.* New York.

Stern, D. N. (2004). *The Present Moment in Psychotherapy and Everyday Life.* New York: Norton.

Thelen, E. & Smith, L. A. (1993). *A Dynamic Systems Approach to Development – Applications.* Cambridge/London: MIT Press.

Thelen, E. & Smith, L. A. (1994). *Dynamic Systems Approach to the Development of Cognition and Action.* Cambridge/London: MIT Press.

Van der Kolk, B. (2012). *The Body Keeps the Score: Brain, Mind, and Body in the Healing of Trauma*. New York/London: Penguin.

추가 정보

Carter, S., Maunder, R. & Laura, S. (2019). *Developmental Transitions.* London: Routledge.
Cozolino, L. (2002). *The Neuroscience of Psychotherapy.* New York: Norton.
Grandin, T. (2011). *The way I see it.* Arlington: Future Horizons.
Levine, P. A. (1997). *Waking the Tiger.* Berkeley: North Atlantic Books.
Mukherjee, S. (2016). *The Gene.* London: Vintage-Penguin Random House.
Schore, A. N. (2019b). *The Development of the Unconscious Mind.* New York: Norton.
Siegel, D. J., Bryson, T. P. (2012). *The Whole Brain Child. 12 Revolutionary Strategies to Nurture Your Child's Developing Mind.* New York: Bantam.
Stern, D. N. (1990). *The Diary of a Baby.* New York: Basic Books.
Sundberg, M., Partington, J. W. (1998). *Teaching Language to Children with Autism and Other Developmental Disabilities.* Concord: AVB Press.

찾아보기

기적의 순간

제러미 크라우스 접근법

초판 1쇄 2024년 12월 16일
저자 제러미 크라우스
역자 김윤진
펴낸이 유성권
편집장 이재선
기획 윤희영
마케팅 김호철, 최성규, 김진형, 정명한, 김모란, 노예련, 한태수, 임예설, 김지현, 김채환, 박수경
판형 150mm × 214mm

펴낸곳 범문에듀케이션
서울시 양천구 목동서로 211 범문빌딩, 우 07995
전화 02) 2654-5131 / **팩스** 02) 2652-1500
웹사이트 www.medicalplus.co.kr

출판등록 2011년 1월 3일 제 2011-000001호
ISBN 979-11-5943-477-8 (93510)

※ 잘못된 책은 교환하여 드립니다.